역사스페셜 5
미스터리 인물들의 숨겨진 이야기

숨겨지고 잃어버린 역사 새로 읽기

미스터리 인물들의 숨겨진 이야기

원작 KBS 역사스페셜

효형출판

차
례

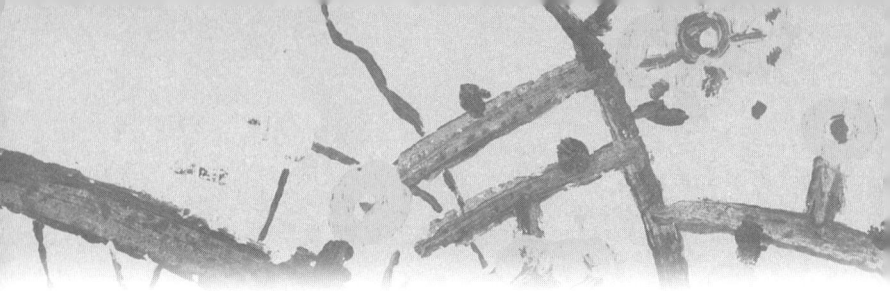

조선왕조 기피인물 1호, 허균

『조선왕조실록』 광해군 10년의 기록 가운데 한 인물에 대한 이런 글이 보인다. "그는 천지간의 한 괴물입니다. 그 몸뚱이를 찢어 죽여도 시원치 않고 그 고기를 씹어 먹어도 분이 풀리지 않을 것입니다… 그의 일생을 보면 악이란 악은 모두 들어차 있습니다." 이처럼 극단적인 평가를 받은 인물은 과연 누구일까?

'허균'이란 인물에 대해 가장 먼저 떠오르는 것은 우리나라 최초의 한글 소설 『홍길동전』이다. 이런 이유로 허균(許筠, 1569~1618)은 국문학사의 한 획을 그은 인물로 높이 평가받고 있다. 하지만 그는 생전에는 그다지 훌륭한 대접을 받지 못했다. 허균이 죽은 뒤 광해군은 반교문(頒敎文)을 내렸다. 반교문은 왕이 백성들에게 발표하는 일종의 담화문 같은 것으로, 나라에 경사가 있을 때 내렸다. 그런데 허균이 죽었다고 반교문이 내려진 것이다. "허균은 성품이 사납고 행실이 개, 돼지와 같았다. 윤리를 어지럽히고 음란을 자행하여 인간의 도리를 전혀 찾아볼 수 없었다. 죄인을 잡아서 동쪽의 저잣거리에서 베어 죽이고 다시 기쁨을 누리고자 대사령을 베푸노라." 이처럼 당시 조정에서는 짐승보다 못한 패륜아요 천지간의 괴물이라고 비난하면서 허균의 처형을 기뻐했다. 허균은 왜 이런 평가를 받은 것일까?

『조선시선』의 발견으로 본 허균: 당대 최고의 지성

최근 베이징의 중국 국가도서관에서 당시 허균이 어떤 인물이었는지 알 수 있는 책이 한 권 발견됐다. 그동안 없어진 것으로 알려진 이 책의 이름은 『조선시선』이다. 1600년 중국 명나라 때 출판된 책으로, 여기엔 신라시대부터 조선 선조 때까지 우리나라의 한시 332수가 실려있다. 책갈피엔 저자에 대한 기록이 보인다. 명나라 사람 오명제(吳明濟)다.

오명제는 서문을 통해 임진왜란 때 명나라 원군(援軍)의 일행으로 조선에 갔다가 시를 소개받아 책으로 엮게 됐다고 밝히고 있다. 그에게 시를 소개해준 사람이 다름 아닌 허균이다. 오명제는 허균이 수백 편의 시를 술술 암송할 만큼 영민했다고 한다. 따라서 이 책에 실린 대부분의 시는 허균이 암송해준 것으로 보인다.

중국 국가도서관에서 『조선시선』을 발견한 기경부(祁慶富) 교수(중국 중앙민족대학)는 이 책에 관한 논문을 발표한 바 있다. 여기서 그는 이 책과 관련한 허균의 역할에 대해 새로운 해석을 제기했다. 여러 모로 검토했을 때 『조선시선』은 조선에서 출간됐는데, 오명제와 허균이 함께 편찬한 것이고, 허균의 역할이 더 컸다는 것이다. 표지에 적힌 '고려간본'이라는 글자가 그 증거인데, 명나라 때

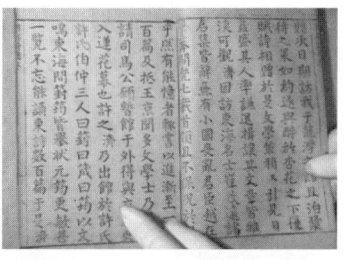

『조선시선』 (위)서문의 일부. 허균에 관한 언급이 있다. (아래)표지에 '明高麗刊本'이라고 명시되어 있다.

만 해도 조선판본을 기록할 때 흔히 '고려본'이라고 했다. 책에 쓰인 종이와 먹도 명나라 것과는 분명 다르다.

또 하나는 바로 책 뒷부분에 희미하게 남아있는 글자다. 여기에는 '조선장원(壯元) 허균서(書)'라고 씌어 있다. 이것은 책의 맨 앞부분인 오명제의 서문 외에는 모두 허균이 직접 필사한 것을 목판으로 만들었음을 말한다.

이처럼 『조선시선』의 실제 편찬자는 허균일 가능성이 높다. 따라서 최치원, 백결을 비롯한 신라시대 문인으로부터 고려시대 이

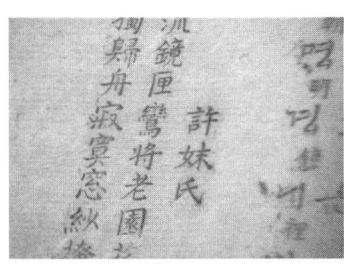

『조선시선』 가운데 허난설헌('許妹氏'라고 이름을 표기)의 시를 소개한 부분(위)과 허균이 오명제를 배웅하며 쓴 시 (아래, 표시부분 이하)

규보, 정몽주, 조선시대 정도전, 허균과 허난설헌에 이르기까지 우리나라 역대 문인 108명의 시가 실린 이 책에는 허균의 숨결이 들어있다. 이것은 시를 많이 알고 좋은 작품을 가려 뽑을 수 있는 허균의 안목이 상당했음을 말해준다.

허균은 『조선시선』을 통해 우리나라의 시를 명나라 조정에 알리는 데 결정적인 역할을 했다. 그는 명나라 사신을 수시로 맞이했고 조선의 사신으로 명나라에 세 차례나 다녀왔다.

그런데 이 책에는 특히 관심

을 끄는 부분이 있다. 허균이 오명제를 배웅하며 쓴 시로, 한시에 한글 토를 달았다. 그만큼 우리 문화에 자긍심이 강했다는 얘기인 것이다. 허균의 자긍심은 책의 맨 마지막에 있는 「후서」에도 잘 나타난다. 여기서 그는 우리 문화의 우수성을 언급하고, 조선의 문화가 중국과 동등한 위치에 있음을 강조한다. 400년 만에 나타난 『조선시선』을 통해 허균이 우리 문화에 자부심을 가졌으며, 중국도 인정한 당대 최고의 지성이었음을 알 수 있다.

기피이유 ①: 기생과 놀아나는 경박한 인물이다?

강릉에는 허균을 기리는 문학비가 세워져 있다. 그의 탁월한 재능이 알려지기 시작한 것은 1597년, 과거에 장원급제하면서부터다. 이 때문에 허균은 명나라 사신들을 접대하게 됐고 『조선시선』의 출판을 도울 수 있었다. 오명제를 비롯한 명나라 사신들을 훌륭히 접대한 공로로 허균은 황해도사라는 비교적 높은 벼슬을 받게 된다. 그러나 이때부터 그의 파란만장한 벼슬살이가 시작된다.

일찌감치 조정의 기대주로 주목받았음에도 불구하고 허균은 오십 평생 여섯 번이나 벼슬에서 쫓겨났다. 조선시대 허균만큼 파직과 복직을 거듭한 인물도 드물다. 허균이 첫 번째 파직된 이유에 대해 선조 32년 실록은 이렇게 적고 있다. "황해도사 허균은 서울에서 창기(唱妓)들을 데려다 놓고 따로 관아까지 만들었습니다." 그 뒤에도 허균은 비슷한 이유로 사람들의 입방아에 오르내린다.

교산시비. 허균의 생가이자 외가인 애일당(愛日堂)은 지금은 흔적조차 없고, 집터 뒤 언덕 위에 이렇게 시비만이 세워져 있다. 동해의 푸른 바다가 한눈에 들어오는 이곳은 오대산 정기를 이어받은 명당 중의 명당이라고 한다.
이 시비에는 그의 시 「누실명(陋室銘)」이 새겨져 있다. 1983년 건립. 강릉시 사천면 사천진리 소재.

"일찍이 강릉 땅에 나갔을 적에는 기생에게 혹하여 그의 어미가 원주에서 죽었는데도 찾아가지 않았다." 선조 37년 실록의 내용이다. 모두들 경박하다, 막된 인물이다 하며 허균에게 손가락질했다. 이처럼 조선왕조가 허균을 기피한 이유는 기생문제였다.

전라북도 부안읍 봉덕리는 일명 매창뜸이라고 한다. 부안 사람들이 자랑스러워하는 인물, 매창이 이곳에 묻혔기 때문이다(283쪽 참조). 계생·계랑이라고도 불린 여인, 이매창의 신분은 기생이었다. 그런데도 부안 사람들은 지난 400년 간 자신의 조상 묘를 돌보듯 벌초도 하고 묘비도 두 차례나 보수했다. 부안 사람들은 왜 기생의 무덤을 극진히 보살피는 것일까?

매창은 황진이에 버금갈 만큼 아름다운 시를 많이 남겼다. 매창이 37세에 요절하자 그녀를 애도하는 시가 지어졌다.

아름다운 글귀는/ 비단을 펴는 듯하고/ 맑은 노래는/ 구름도 멈추게 했어라/ 복숭아를 훔쳐서/ 인간 세계로 내려오더니/ 불사약을 훔쳐서/ 인간 무리를 두고 떠났어라/ 부용꽃 수놓은 휘장엔/

등불이 어둡기만 하고/ 비취색 치마엔/ 향내가 남아 있는데/ 이듬해 작은 복숭아가/ 열릴 때쯤이면/ 그 누군가 설도의 무덤 곁을/ 지나가려나

　이 시를 지은 사람이 바로 허균이다. 허균의 기록을 보면 32세에 처음 매창을 만났다고 한다. 당시 허균은 부안에 출장 온 관리였고, 매창은 허균의 수청을 드는 기생이었다. 그런데 매창과는 육체적 관계를 피했고, 그 후 두 사람은 10년 동안 정신적 연인으로 남았다. 이 사실은 그가 매창에게 보낸 편지에 잘 드러난다.

　"10년 전 그날 어떤 선을 넘었더라면 우리가 계속 친구로 지낼 수 있었겠느냐…." 허균은 시를 잘 짓는 매창을 기생이 아닌 친구로 사귄 것이다.

　그런데 허균이 가까이 한 기생은 매창만이 아니었다. 「조관기행(漕官紀行)」이라는 기행문에는 기생들의 이름이 자주 등장한다. 광주 기생 산월(山月), 나주 기생 퇴부(退夫), 서울 기생 낙빈(洛濱), 선래(仙萊)…. 이밖에도 춘랑, 향란, 옥일 등 허균이 출장길에 만난 기생은 한둘이 아니었다. 허균은 몇 월 며칠에 기생 누구를 만났다는 것부터 무슨 얘기를 나눴으며 잠자리에서 있었던 일까지 기록했다. 심지어 한 고을에서 자신의 방에 든 기생이 열두 명이었다면서 이를 풍자해 시를 짓기도 했다.

　허균이 광주에 갔을 때는 한 주일 넘게 광산월이라는 기생을 데리고 다녔다. 그것도 당시에는 허용되던 일인데, 실제로 많은 관원들이 그런 일을 하고도 기록을 남기지 않았다. 그가 기행문에

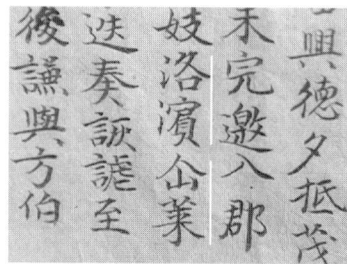

「조관기행」의 일부. 32세 때인 1601년의 기행임을 알 수 있다. 표시부분에 낙빈(洛濱), 선래(仙萊)등의 기생 이름이 보인다.

기생들과의 일을 기록한 것은 솔직했기 때문이다. 솔직한 것이 경박하다는 비난을 들은 것이다.

이런 허균의 행실은 그의 관직 생활에 큰 영향을 끼친다. 황해도사 시절에는 서울의 기생을 불러와 관아에서 놀았다고 하여 파직되고 만다. 그러나 그의 자유분방한 행동은 그칠 줄 몰랐다. 급기야 모친의 장례를 치른 지 며칠 지나지 않아 기생과 어울리기까지 한 것이다. 부모가 돌아가시면 삼년상을 지내야 했던 당시 그의 행동은 용서받지 못할 것이었다. 결국 이 사건으로 그는 평생 비난을 받는다. "허균은 총명하고 문장에 능했지만 행동을 절제하지 않았다. 상중(喪中)에도 고기를 먹고 애를 낳았기 때문에 사람들이 모두 침을 뱉으며 더러워했다."(안정복, 『순암집(順菴集)』)

이에 대해 허균은 "남녀의 정욕은 하늘이 주신 것이요, 인륜과 기강을 분별하는 것은 성인의 가르침이다. 하늘이 성인보다 높으니 나는 차라리 성인의 가르침을 어길지언정 하늘이 내려주신 본성을 어길 수 없다"며 하늘이 내려준 본성에 충실했다고 답했다.

그러나 조선시대는 이런 허균의 솔직함을 받아들일 수 없었다.

"저는 일찍이 엄한 훈계를 받지 못하고… 그래서 제멋대로 방탕하게 굴며… 저도 모르게 경박한 데에 빠지고 말았습니다." 허균은 자신의 편지에서 스스로 경박하다는 것을 인정하고 있다. 이 편지에서 그는 9세 때 아버지를 여의고 나이 차 많은 형님과 누님들 사이에서 귀여움을 받으며 자랐다고 밝히고 있다. 잘 알려진 대로 허균의 누이는 27세에 요절한 조선의 천재 여류시인 허난설헌이다.

그런데 허균, 허난설헌 못지 않게 허균의 아버지와 두 형도 그 시대를 대표하는 문장가로 손꼽힌다. 특히 아버지 초당(草堂) 허엽(許曄)은 당시 세력을 떨친 동인의 우두머리로, 허균의 가문은 타의 추종을 불허할 정도로 학문과 문예에 뛰어났다. 그런데 허균은 출세 가도에 역행하는 행동을 계속 일삼으면서 다시 파직된다.

기피이유 ②: 천한 불교와 천주교를 신봉하는 이단이다?

우리나라 불교계를 대표하는 고승이자 임진왜란 당시 의병으로 혁혁한 공을 세운 서산대사와 사명당은 허균과 매우 가까운 사이였다. 조선시대는 성리학 외에 다른 학문이나 사상이 설 자리가 없었다. 그런데 허균은 조선의 규율을 무시하고 승려들과 가까이 지냈다. 허균이 조선왕조에서 기피된 또 다른 이유는 바로 이단에 빠져들었다는 것이다.

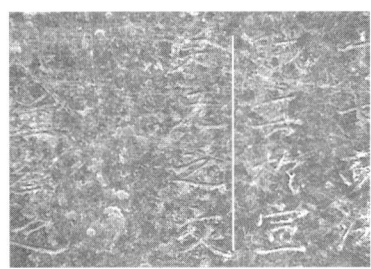

사명당비(맨 왼쪽). 표시부분에 '弟兄之交'라고 새겨져 있다.

　해인사 홍제암에는 허균과 사명당의 관계를 알려주는 유물이 있다. 1610년 사명당이 이곳에서 열반하자 제자들은 부도탑과 사명당비를 세우고 허균에게 비문을 의뢰했다. 비문에는 허균이 사명당 비문을 쓰게 된 연유가 분명하게 드러난다. "내가 비록 유가의 몸이지만 스님은 불가에 몸을 담고 계신 분이고, 형님처럼 모시고 동생처럼 지내는 사이였다(弟兄之交). 스승에 대해서는 내가 제일 많이 알고 있다(知師最深)." 당대 불교계의 고승 사명당과 당대 문장가 허균은 형제 같은 긴밀한 사이로 깊이 교류하고 있었다. 이런 연유로 허균이 사명당의 비문을 짓게 된 것이다.

　특히 허균에게 불교의 오묘함을 깨닫게 한 사명당은 수시로 허균에게 깊은 충고를 아끼지 않았다. 허균이 서문을 쓴 사명당의 문집에는 허균의 경박함을 우려하는 시가 실려 있다. 항상 솔직하고 직설적으로 말해서 주위로부터 비난받는 허균을 사명당은 형처럼 나무라며 충고하는 시를 지어준 것이다.

　뿐만 아니라 사명당의 스승인 서산대사도 문집의 서문을 허균에게 부탁할 정도로 친밀한 사이였다. 특히 서산대사는 허균과 나눈 편지에서 허균에게 입산할 것을 권유했다. 이것은 허균이 불교에 관심이 깊었음을 보여준다. 허균의 편지에는 "벼슬을 마치

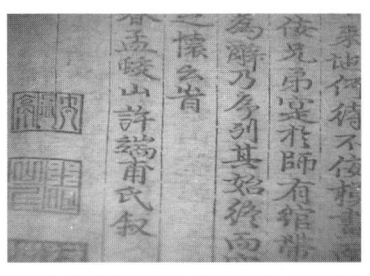

사명당 문집에 허균이 쓴 서문의 맨 끝부분

면 스님께서 요구하는 대로 산에 가서 도를 닦겠다"는 구절이 있다. 그때까지 재촉하지 말라고 하는 것을 보면 서산대사가 여러 차례 허균에게 벼슬을 그만두고 산으로 오라고 한 듯하다.

이들 외에도 허균은 당대 많은 승려들과 사귀었다. 성리학이 모든 것을 통제하던 조선시대에 조정의 관리가 불교에 관심을 갖는다는 것은 지극히 위험한 일이었다. 그런데 허균은 왜 이런 위험을 무릅쓰고 승려들과 사귀며 불교에 빠져든 것일까? 허균은 3번 유배를 가고 6번 파직을 당하면서도 손에서 경전을 놓지 않았다. 스스로를 평가하여 '불여세합(不與世合)'이라고 했다. '나는 세상과 화합하지 못한다'는 뜻으로, 불교가 갖는 명상성·심오함에 그는 매력을 느낀 것이다.

결국 허균은 불교로 인해 시련을 겪게 된다. 수안(遂安) 군수에서 파직되고 1607년 삼척 부사로 임명됐지만 탄핵을 받고 13일만에 벼슬에서 쫓겨났다. 관아에 불상을 모시고 불경을 외며 제를 올리는 등 승려와 다름없이 행동했다는 이유였다. 그러나 허균은 불교에 대한 소신을 굽히지 않았다. "내 분수가 벼슬과는 벌써 멀

어졌으니 파면장이 왔다고 어찌 근심할 것인가… 인생은 천명(天命)에 따라 사는 것이니 돌아가 부처 섬길 꿈이나 꾸리라…." [「문파관작(聞罷官作)」]

허균의 관심은 불교에 그치지 않았다. 『어우야담』에는 허균이 중국에 가서 천주교 서적을 들여왔다고 밝히고 있다. 그렇다면 그는 어떻게 이런 서적을 가져왔을까? 당시 명나라에는 마테오 리치가 1605년 북경에 최초로 세운 성당이 있었다. 허균이 세 번째 명나라 사신으로 갔을 때가 1614년으로, 이때 허균은 1년 간 명나라에 머문 뒤 '계12장' 천주교 찬송가를 가지고 왔다.

허균이 천주교를 구체적으로 어떻게 생각했는지는 더 이상의 기록이 없어 알 수 없다. 다만 허균이 계12장을 들여왔다는 사실은 그가 조선의 성리학 체제에 안주하지 않고 새로운 학문과 사상에 개방적이었음을 의미한다.

당시 명나라는 새로운 문물의 집산지였다. 허균은 사신으로 오간 명나라에서 수천 권의 책을 들여온다. 1614년 당시 실록에 의하면 허균이 만 오천 냥의 은을 가지고 가 4천여 권의 책을 사왔다고 한다. 그러나 대부분이 이단 서적이라는 비난을 받는다.

허균은 유교 사회에서 이단이라고 금기시한 것에 끝없이 다가가고자 했다. 해방 직후부터 허균을 연구한 이가원 박사는 이런 허균을 한 마디로 '유교반도(叛徒)'라고 규정한다. 사회가 지나치게 유교화되면서 그를 구속하자 유교에 염증을 느껴 반유교적인 성향이 됐다는 것이다.

"예절의 가르침이 어찌 자유를 얽매리오…뜨고 가라앉는 것을 다만 천성에 맡기노라. 그대들은 그대들의 법을 쓰게… 나는 나름 대로 내 삶을 이루겠노라…" 일련의 반유교적인 언행으로 파직되자 허균은 소신을 굽히지 않고 이런 시를 지어 응수했다.

그 후 허균은 관리들끼리 겨루는 시험에서 세 번 내리 1등을 차지했다. 이런 경우는 조선왕조 역사상 극히 드문 일이었다고 한다. 뛰어난 성적 덕분에 허균은 공주 목사라는 자리를 얻게 된다. 하지만 이번에도 1년이 채 못 돼 탄핵을 받아 쫓겨나는데, 『홍길동전』을 쓴 시기가 바로 이 무렵으로 추측된다.

기피이유 ③: 서자들의 후견인이다?

'아버지를 아버지라 부르지 못하고 형을 형이라 부르지 못한다…' 『홍길동전』에서 가장 많이 알려진 대목이다. 그만큼 홍길동의 처지를 잘 대변해주고 있는데, 이 소설은 서자라는 특수한 신분에 대해 얘기한다. 첩이 낳은 자식을 서자라 하여 양반 사회에 낄 수 없도록 제도적으로 막은 것이다. 따라서 서자는 평생 벼슬길이 막힌 채 시대를 원망하며 살아야 했다.

『홍길동전』은 서자 차별 문제를 소재로 한 소설이다. 앞서 언급했듯이 허균은 명문 사대부 가문의 적자 출신이다. 그런데 왜 하필이면 서자의 이야기를 소설로 쓰게 된 것일까?

허균은 공주 목사에서 쫓겨난 뒤 전북 부안의 선개골에 은둔하며 여러 편의 소설을 썼다. 당시 그가 머물렀다는 곳이 정사암이

정사암터와 표석. 부안에 살던 판관 김청이 짓고 허균을 초대했다고 한다.

다. 정사암에서 허균은 『홍길동전』을 쓴 것으로 추정된다. 당시 허균은 홍길동과 같은 처지의 서자와 긴밀하게 지내고 있었다. 정사암에 동행한 이재영도 허균이 공주 목사시절부터 어울린 인물이다.

허균은 공주 목사가 되자마자 이재영에게 편지를 보내 관아로 불러들였다. 허균은 고을 수령이라는 직책을 이용하여 서자와 그의 부모까지 거둬들였다. 당시 공주 관아에 초청된 서자는 이재영뿐이 아니었다. 심우영과 윤계영도 식객으로 맞아들이자 주변에서는 그들 이름의 끝자를 빗대어 '삼영(三榮)을 두었다'고 비난했다.

허균에 대해 연구해온 역사학자 이이화 선생은 조선시대 명문 사대부 집안의 적자 출신인 허균이 자신과 신분이 다른 서자들에게 관심을 가졌다는 사실에 주목했다. 신분이 다른 사람들에게 유난히 배타적이던 양반임에도 불구하고 허균이 서얼·중인들과 가깝게 지낸 것이 정치적·사회적으로 비난의 대상이 된 것이다.

이태백에 비유될 만큼 뛰어난 당대의 시인 이달[李達, 최경창·백광훈과 함께 3당(唐) 시인의 한 사람]은 탁월한 재능에도 불구하고 서자라는 신분 때문에 평생 벼슬을 하지 못하고 불우한 삶을 살아야 했다. 자신에게 시를 가르쳐준 스승을 위해 허균이 할 수 있는 것은 그의 시집을 엮는 일이었다. 허균은 이달을 통해 서자의 아픔을 진작부터 느낄 수 있었다.

서자를 차별하기 시작한 것은 조선초 태종 때부터였다. 자신의 정적(政敵) 정도전을 제거한 이방원은 정도전이 서자였다는 이유로 그때부터 서자들의 벼슬길을 막았다. 그 후 성종 때에는 서자들에 대한 차별이 더욱 강화돼 서자들은 자자손손 대대로 벼슬을 할 수 없게 됐다. 임진왜란은 서자들에게 새로운 기회를 제공한다. 전쟁에 서자들을 이용할 필요를 절감한 조정은 서자들도 일정량의 재물을 바치면 벼슬을 주는 시책을 편다. 그러나 그것도 전쟁 기간 동안만이었다. 전쟁이 끝나자 서얼금고(禁錮)는 다시 강화되고, 그나마 벼슬길에 올랐던 서자들은 다시 자리를 빼앗길 수밖에

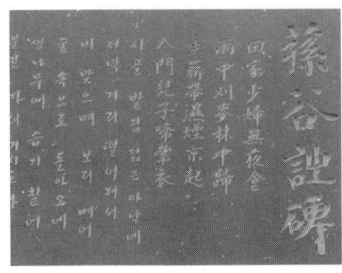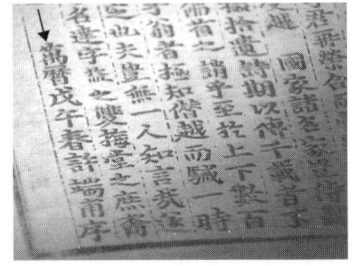

(왼쪽)원주시 부론면에 있는 손곡(蓀谷, 이달의 호) 시비. 그의 시 한 수가 새겨져 있다. (시골 밭집 젊은 아낙네 저녁거리 떨어져서/ 비 맞으며 보리 베어 숲 속으로 돌아오네/ 생나무에 습기 짙어 불길마저 꺼지도다/ 문에 들자 아이들은 옷자락 잡아당기며 울부짖네/ 이가원 역) (오른쪽)『손곡집』 서문의 맨 끝부분. 1618년 봄에 썼음을 알 수 있다.(표시 부분) '단보(端甫)'는 허균의 자(字).

없었던 것이다. 전쟁에 임시방편으로 이용됐음을 안 서자들은 분노하고 만다. 그래서 많은 서자들이 사회 불만세력으로 등장하고, 조선 후기에는 변혁사상, 변혁 운동과 손을 잡게 된다.

칠서사건[七庶之獄, 계축(癸丑)옥사]은 바로 이런 배경에서 발생됐다. 서양갑(徐羊甲, ?~1613)을 비롯한 일곱 명의 서자들이 거사를 도모한 것이다. 1613년 당시 광해군 실록에 따르면 서자들은 무력으로 궁궐을 장악해서 광해군을 제거하고 스스로 벼슬자리에 오르려 했다고 한다. 그러나 이들의 계획은 사전에 발각돼 모두 처형된다. 그런데 이 칠서들과 허균은 아주 특별한 관계였다. 특히 공주 목사 시절 가까이 지낸 심우영과 칠서의 두목 서양갑과의 관계 때문에 허균은 칠서사건의 배후로 의심받게 된다.

허균이 칠서들과 매우 긴밀한 관계였다는 것은 『홍길동전』에서도 확인할 수 있다. 그들은 무력을 동원해 벼슬을 얻으려 했는데, 홍길동 역시 도적떼를 이끌고 무력으로 율도국의 왕에 오른다. 또한 칠서들이 주로 활동하던 문경새재는 이 소설에 나오는 활빈당의 주요 무대이기도 하다. 집필 시기는 알 수 없지만 허균이 칠서들의 거사가 실패한 것을 보고 그것을 소재로 썼다고 볼 수도 있고, 거사를 준비하는 칠서들을 위해 격려 차원에서 썼다고 볼 수도 있다. 이처럼 『홍길동전』은 허균과 칠서들이 얼마나 밀접한 관계였는지를 보여준다.

허균이 누구보다 칠서들과 가깝게 지냈다는 사실은 그들과 주고받은 편지를 비롯한 여러 기록에서도 확인할 수 있다. 그런데도 허균이 사건에 연루되지 않은 것은 칠서들이 끝까지 그의 이름을 발설하지 않았기 때문이다. 그렇다고 신변의 위협이 완전히 가신 것은 아니었다. 결국 허균은 당시 최고 실력자인 이이첨에게 벼슬을 부탁하면서 정치에 깊숙이 개입하기 시작했다.

기피이유 ④: 이씨 왕조를 뒤엎으려 했다?

당시 불안하게 왕위에 오른 광해군은 아버지 선조가 생전에 아끼던 부인 인목대비를 눈에 가시로 여겼다. 허균은 광해군의 이런 심정을 대신해서 전과는 다르게 인목대비를 폐출할 것을 강력히 주장하기 시작했다. 이를 계기로 허균은 광해군의 두터운 신임을 받게 된다. 허균의 변신에 대해서는 지금도 의견이 분분하다. 단지 목숨을 보전하기 위해 권력에 아부했다는 견해가 있는가 하면, 모종의 계획을 은밀히 추진하기 위해 광해군의 신임을 얻으려는 제스처였다는 의견도 있다.

칠서사건이 있은 지 5년 뒤 허균은 비극적인 죽음을 맞는다. 역모 혐의 때문이다.

경기도 용인에는 허균의 아버지 허엽과 그 지손들의 묘가 있다. 허엽은 동인의 우두머리로 경상도 관찰사라는 높은 벼슬까지 지냈다. 그런데 그의 비석에는 두 동강난 흔적이 뚜렷

허엽의 비석에 남아있는 두 동강난 흔적.

하다. 누군가 고의로 부순 것으로 보인다. 아들 허균이 역적으로 몰려 그 화가 부친의 묘에까지 미친 것이다.

지금 있는 허균의 묘는 가묘다. 허균은 역적으로 처형돼 시신조차 수습할 수 없었던 것이다. 그는 왜 이렇게 비참한 최후를 맞게 되었을까?

허균이 처형된 해, 실록에는 그의 이름이 무려 185회나 등장한다. 허균으로 인해 거의 매일 조정이 들끓은 것이다. 이 논쟁에 불을 붙인 것은 기준격(奇俊格)의 비밀상소였다. "허균은 역적의 뿌리로 광해군을 내쫓으려는 음모를 꾸미고 있다"며 낱낱이 폭로한 것이다. 당시는 곧 난리가 일어날 것이라는 소문으로 민심이 흉흉했다. 남대문에 광해군을 비방하는 흉서가 붙자 허균이 지목된다.

결국 허균은 투옥되고 마는데, 그를 따르던 부하들이 난동을 부렸다고 한다. 그 과정에서 허균의 심복들이 줄줄이 잡혀 들어가면서 허균에게 불리한 증언들이 나오게 된다. "허균이 궁궐을 치기 위해 승군을 조직했다… 이들을 이끌고 거사를 계획하고 있었다… 처음에는 의창군(義昌君, 광해군의 이복 동생)을 추대하려 했지만 나중에는 허균 스스로 왕이 되려고 했다…" 결국 1618년 8월 26일 허균은 역모죄로 능지처참됐다. 심복들이 자백한 지 3일 만에 기다렸다는 듯이 허균을 처형한 것이다.

허균은 과연 혁명을 계획한 것일까? 실제로 이씨 왕조를 뒤집으려 한 것일까? 이 부분은 지금도 미스터리로 남아있다. 당시 조정에서는 허균을 제거하는 데 급급해서 판결문도 남기지 않았기 때문이다. 허균이 무서운 존재였기 때문에 심문도 끝나지 않은 상태에서 처형했다는 역사적인 비난도 만만치 않다.

5년 뒤 인조반정이 일어나 광해군 당시 역모죄로 처형된 인물들이 대부분 복권된다. 그러나 허균만은 예외였다. 조선왕조가 끝날 때까지 허균은 역적으로 남아있어야 했다. 정몽주의 경우는 고려의 충신이었지만 조선에서도 그를 인정해주었다. 유교이념을 받들었기 때문이다. 하지만 허균은 정면으로 유교에 맞섰기 때문에 인정받지 못한 것이다.

허균이 역적으로 죽자 그의 가족들은 처형되거나 뿔뿔이 흩어졌다. 멸문지화(滅門之禍)를 당한 것이다. 그런데 최근 허균의 후손이라고 주장하는 사람들이 나타났다. 이들은 족보를 정리하다 우연히 나온 가첩(家帖)에서 허균이 직계조상이라는 사실을 발견했다고 한다. 가첩에 따르면 당시 허균의 아들은 허균이 처형당한 해에 조령을 넘어 영천으로 숨었고, 후에 울산에 가서 정착했다고 한다. 그러나 허균이 계속 복권되지 않아서 결국 남의 가문에 들어가 허균의 직계후손임을 숨겨왔다고 한다.

허균의 후손들은 살아남기 위해 300년 넘게 남의 족보에 끼어

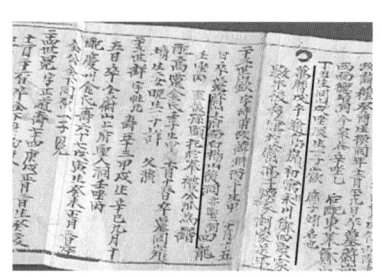

허균의 후손이 보관중인 가첩. 허균의 아들이 영천으로 숨은 얘기, 남의 가문인 봉례공파(奉禮公派)에 두탁(頭托＝投託, 남의 조상을 자기 조상으로 함)한 얘기 등이 적혀 있다(각각 표시부분).

큰소리 한 번 낼 수 없었던 것이다. 이 주장이 사실이라면 가첩은 허균이 조선왕조에서 얼마나 오랫동안 기피돼 왔는지 상징적으로 보여주는 것이라고 할 수 있다.

역적 허균, 그가 꿈꾼 세상

허균이 처형당할 당시 함께 역모죄로 처벌받은 사람들은 서자와 승려, 무사, 중인 등 낮은 신분의 사람들이었다. 이들과 손잡고 역모를 주도했다는 것은 왕조 체제에 대한 정면도전으로 받아들여질 수 있다. 그렇다면 허균은 어떤 사회를 원했을까?

그것은 유일하게 남아있는 허균의 문집에서 엿볼 수 있다. 당시 역적의 작품이라는 이유로 허균의 글은 모두 불태워질 뻔했는데, 우여곡절 끝에 일부가 남은 것이다. 문집에는 조선왕조가 왜 그토록 오랫동안 허균을 위험하고 불손한 인물로 치부했는지 그 이유가 드러난다.

허균은 처형되기 직전 자신의 가문이 망할 것으로 예상한 듯 자신의 사상을 후대에 전하기 위해 사위 이사성(李士星)의 아들, 즉 외손자 이필진(李必進)에게 자신의 문집을 남겼다. 현재 연세대학교 도서관에 필사본이 보관돼 있다. 시, 소설, 논설, 기행문 등 여덟 권으로 된 『성소부부고(惺所覆瓿藁)』에는 허균의 생각이 고스란히 담겨있다. 이필진은 발문에서 허균이 죽은 지 50년이 지나서야 겨우 주변 사람들에게 공개한다고 적고 있다. 이후 이 책은 몇몇 선비들 사이에 비밀리에 돌려 읽혀졌다.

특히 관심을 끄는 것은 논설 부분이다. 허균은 조선의 개혁을 강력하게 주장했다. 「관론(官論)」에서는 조선의 행정개혁에 대한 그의 의지를 읽을 수 있다. 중국에 비해 조선에는 관원들이 너무 많아 권한이 분산되고 녹만 허비된다고 하면서, 우선 중앙에 집중된 정부기구와 관원들의 수부터 줄여야 한다

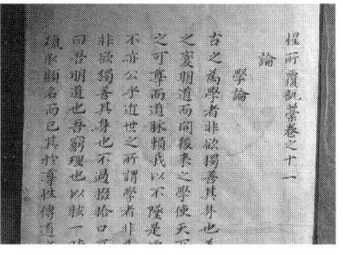

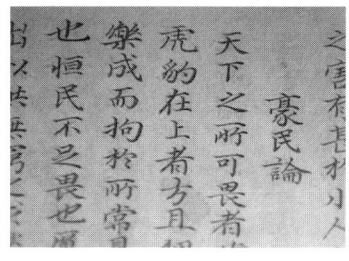

『성소부부고』의 논설들 가운데 「학론(學論)」(위)과 「호민론(豪民論)」(아래)

고 주장한다. 400년 전에 이미 구조조정을 주장한 것이다. 「유재론(遺才論)」에서는 신분제도 철폐에 대한 그의 의지를 엿볼 수 있다. 서자라고 등용하지 않고 어머니가 개가했다고 해서 그 자식의 재능을 쓰지 않는 조선의 제도를 개탄했다. 하늘이 재주를 낼 때 누구에게나 고르게 냈는데 남녀와 신분을 차별하는 것은 있을 수 없다고 말한다.

중국 국가도서관에서 발견된 『조선시선』에서도 허균의 이런 생각을 엿볼 수 있다. 우리나라의 내로라 하는 문인들의 시를 소개한 이 책에서 첩이나 기생의 시를 발견할 수 있는 것이다.

허균 사상의 핵심은 바로 「호민론(豪民論)」이다. 그는 이 글에

교문암

서 "천하에서 가장 두려운 존재는 오직 백성뿐이다. 정치의 목적은 백성을 위한 것"이라면서 만일 임금과 지배세력이 백성을 업신여기고 착취하면 궁예나 견훤 같은 호민이 나와서 선동하고 걷잡을 수 없는 사태가 올 것이라고 경고한다. 『홍길동전』에는 허균의 이런 개혁사상이 가장 잘 드러난다. 허균은 홍길동이란 호민을 통해 신분차별이 없는 사회를 꿈꾼 것이다.

강릉시 교산은 산세가 이무기를 닮았다 해서 이무기 교(蛟)자를 쓴 지명이다. 허균은 이곳에 머물면서 지명을 따서 자신의 호를 교산이라고 지었다. 교산 바로 앞 바닷가에는 이무기가 떠나면서 두 동강냈다는 전설의 교문암이 있다. 이무기는 바위 밑에 엎드려 때를 기다렸지만 끝내 용이 되지 못하고 말았다. 허균은 시대를 앞서가다가 좌절당한 이무기가 아닐까?

자신을 세상에 맞추는 대신 세상을 자신에 맞게 고치려고 했던 허균은 세상과 잘 화합하지 못하는 자신을 일컬어 '불여세합(不與世合)'이라는 표현을 즐겨 썼다. 조선사회의 문제점을 들추고 대안을 제시한 사람은 많았다. 하지만 허균처럼 소외된 자들과 호흡하면서 실제로 행동까지 한 사람은 드물다. 그는 비전을 가진 인물이 그 시대를 앞당기려 하는 것이 얼마나 고통스런 일인지, 그리고 그것이 왜 그렇게 필요한 일이었는지를 보여주고 있다.

서희는 거란 80만 대군을 어떻게 물리쳤나

"월식이 있으면 모두 두려워하며 흉사로 여겼다. 거란군이 쳐들어온다는 불길한 징조. 이때는 말이 울지 않고 칼과 창이 밤중에 빛을 발했고, 사람과 말이 다치고 죽는 일이 다반사였다. 거란의 마답은 더욱 잔혹하고 포악했으니, 중국 한족들의 얼굴껍질을 벗기고 눈을 파내고 머리를 뽑고 팔을 부러뜨려 죽였다." 중국인들은 거란을 이렇게 묘사한다. 거란은 잔혹하고 포악하게 사람을 죽이는 민족이었다. '거란'이란 말에 '칼'이라는 뜻이 포함돼 있을 정도로 중국 역사에서도 '거란'은 포악하기로 유명하다.

이렇게 포악한 거란군 80만이 고려를 침입했다. 고려 건국 75년 만인 993년의 일이다. 당시 고려군은 전국에 있는 병사를 다 합쳐도 30만에 불과했다. 고려는 국운을 위협받게 된 것이다.

국사 교과서에는 거란의 침입에 서희(徐熙, 942~998)가 나서서 담판 짓고 강동6주를 얻었다고 돼 있다. 거란이 침입해온 위기상황에 한 개인이 나서서 몇 마디 말로 80만 대군을 물리치고 압록강 일대의 강동6주를 개척했다는 얘기다. 서희가 어떻게 담판을 지었기에 80만 대군을 물리칠 수 있었을까? 전쟁을 하러 온 거란군이 그냥 물러갈 뿐 아니라 강동6주를 내준 이유는 무엇일까?

고려를 향해 출병한 거란

천 년 전 거란의 본거지였던 중국 임동은 현재 내몽고 자치구에 속한 작은 도시다. 자전거와 자동차, 분주하게 움직이는 사람들 속에서 거란의 흔적을 찾기는 힘들다. 임동 시내에서 멀지 않은 곳에 당시 거란의 궁성이었던 상경성터가 남아 있다.

거란이 고려를 침입한 993년, 당시 거란 왕이 살던 상경성에는 전운이 감돌았

허허벌판 같은 상경성터 한가운데 유적 지비가 서 있다.

다. 고려 침입을 선포한 거란의 수도 상경성에는 현재 토성의 흔적만이 군데군데 남아있다. 발굴된 성둘레만 해도 13.5km, 대규모 성이다. 거란은 이런 성을 곳곳에 만들었다. 거란은 북방 유목민족이다. 말을 타고 벌판을 누비던 거란족들은 한곳에 정착하기보다는 성을 옮겨다니며 생활했다. 정착생활에 익숙하지 않은 민족이지만 상경성은 발굴 당시 사람들을 놀라게 했다. 유적에서 큰 도로를 9개나 발견했는데, 도로 양쪽에는 하수도가 깔려 있었다.

거란의 유물을 전시하는 박물관은 흔하지 않다. 현재 남아있는 거란의 유물이 극소수이기 때문이다. 그러나 한 박물관에서 비로소 당시 거란 사람을 만날 수 있었다. 말을 다루는 거란인의 모습이다. 얼굴 부분은 심하게 손상되어 알아볼 수 없었다. 다른 그림에서 거란 사람의 특징을 알 수 있었다. 그들은 머리모양이 독특하다. 가운데 부분의 머리카락은 다 밀어버리고 양쪽 귀 윗부분만을 남겨서 어깨까지 길게 늘어뜨렸다.

희귀한 무기도 일부 발견됐다. 거란 상경성에서 발견된 무기류

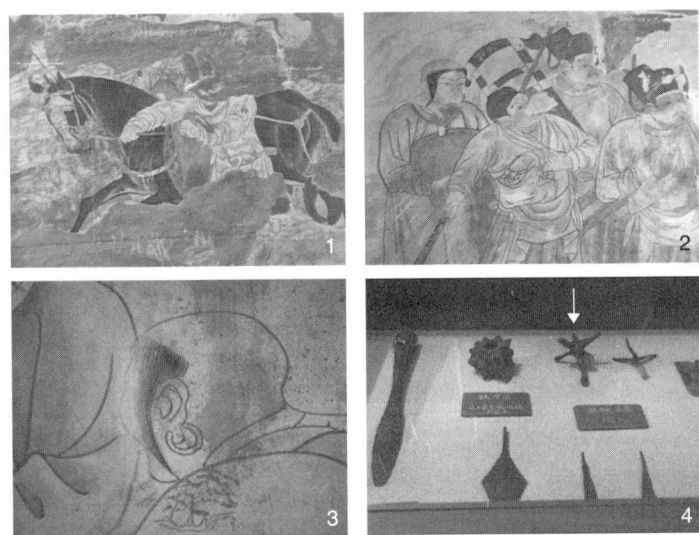

거란의 유물들. 1~3 거란인의 모습을 알 수 있는 그림 4 무기류

는 모두 쇠로 만든 것이다. 끝을 날카롭게 해서 사방으로 날을 세운 병기다(사진4의 표시부분). 철퇴 종류로, 줄을 매달아 사용한 것으로 보인다. 말을 타고 달리다가 목표물을 발견하면 던져서 상대방에게 치명타를 입히는 기마병들의 무기다.

거란의 역사를 연구하는 요녕성 사회과학원의 황핑즈 교수는 거란의 군대를 연구중이다. 황교수에 따르면 거란군의 선봉에 기병이 나섰다고 한다. 활과 말을 잘 다루는 유목민족의 전통이 잘 계승된 데다가 농경민족인 한족의 발달된 전술과 무기를 도입한 것이다.

기마 민족인 거란인들은 특히 말 다루는 기술이 뛰어났는데, 군대도 기병을 중심으로 구성됐다. 거란군은 보통 4개의 부대로 세분화됐다. 부대에 연락을 취하는 전령기병, 수색대에 해당하는 원탐난자군, 전방에 서는 선봉군, 그리고 본대로 나뉘어 각기 임무를 달리한 체계적인 군대였다.

거란군은 고도의 기마술과 궁술을 가진 정예부대였다. 이런 특징은 거란이 중국 대륙에서 정복왕조로 자리잡는 데 중요한 역할을 했다. 그렇다면 당시 거란군의 전체 병력은 어느 정도였을까? 「거란사 병위지(兵衛志)」를 보면 거란의 병력은 왕과 왕후가 따로 군대를 보유하고 있었다고 한다. 왕의 군대인 피실군(大帳皮室軍)이 30만 기병, 왕후의 군대가 20만 기병, 모두 50만이 동원 가능한 거란의 정예부대였음을 알 수 있다. 군기도 매우 엄했다. 거란의 군대를 이루는 '야율(耶律)' 씨 족속은 부하나 하인을 죽여버릴 정도로 잔혹했다고 한다.

고려를 침략하기로 한 거란군은 상경성에서 요양으로 향한다. 임동에서 자동차로 20시간이 걸리는 요양까지 말을 타고 온다면 일 주일은 족히 걸린다. 요양에서 제일 먼저 눈에 띄는 것은 도시 한 가운데 우뚝 선 탑이다. 지금은 고층 건물 사이에 가려 있지만 30m가 넘는 이 탑은 요양의 상징물이다. 바로 이 탑을 만든 사람들이 거란인들이다. 그래서 거란탑이라고 부른다. 멀리서 보면 탑이 하얗게 보여 '백탑'이라고도 하는 이 탑은 수 차례 보수공사를 해서 비교적 당시 모습 그대로 전한다. 탑을 세울 당시만 해도 탑은 요양 어디서든 볼 수 있는 이곳의 중심이었다. 더구나 요양은

요양의 상징인 거란탑. 정교하게 만든 불상이 이렇게 새겨져 있다.

교통, 경제, 수공예, 농업 등이 발달한 동북 지역의 중심지다. 현지 사학자들은 상경성에서 출발한 거란 군대의 집결지를 요양으로 추정한다. 거란 80만 대군이 요양을 지나 고려로 진격한 것이다.

백탑에는 정교하게 만든 불상이 사방에 새겨져 있다. 불교를 숭상한 거란인들은 전쟁에서도 불심에 기대어 승리를 기원했다. 전쟁에 이겨 정복왕조의 꿈을 이루겠다는 간절한 염원을 이루기 위해 거란이 국력을 다해 만든 탑이 백탑이다.

거란인들은 전쟁에 나가기 전 이 탑 아래 모여 제사를 지냈다. 고려를 침략하기 위해 모인 80만 대군도 백탑을 향해 요양 전체에 늘어섰을 것이다. 고려를 정복하게 해달라는 의식을 치르고 전의(戰意)를 다진 다음, 거란군은 마침내 출병을 단행한다. "8월, 거란 80만 군이 요양에서 고려로 출발/ 10월, 거란군

압록강 도착, 보주-천마-귀주-태주 거란군 돌파, 봉산성 함락". 거란군은 단숨에 압록강을 건너 고려의 봉산성을 점령한다. 그리고 거란 장수 소손녕은 고려에 항복하라는 편지를 보낸다. "80만 대군을 거느리고 왔으니 청천강을 건너와 항복하지 않으면 고려를 섬멸하고 말 것이다. 고려의 국왕과 신하는 속히 항복하라."(『고려사』) 건국 이후 고려에 닥친 최대의 위기였다.

거란은 끝없는 정복전쟁을 통해 강력한 군사대국으로 성장한 나라다. 그런데 거란사 어디에도 80만 대군을 동원한 기록은 없다. 고려를 침략한 80만의 병력은 거란 건국 이후 최대 규모였다.

거란이 고려에 쳐들어온 이유

건국 후 최대의 위기를 맞은 고려의 국운은 서희의 담판에 달려 있는 상황이다. 거란 대표는 총사령관인 소손녕(蕭遜寧)이었다. 소손녕은 고려가 압록강 유역을 침범해서 응징하러 왔다고 침략 이유를 밝힌다. 압록강 유역이 거란 땅이라는 얘기다. 당시 압록강 일대는 이렇다 할 주인이 없는 땅이었다. 고려도 여기저기 성을 세워두긴 했지만 실제로는 국가를 이루지 못한 여진족이 살고 있었고, 거란은 동쪽 변방이라 그다지 관심을 두지 않던 지역이었다. 거란은 왜 갑자기 압록강 주변이 자신의 땅이라며 사상 유례없는 80만 대군을 몰고 고려에 쳐들어왔을까?

경산시 남천면 송백리 태(太)씨 집성촌에는 30여 가구 100여 명의 태씨들이 살고 있다. 이들은 발해의 후손이다. 발해가 멸망하고 고려로 망명 와서 살고 있던 발해인들, 고려와 거란의 관계는 발해와 관련이 있다.

국내에서 드물게 거란사를 전공하는 김위현 교수(명지대·사학)는 고려와 거란 사이에 일어난 한 사건에 주목한다. 고려 태조 25년, 거란은 고려에 사신을 보낸다. 이때 낙타 50필을 함께 보내 고려와 친선을 요구한다. 그러나 왕건은 사신 30명을 섬으로 유배 보내고 낙타는 개성 만부교(萬夫橋) 아래 매달아 굶어죽게 한다. 당시 고려는 거란에 대한 적개심이 강했던 것이다.

왕건이 이렇게 단호한 조치를 한 이유가 『고려사』에 보인다. "거란이 일찍이 발해와 친하게 지냈으나, 갑자기 의심을 해서 약속을 어기고 발해를 멸망시켰다. 이것은 아주 무도한 짓이다."

전쟁을 불사한 조치였다. 건국 당시부터 고려는 고구려를 계승한 나라라고 공언했다. 고려라는 이름도 고구려에서 비롯됐다. 뿐만 아니라 왕궁마저도 고구려 성을 본떠서 만들 정도로 고려는 고구려를 계승한 나라라는 의식을 갖고 있었다. 수려한 왕궁을 개성에 지었지만 이후 고려는 고구려의 옛 수도 평양을 서경으로 정하고 중요하게 여긴다. 고려의 고구려 계승의식은 북방의 영토를 넓히기 위한 북진정책으로 이어졌기 때문이다.

발해에 대한 고려의 정책도 북진정책의 일환이었다. 중국의 한 역사서에는 '왕건이 발해와 고려는 혼인관계라 했다'고 기록하고 있다. 고려가 발해와 그만큼 가까운 사이임을 말한 것이다. 고려가 고구려를 대신한 나라라고 했을 때, 발해는 고구려를 이어받은 나라가 된다. 고려가 고구려의 영토인 발해를 이어받아야 하는데, 거란이 발해를 멸망시켰으니 자연히 원수 관계가 될 수밖에 없었다.

발해가 멸망한 뒤 고려는 발해 유민을 적극적으로 받아들인다. 발해 세자 대광현(大光顯)이 수만 명을 이끌고 고려로 도망오자 고려는 그를 우대하여 왕씨 성과 이름을 주었다고 한다. 당시 고려에 온 발해 유민은 10만 명이 넘은 것으로 추산된다. 고려는 발해 유민을 받아들여서 압록강 근처 변방에 모여 살게 했다. 그들에게 압록강 일대의 성을 지키는 역할이 주어진 것이다.

고구려의 옛 땅을 되찾으려는 고려의 의지는 압록강가에 20여 개의 성을 쌓을 정도로 강력한 것이었다. 이렇게 적극적으로 북진정책을 고수하면서, 거란에 대해서는 사신을 유배 보내고, 선물받은 낙타를 매달아 죽인 고려의 조치가 거란을 자극한 것이다.

서희는 누구인가?

역사적으로 오랜 원한 관계인데다가 중국 대륙에서 정복왕조로 자리를 굳힌 거란이 막강한 군사력을 앞세워 고려를 침입하자 고려 조정은 동요하기 시작한다. 당시 상황을 기록한 『고려사』에는 '할 서경이북(割西京以北)'이라는 기록이 있다. 일부 중신들은 서경 이북, 즉 지금의 평양 이북의 땅을 거란에게 떼 주자고 했다. 그런가 하면 한쪽에선 '솔군 걸항(率軍乞降)', 즉 왕이 군사를 거느리고 나가 항복하고 빌자고 했다. 당시 상황이 얼마나 급박했는지 알 수 있는 대목이다.

이런 상황에서 서희는 담판을 주장하고 담판장에 고려 대표로 나서게 된다. 담판 결과는 80만 군대를 돌려보내고 거란이 그들의 땅이라고 주장하던 압록강 일대의 강동6주를 고려의 영토로 인정하게 한 것이다. 담판을 성사시킨 서희는 어떤 인물인가?

서희의 흔적을 찾기 위해 이천(利川) 서씨 대종회를 찾았다.

족보에 따르면 서희는 열여덟에 과거에 급제해서 국정을 총괄하는 관청인 광평성 원외랑(廣評省 貝外郞)이라는 관직에 오른다. 관리를 임용하는 새로운 방법인 과거제도를 통해 관직에 발을 들여놓은 것이다. 998년 쉰일곱의 나이로 세상을 뜨기까지 서희는 관직에 몸담은 것으로 보인다. 호족 중심의 관료들을 견제하기 위한 신진세력으로 등장한 과거 세대의 역할은 어떤 것이었을까?

광종 9년(958)에 치른 첫 과거로 뽑은 인원은 7명에 불과했다. 2회 때도 10여 명뿐으로 극히 제한된 범위 내에서 뽑았기 때문에, 과거를 통과한 사람들의 입지도 제한적이었다. 소수에 불과한 신진관료지만 고려는 이들을 신흥세력으로 착실히 키워갔다. 서희의 비문에는 서희가 송나라에서 받은 벼슬을 기록하고 있다. '검교(檢校) 병부상서(兵部尚書)'. 지금의 국방부 장관에 해당하는 관직이다.

안산시 성곡동, 멀리 바다가 내려다 보이는 산 위에 당집이 있다. 일명 잿머리 서낭당이라고 하는 곳이다. 옛날에는 서낭당 앞까지 바닷물이 들어와 배를 타던 포구였다. 시화공단의 조성으로 매립되면서 옛 모습을 찾아볼 수 없지만 이곳에 서희와 관련된 전

설이 전해진다. 서희가 송나라
에 사신으로 가기 위해 배를
띄웠다가 풍랑이 심해 돌아온
다. 그 날 밤 서희의 꿈에 신
라 경순왕의 왕후와 친정 어
머니가 나타나 원혼을 달래달
라고 하자 서희가 제를 지냈
다고 한다.

잿머리 서낭당

　실제로 서희는 서른둘의 나이에 송나라 사신으로 파견된다. 내
의시랑(內議侍郎)이라는 요직을 맡고 있을 때였다. 내의시랑은 내
의성 관직으로, 내의성은 왕에 대한 고문이나 자문 역할, 정책 건
의 등을 담당한 부서였다.

　서희는 과거에 급제해서 일찍이 관직에 올랐고, 송나라에 사신
으로 파견되기도 했다. 송나라에서 극진한 대접을 받았을 뿐 아니
라 비록 명예직이긴 하지만 높은 벼슬까지 받았다. 차관급으로 파
견된 서희가 장관급을 해당하는 벼슬을 받은 것은 송나라에서도
역사상 유례가 없는 일이었다.

서희의 담판

거란은 고려가 국경을 맞대고 있으면서 왜 조공을 바치지 않느냐
고 서희를 윽박지른다. 그런데 처음엔 무조건 항복하라던 소손녕

은 입장을 바꿔서 '조빙(朝聘)'이라는 말을 쓴다. 국교를 맺고 예를 갖추라는 얘기다. 그러니까 항복하라는 것이 아니라 국교를 맺자는 것으로 거란의 태도가 바뀐 것이다. 고려로서는 다행이 아닐 수 없었다.

하지만 서희는 이 제안을 바로 받아들이지 않고, '환아구지(還我舊地)' 즉 우리 옛 영토를 되돌려주면 국교를 맺겠다는 조건을 단다. 그러니까 고려가 거란과 국교를 수립하는 조건으로 압록강 유역을 고려 땅으로 인정하라는 것이다.

소손녕은 서희의 조건을 거란의 왕에게 알리고 1주일 뒤, 압록강 유역을 인정하게 된다. 거란이 서희의 제안을 받아들일 수밖에 없었던 데는 그만한 이유가 있었다. 거란과 고려의 전쟁사를 연구한 유재성 박사(국방군사연구소)는 사료와 남아있는 지도 가운데 북한 지형을 가장 정밀하게 묘사한 조선총독부 지도를 근거로 거란이 고려를 침입해온 경로를 추적했다.

거란은 일반적으로 알려진 길을 피해 산을 타고 고려로 진격해 들어왔다. 그리고 박주 일대에서 고려군과 접전을 벌였다. 안융진

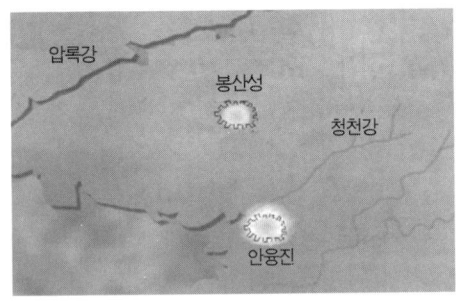

안융진과 봉산성의 위치

(安戎鎭) 전투다. 유재성 박사는 담판을 할 수밖에 없었던 이유를 안융진 전투에서 찾는다. 『고려사』의 기록에 의하면 거란군은 안융진 전투 이후 더 이상의 남진을 포기했다. 그리고 항복만을 재촉했다.

거란군이 안융진 전투 이후 다급하게 화의를 독촉한 까닭은 이렇다. 일반적으로 고려군은 성을 쌓고 성 안에서 전투를 한다. 그러나 안융진 전투에서 고려는 통상적인 전술에서 벗어나 성 밖으로 나가 거란군과 맞서 싸웠다. 그 결과 고려와 접전을 벌이던 거란이 봉산성으로 퇴각한다.

당시 고려군은 거란군과 어떻게 싸웠을까? 전문가들은 기마병에 맞서 싸워야 했던 고려 군대가 검차(劍車)를 사용했을 것으로 추정한다. 검차는 앞에 창을 매단 일종의 수레다. 날카로운 창을 앞에 꽂은 검차는 돌격해 오는 말을 향해 굴러가면서 기마병의 허를 찌르는 무기다. 말을 향해 공격하는 검차는 말을 쓰러뜨리고 무력화시키기 때문이다. 바로 이 검차가 거란군을 막는 데 결정적인 역할을 한 것으로 추측해볼 수 있다.

문헌에 나타난 검차의 그림과 영상복원한 검차

특히 안융진 전투를 이끈 고려

군 장수는 발해 유민 대도수(大道秀)였다. 대도수는 발해 세자 대
광현의 아들이다. 거란과의 전투에 발해 유민들이 대거 참여했다
는 사실을 짐작할 수 있다.

거란은 안융진 전투에서 교착상태에 빠진다. 서희는 바로 이 시
점을 이용한다. 압록강가에는 고구려의 옛 영토를 회복하기 위해
고려가 쌓아둔 성이 곳곳에 있었다. 만약 거란군이 퇴각할 경우,
고려의 성은 거란군의 발목을 잡을 것이다. 하지만 거란군은 퇴로
를 생각하지 않고 이미 고려땅 깊숙이 들어와 있었다. 만약 거란
군이 계속해서 남진하지 못하고 장기전에 들어간다면 거란군은
완전히 포위될 위기마저 배제할 수 없는 상황이었다.

거란군은 속도전에 강하다. 단숨에 수도만 장악하면 전쟁이 끝
날 것이라고 믿었다. 그래서 무조건 남진에 주력했다. 그러나 거란
의 전술이 고려에서는 통하지 않았다. 광활한 평원에서의 싸움과
산악지대에서의 싸움은 달랐다.

고려는 거란전에서 고구려의 청야전술을 이용했다. 고려군이 퇴
각할 때 들판에 불을 질러 적이 곡식을 군량미로 사용하지 못하
게 한 것이다. 때는 바야흐로 11월. 날씨는 추워지고, 거란은 군량
미 확보조차 어려운 위기에 부딪쳤다. 이 시점에서 거란 장수 소
손녕은 담판을 받아들이지 않을 수 없었을 것이다. 전장에서 미묘
한 전세의 변화가 담판의 실마리를 제공한 것이다.

소손녕이 입장을 바꾼 까닭은?

『고려사』 기록 가운데 담판 이후의 상황에 대한 내용이 있다. '타(駝) 십 수, 마(馬) 백 필, 양(羊) 천 두, 금기라환(金綺羅紈) 오백 필.' 낙타 열 마리, 말 백 마리, 양 천 마리, 비단 오백 필은 서희와의 담판 이후 거란의 소손녕이 선물한 것들이다. 거란은 하루 아침에 입장을 바꾼 것이다. 빼앗으러 온 땅을 고려의 것으로 인정하고 담판 이후 선물까지 한 까닭은 무엇일까?

서희의 담판 후, 거란이 고려에 땅을 내주고 선물까지 줄 수밖에 없었던 까닭은 북경에 있었다. 고량강(高梁江) 주변은 거란과 송나라가 30년에 걸쳐 싸운 역사의 현장이다. 북경 일대는 대대로 한족의 땅이었다. 그러나 당나라 말 혼란기에 북경은 거란으로 넘어가게 된다. 당이 멸망하고 한족을 통합한 나라는 송이다. 송나라는 북경 지역을 회복해 한족의 영토를 되찾고자 했다. 북경 지역에서 송과 거란은 운명적으로 부딪칠 수밖에 없는 상황이었다.

지금의 내몽고 자치구 지역에서 살고 있던 거란은 4세기만 해

10세기 후반 거란과 송의 영토

도 고구려의 지배를 받던 민족이었다. 그러나 10세기 초 중국의 혼란기를 틈타 여러 부족을 통일하면서 무서운 속도로 영토를 확장해나갔다.

이때 중국에서 거란을 견제할 수 있는 세력이 등장한다. 바로 송나라다. 중국 대륙을 장악하려는 거란과 송나라의 충돌은 불가피했고, 북경을 중심으로 한 연운 16주가 그들의 전장이었다. 송 태조는 건국 초기부터 한족의 통일제국을 목표로 삼고, 북경 일대를 회복하기 위해 기회 있을 때마다 북경을 침략했다. 그러나 뜻대로 되지 않자 송나라는 거란의 위협을 효과적으로 극복할 수 있는 외교정책에 눈을 돌린다.

거란과 송나라가 대립하는 상황에서 외교적으로 다른 나라를 이용할 방법을 찾게 된다. 이때 중요하게 부각된 나라가 바로 고려였다. 당시 동아시아는 송, 거란, 고려가 삼각관계로 균형을 유지하고 있는 상황이었다. 고려가 거란과 관계를 맺는다면 송이 위태로워지고, 송과 관계를 맺을 경우 거란은 송으로부터 위협을 받게 된다. 따라서 고려는 거란과 송나라에게 경계해야 하면서도 가까이 해야 할 상대였다.

이런 상황에서 고려를 침입한 거란에게는 다른 고민이 있었다. 고려와의 전쟁을 틈탄 송나라의 침입에 대한 우려였다. 예전에도 전쟁 상황을 틈타 송나라가 공격해 온 일이 있었기에 거란은 마음을 놓을 상황이 아니었다.

당시 거란의 이런 의중을 정확히 읽어낸 사람이 바로 서희였다. 송과 고려의 연합을 막기 위해 거란은 고려를 침략한 것이다. 서희는 거란과 국교를 맺겠다고 과감하게 제의한다. 그런 서희의 판단은 적중했다. 고려와 국교를 맺는 것이 그들의 목표라는 사실을 꿰뚫고 있었기에 서희는 강동6주를 당당히 요구할 수 있었던 것이다.

서희의 담판으로 압록강 동쪽 280리, 강동6주는 명실 공히 고려의 땅이 되었다. 고려는 거란의 80만 대군 앞에서 풍전등화의 위기를 맞았다. 그러나 서희의 담판은 위기를 기회로 만들었고 영토를 넓히는 결과를 가져왔다.

거란과의 담판 이후, 송과의 관계

「거란사 조빙도(朝聘圖)」는 서희와의 담판이 있은 지 10년 후의 거란과 송의 관계를 말해준다. 제목은 '거란이 송에 조공을 바치러 온다'는 뜻이다. 제목이 이렇게 붙은 것은 거란이 송에 조공을 바친 것처럼 보이게 하려는 송나라 사람의 의도 때문이다. 사실 거란과 송의 관계는 이와는 정반대였다. 송나라에서 거란에 조공을 바쳤는데, 당시 송나라에서 거란에 바친 제물은 매년 은 10만 냥, 비단 20만 필로 송의 경제를 휘청거리게 할 정도였다. 게다가 거란은 형, 송은 아우가 되는 형제 관계를 맺으면서 중국 대륙의 패권은 사실상 거란이 차지하게 되었다. 거란과 송나라의 판도가 이렇게 된 것은 서희의 담판 때문이다.

그렇다면 거란과 국교를 맺은 고려는 송나라와의 교류를 완전

개봉에서 송나라 당시의 모습으로 복원한 거리. '고려의포(高麗醫鋪)'라는 간판이 눈에 띈다.

히 끊은 것일까?

송나라의 수도 개봉(開封)은 국제무역의 중심지였다. 최근 송나라 때 모습 그대로의 무역시장 거리가 개봉에 조성됐다. 고려라는 이름이 들어간 간판도 눈에 띈다. 실제로 당시 개봉에는 고려 사람이 적지 않았다. 송나라를 찾은 고려인들에게 가장 큰 관심사는 우수한 송나라의 문화였다. 실제 외국으로 반출이 금지된 책과 불경조차 고려로는 유입될 정도로 송과 고려의 교류는 각별했다. 거란과 국교를 맺고 송과 단교한 뒤에도 고려는 송과 문화 교류를 끊지 않았다.

「청명상하도(淸明上河圖)」는 송대 개봉 거리의 모습을 담은 풍속화로, 국제 무역도시의 이모저모를 엿볼 수 있는 귀중한 자료다. 그림의 길이만도 약 12m로, 당시 개봉 거리가 자세히 그려져 있다. 거리는 온통 물건을 가득 실은 수레와 낙타로 가득했고, 오가는 길목과 포구는 인산인해를 이루었다. 각국의 상인들이 모여드는 저자거리는 활기가 넘쳤다. 특히 송나라는 이곳에 고려인을

「청명상하도」(부분). 개봉의 활기찬 모습이 생생하게 그려져 있다.

위한 숙박시설과 편의시설인 고려정을 만들기도 했던 것으로 전한다. 고려 상인들에게 면세의 혜택을 주는가 하면 물건의 양도 훨씬 많이 주곤 했다.

송나라는 고려에 특혜를 주면서 엄청난 무역 적자를 감수해야 했다. 소동파는 그 폐해를 지적하고 고려와의 무역을 끊자는 상소문을 왕에게 올리기도 했다. 고려가 정치적으로 거란과 관계를 맺으면서 송과는 무역으로 이득을 보고, 송나라에는 아무런 도움이 되지 않는다는 내용이었다.

그럼에도 불구하고 송나라는 고려와의 관계를 끊지 못했다. 오히려 고려의 사신을 '조공사'에서 '국신사(國信使, 국서를 전달하는 사신)'로 승격시켰다. 고려와의 관계를 유지하기 위한 불가피한 선택이었다.

서희의 담판 후 고려는 송나라를 외국의 문물을 받아들이는 창구로 이용했다. 특히 고려와의 국교 단절이라는 극한 상황은 송나라가 고려를 더 극진하게 대접하는 계기가 됐다. 송나라의 입장에서는 무역만이 고려와의 관계를 유지할 수 있는 유일한 방법이었기 때문이다. 송과의 단교, 그러나 고려는 송으로부터 잃은 것이 없었다.

서희의 담판 이후 고려는 송의 연호 대신 '통화(統和)'라는 거란의 연호를 쓰기 시작했다. 대신 고려는 군사강국인 거란에게 강동 6주를 인정하게 하고 정치적인 안정을 얻었다. 이것이 고려의 실리외교였다. 큰 나라 사이에 끼어있는 작은 나라로서 힘의 균형을 유지하면서 두 나라의 관계를 이용해 이득을 얻은 것이다.

한족 대신 오랑캐인 거란과 국교를 맺은 서희를 조선의 사대부들은 어떻게 평가했을까? 『조선왕조실록』에도 서희에 대한 기록이 나온다. 거란의 소손녕과 서희의 담판을 정확하게 묘사하고 있다. 여진족의 침입으로 국경이 혼란했던 조선에서 강동 6주를 개척한 서희의 외교력이 더욱 돋보였기 때문이다.

조선시대 사대부가의 자제들이 조정의 벼슬을 익히기 위해 하던 벼슬 놀이판이 있다. 윷놀이를 하듯 막대를 굴려 말단 관직에서부터 영의정까지 오를 수 있는 놀이인데, 이름난 정승이나 관직에 있었던 이들의 이름이 자연스럽게 오르내리게 된다. 우리 역사에서 그 자리에 가장 적합한 '내각 드림팀'을 뽑는 방식으로 이 게임이 유행하기도 했다.

이때 예조판서(오늘날의 외교통상부 장관)에 가장 적합한 인물로 서희의 이름이 가장 많이 거론됐다. 사대주의에 물들어있던 조선시대에 오랑캐 나라 거란과 국교를 맺고 하루아침에 중화국가인 송과 국교를 끊는 것은 있을 수 없는 배신 행위로 보일 수도 있었을 것이다. 하지만 조선의 선비들조차 서희의 외교를 인정했던 것이다.

송나라와 거란이라는 강대국 사이에 낀 고려는 이들에 비해 작은 나라였지만 국제관계 속에서 힘의 균형을 제대로 이용했다. 거란과 송, 두 나라 모두 고려라는 작은 나라를 필요로 하게 만든 것이다. 이것이 고려 외교의 힘이었다. 결과적으로 고려는 중국 대륙의 강대국들 사이에서 이익을 챙겼다.

이런 외교의 기본 원칙은 오늘날에도 다르지 않다. 거란 80만 대군을 물리친 서희의 담판은 강대국 사이에 위치한 나라의 외교가 얼마나 중요한지를 다시 한 번 생각하게 한다.

역모인가, 조작인가?
조선 최대의 정치 미스터리,
정여립의 난

선조 22년(1589) 10월, 황해감사가 올린 비밀 장계 한 장이 피바람을 불러 일으켰다. 역성혁명에 가담했다는 혐의를 받고 수많은 선비들이 죽어갔다. 조선조 최대의 옥사였다[기축(己丑)옥사]. '천하는 왕의 사유물이 아니고 모두의 것이다', '누구나 임금이 될 수 있다.' 당시로서는 지극히 불순한 사상이 역모의 배경에 자리잡고 있었다. 주모자로 지목된 사람은 당시 관직에서 물러나 있던 정여립(鄭汝立, 1544~1589)이다. 하지만 그는 돌연 의문의 자살을 하고 사건은 조선 최대의 정치 미스터리로 남게된다.

'정여립의 난'에 연루된 수많은 사람들이 의금부 추국청에서 국문을 받았다. 당시 기록에 의하면 추국청 안은 비명소리와 피비린내가 진동하고, 죄수들은 귀신의 형상을 하고 있었다고 한다. 조선의 형법제도는 보통 3심제이지만 역모 사건은 예외적으로 단심제였다. 따라서 자백을 받아내기 위해 상상을 초월하는 갖은 고문이 행해졌다.

자백을 받아낼 때 쓰이던 '신장(訊杖)'은 참나무, 박달나무 등의 단단한 재질로 만들어서 몇 대만 맞아도 살과 피가 튈 정도였다고 한다. 그래서 한 번에 30대 이상은 치지 못하게 돼 있었지만 역모사건의 경우는 제한 규정이 지켜지지 않았다.

역모 사건에는 '곤(棍)'이라는 것이 주로 사용됐는데, 대곤은 길이 168cm에 폭 13cm, 두께 1.8cm 정도다. 들기도 버거운데, 형틀에 팔과 다리를 묶어놓고 자백할 때까지 무제한으로 쳤다. 그래서 매를 맞다 죽는 사람이 부지기수였다.

매질로도 자백하지 않는 경우에는 무릎을 짓누르는 압슬형(壓膝刑)이 가해졌다. 널판 위에 날카로운 사기 조각을 깔고 그 위에 무릎을 꿇린 뒤 무거운 돌을 올려놓는다. 경우에 따라서는 사람이 올라가 밟기도 했는데, 6명까지 올라가 밟았다는 기록이 있다. '낙형(烙刑)'이란 것도 행해졌는데, 화로에 벌겋게 달군 인두로 발바닥을 지지는 것이다.

걷잡을 수 없는 역모의 피해

정여립 역모사건에 연루돼 고문을 받다가 죽거나 사형당한 사람은 천 명이 넘는다고 한다. 조선의 4대 사화에서 죽은 사람을 모두 합한 것보다 많은 수다. 선비들은 물론 평민과 노비들, 서산대사나 사명대사 같은 유명한 승려들도 연루돼 곤욕을 치렀다. 대체 그 많은 사람들이 어떻게 해서 정여립의 역모에 연루된 것일까?

광주광역시의 한 아파트에는 4백여 년 전의 사연이 간직돼 있다. 광산 이씨 가문의 후손인 이재수씨는 소중하게 보관해오던 고문서 한 장을 내놓았다. 정여립 역모사건이 발생한 지 20여 년 뒤인 1610년에 작성된 유서였다. 여기에는 정여립 역모사건에 연루

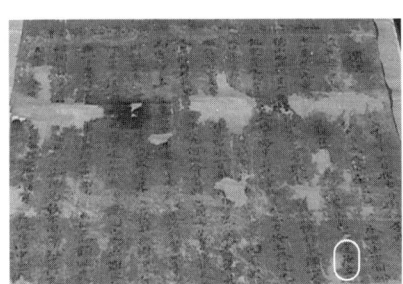

정여립의 후손이 1610년 작성한 유서. 표시부분에 정여립의 이름이 적혀있다.

돼 멸문지화를 입고 겨우 살아남은 후손이 밀양 이씨 행세를 하
며 숨어 지내야 했던 가문의 내력이 적혀 있었다.

유서를 쓴 이는 '사건 당시 9세의 어린 나이로 화를 피해 어머
니와 함께 도망갔으며, 그 와중에 어머니는 굶어서 돌아가시고 혼
자 거지 행세를 하며 살아남은 이원경(李元慶)'이라고 밝히고 있
다. 그 후 이원경은 나주로 피신하여 상민과 결혼해서 밀양 이씨
이정신으로 신분을 위장했다. 하지만 서른 살이라는 젊은 나이에
몸져 눕는다. 유서는 죽기 한달 전 이원경이 구술한 것을 처가 쪽
인척이 받아 적은 것이다. 세 살박이 어린 아들에게만은 조상을
바로 알리고자 했던 것이다.

유서가 발견된 것은 1860년대로, 전염병이 한창 나돌던 때였다.
집안에서 오래된 물건을 찾아 태우라는 무당의 말을 듣고 버려
둔 장롱을 뒤지다 한 귀퉁이에 붙어있는 유서를 발견한 것이다.

이원경이 도망간 까닭은 아버지 이급의 동생인 이발(李潑, 1544
~1589) 때문이다. 이발은 역모의 주모자로 지목된 정여립과 절친
한 사이였다. 하지만 당대 최고의 엘리트인 그가 역모에 가담했다
는 증거는 없었다. 빌미는 정여립과 함께 시국을 비판했다는 것이
다. 이발은 귀양가다 잡혀와 고문 끝에 죽고 나머지 형제들도 역
모를 부인하다가 죽었다. 여든이 넘은 이발의 노모는 압슬형을 받
고, 아버지의 억울함을 호소하던 아이들도 매를 맞다가 죽었다.

역모에 대한 수사는 상상을 초월했다. 사건의 여파는 함평의 조
용한 제동마을까지 불어닥쳤다. 당시 이곳에서는 호남의 대유학자
정개청(鄭介淸, 1529~1590)이 제자들을 가르치고 있었다. 50대 후

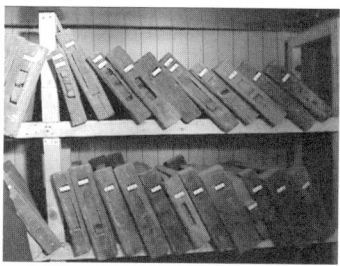

(왼쪽)제동마을 윤암경사 (오른쪽)윤암경사에 보관된 『우득록』 목판

반의 그는 관직을 사양하고 학문에만 전념했다. 지금도 소중하게 보관되고 있는 정개청의 『우득록(愚得錄)』은 임금이 읽고 칭찬하자 홍문관에서 귀하다는 먹감나무를 전국에 수소문해 목판본으로 만들었다고 한다.

그런데 인근에 살던 정여립이 집터를 봐준 것과 그에게 편지를 보낸 것이 역모에 가담했다는 빌미가 돼 화를 입는다. 그 편지에서 '도를 아는 건 당신'이라고 한 내용이 화근이었다. 정개청은 예의상 한 말일 뿐 정여립에 동조한 것은 아니라고 주장했다. 하지만 결국 유배당하고 두 달 만에 죽었다.

화는 마을 전체에 미쳤다. 정개청을 따르던 제자 50명이 죽고 20명이 유배당했다. 남아있던 4백여 명도 과거 응시 자격을 박탈당했다. 어이없이 희생된 사람도 많았다. 안질 때문에 눈물을 흘린 것을 정여립을 위해 눈물을 흘린 것으로 오해받아 죽는가 하면, 관기(官妓)와 헤어지면서 흘린 눈물이 화근이 돼 역모에 몰리기도 했다.

백유양(白惟讓, 1530~1589)이란 사람의 경우를 보면, 그는 정여립의 높은 학식을 흠모해 친아들을 보내면서 아들처럼 대해달라고 했다. 그런데 '역적에게 아들을 보내며 친아들처럼 여겨달라고 했다'는 구실로 백유양마저 같은 역적으로 몰렸다.

주모자 정여립의 시신은 만조백관이 보는 앞에서 능지처참됐다. 그 부모와 자식들도 모두 교수형에 처했다. 조선 전체가 공포 분위기에 휩싸였다. 날조된 유언비어 때문에 희생되는 사람들도 잇달았다.

도동서원에 위패를 모신 최영경(崔永慶, 1529~1590)의 경우가 대표적이다. 그가 옥에 갇히자 천여 명의 선비들이 모여들 정도로 최영경은 학문과 덕망이 높았다. 그는 소문으로만 떠돌던 정여립의 부하 길삼봉(三峯, 가공인물임)이라는 누명을 썼다. 당시 길삼봉에 대한 진술이 여러가지였다. 살이 쪘다, 혹은 수염이 허옇고 수척하다는 얘기가 있는가 하면 나이도 30대다, 50대다, 60대다… 사는 곳도 전주다, 나주다, 진주다 하며 여러 정황들이 있었지만 '60세에 수염이 허옇고 수척한 노인'이라는 진술만 채택했다. 실존 인물인 최영경과 비슷한 진술만을 채택함으로써 최영경을 연루시키려고 한 짜맞추기식 수사에 그가

최영경에 대한 선조의 사과비. 당시 조정에서는 공식 추모제사를 지내고 그에게 사헌부 대사헌을 추증했다.

희생된 셈이다. 최영경은 국문을 받던 중 옥사했다. 독살됐다는 주장이 제기됐지만 정확한 진상은 밝혀지지 않았고, 희생자들 가운데 가장 먼저 명예가 회복됐다.

16세기 후반, 임진왜란이 일어나기 3년 전, 정여립 역모사건은 조선사회에 광풍을 몰고 왔다. 그리고 그 회오리는 이름 높은 학자에서 이름 없는 백성에 이르기까지 천여 명의 목숨을 앗아갔다.

범상치 않은 인물, 정여립

정여립과 조금이라도 알거나 편지를 주고 받았다는 사실만으로 많은 사람들이 죽었다. 역모 가담 여부와는 상관없었다. 정여립이 그토록 위험한 인물이었을까?

정여립은 전주에서 명문으로 꼽히는 동래 정씨 가문에서 태어나 22세에 문과에 급제하고 성균관 학유(學諭), 예조좌랑, 홍문관 수찬(修撰) 등을 지냈다. 실록에 의하면 자신을 조정에 천거한 이이를 비판한 것이 선조의 진노를 사 관복을 벗게 되고, 그 사건 이후 벼슬길이 막혀버린다. 여기에 앙심을 품고 천민과 승려 등 사회 불만계층을 규합해서 역모를 꾸몄다는 것이다.

한편 정여립의 어린 시절 일화가 전해진다. "여립이 7, 8세 무렵 아이들과 함께 놀다가 까치 새끼를 부리에서 발톱까지 토막내었다… 아버지 희증(希曾)이 노하여 누구의 짓이냐고 물었다. 한 여종이 그 연유를 일러바치자 희증은 여립을 크게 나무랐다. 그 날 밤 여종의 부모가 출타하고 여종 혼자 자고 있을 때 여립은 그녀의 배를 칼로 찔러 죽였다", "성격이 흉악해서 형제 대여섯 명 간에 사이가 좋지 않았고, 친척 중에 원수지지 않은 자가 없었다."

하지만 이와 반대로 호의적인 평가도 있다. 조선초부터 인조 때까지의 야사가 실린 『대동야승』을 보면 "정여립은 넓게 보고 잘 기억했고 논의가 격렬해서 거센 바람이 이는 듯했다"고 한다. 훗날 이이도 '호남에서 학문하는 사람 중 정여립이 최고'라고 극찬한 바 있다. '잔인무도한 반역자', '박람강기(博覽强記)한 대학자', 과연 어느 쪽이 진짜 정여립의 모습일까?

관복을 벗고 낙향한 정여립이 터를 잡은 곳(김제시 금산면 동곡 마을)은 지금까지 다양한 민간신앙이 성행할 정도로 예부터 명당으로 손꼽히던 곳이다. 미륵신앙의 본거지 금산사가 근처에 있고 증산교의 본부 건물이 자리잡고 있는가 하면 강증산이 도를 깨쳤다는 대나무 숲터 얘기도 전해진다. 30대 중반의 정여립은 이 일대에서도 이름난 명당, 제비산(帝妃山) 자락에 집을 짓는다.

어려서부터 어른들에게 정여립에 대한 이야기를 듣고 자라온 최순식씨는 이곳을 정여립의 집터라고 확신하고 있다. 일제시대까지만 해도 이곳은 흉가 터로 알려져 사람들이 접근하기를 꺼렸다고 한다. 집터에서 발견된 일곱 개의 별이 새겨진 범상치 않은 기와는 이 자리에 있던 집이 명문가인데다 재력도 상당했음을 짐작케 한다.

관직을 떠났지만 정여립의 영향력은 대단했다. 멀리서 선비들이 찾아오고 인근 수령들도 앞다투어 그를 방문했다. 사람들이 오면

지금은 밭으로 된 정여립의 집터.
1 멀리 저수지 너머로 보이는 것은 제비산. '임금의 아내'란 뜻을 지닌, 풍수지리상의 명산이라고 한다.
2 집터 한켠에 큼직한 돌과 기와들이 남아있다.
3 일곱 개의 별이 새겨진 수막새 기와

중국에서 들여온 천문학과 풍수지리학 책을 함께 읽고 토론하기도 했다.

정여립의 행동은 보통 사대부들과는 다른 점이 많았다. 그는 지금도 효험 있는 기도처로 유명한 제비산 중턱의 치마바위에서 천일기도를 올렸다. 그리고 시국을 비판하는 발언을 자주 했다고 한다. "천하는 공물(公物)인데 어찌 주인이 있겠는가, 누구든 능력 있는 사람이 나라를 다스려야 한다."

이런 언행은 당시의 흐름에

치마바위

서 어떻게 받아들여졌을까? 정여립은 풍수나 천문지리에 해박했고 병법에도 일가견이 있었는데, 이것은 당시의 국시(國是)였던 정통 주자성리학의 흐름에 맞서는 것이었다. 더구나 천하에 어찌 정해진 주인이 있느냐는 파격적인 주장을 할 만큼 그는 당시의 기준으로는 일탈된 사상의 소유자였다. 정여립의 급진적 진보 사상의 바탕에는 현실에 대해 보다 개방적이고 자유롭게 사고하려는 의식이 내포된 것으로 보인다.

정여립은 점점 영향력을 확대해나간다. 그는 3면이 강으로 둘러싸여 산 속의 섬으로 불리는 진안군 죽도(竹島)에 서당을 짓고 양반, 상민, 천민, 승려 등 신분을 가리지 않고 사람들을 모아 학문을

가르쳤다. 그래서 '죽도 선생'으로 불리기도 했던 정여립은 다른 한편으로는 무예를 가르치는 데 힘썼다.

죽도 뒤편으로 덕유산 줄기를 타고 내려온 천반산(天盤山)의 가파른 능선을 타고 한 시간 쯤 올라가면 정여립이 활쏘기와 무술을 가르쳤다는 곳이 나타난다. 이 일대에서 화살촉과 커다란 솥이 발견되기도 했다. 무려 6백여 명이 '대동계(大同契)'라는 이름으로

(위)죽도 (아래)천반산

한 달에 한 번 이곳에 모였다고 한다.

대동계의 위력은 대단했다. 1587년 정해(丁亥)왜변 당시 전주부윤 남언경(南彦經)이 도움을 요청하자 정여립은 하루도 안 돼 군사를 모아 왜구를 격퇴했다.

카리스마와 리더십을 갖춘 지식인 정여립의 행동은 지식인의 행동반경이 좁은 당시 사회에서 금방 포착됐고, 그의 뛰어난 자질과 능력은 정적들에게 경계의 대상일 수밖에 없었다.

체제에 대한 불만, 강한 리더십, 관군을 능가하는 군사력 등 역모의 주동자로서 필요한 조건을 다 갖춘 정여립은 실록에 의하면 대동계원을 모아 치밀하게 거사 계획을 세운다. 그리고 민심을 이반시키기 위해 역성 혁명은 필연이라는 도참설을 세간에 유포시킨다.

실제로 당시 백성들 사이에서는 '목자망 존읍흥(木子亡 奠邑興)' 즉 이씨 왕조가 곧 망하고 정(鄭)씨가 새로 일어난다는 이야기가 떠돌았다. 기록에 의하면 '선조 23년 정월, 전라도와 황해도에서 일시에 군사를 일으켜 한강까지 올라가 서강창을 습격, 군량미를 확보한 뒤 홍제원에 진을 친다. 팔도 물산이 올라오는 수로를 차단하고 성 안에 자객을 들여보내 병조판서와 금부도사를 죽인다. 그리고 민심이 혼란스러운 틈을 타 성 안으로 진입한다'는 거사 계획을 세웠다고 한다. 하지만 계획이 사전에 탄로나고 조정에서는 즉시 체포령을 내린다. 뒤늦게 이 소식을 안 정여립은 죽도로 도망가다가 천반산 중턱에 몸을 숨긴다. 그리고 한 작은 굴('송판서굴')에서 최후를 마친다. 당시 그를 뒤쫓던 민인백(閔仁伯)

송판서굴

은 그 모습을 이렇게 기록하고 있다. '여립이 옆 사람이 들고 있던 칼을 빼앗았다. 칼을 번득일 때마다 한 사람씩 쓰러졌다. 마침내 여립이 칼을 땅에 꽂고 스스로 목을 찔러 마치 소가 우는 듯한 소리를 내며 죽었다.'

자결한 정여립의 시신은 한양으로 압송됐고 역모의 주모자로 능지처참된다.

정여립 역모는 조작됐다?

정여립은 유교경전뿐 아니라 풍수와 천문 등 다양한 학문에 두루 능통해서 학계와 벼슬아치에게까지 영향력을 미친 인물이다. 게다가 하층민과 무사들을 대규모로 조직할 정도로 강한 리더십까지 갖추고 있었다. 그런데 그가 역모를 꾀했다면 왜 싸워보지도 않고 자살을 했을까?

실록에는 조정 중신들 대부분이 처음에는 정여립의 역모 사실을 믿지 않았다고 한다. 정여립이 서울로 올라와서 결백을 밝히면 다 해결될 것으로 생각한 것이다. 하지만 예상과 달리 정여립은 도망가다가 자결해버린다. 그리고 자결한 것이 역모를 시인한 증거로 해석돼 사건이 걷잡을 수 없이 확대된 것이다.

그런데 이것을 뒤집는 기록이 있다. 17세기에 씌어진 당쟁에 관한 책 『동소만록(桐巢漫錄)』에는 정여립이 자살한 것이 아니라 타살됐다고 되어 있다. '정여립은 진안 죽도에서 놀고 있었는데 선전관과 현감 민인백이 군사를 데리고 포위하여 그를 때려 죽였다.' 즉 누군가 치밀한 사전 각본을 만들어 정여립을 죽이고 역모를 조작했다는 것이다.

정여립의 역모사건이 조작된 것이라는 주장에 공감하는 학자들은 의외로 많다. 가장 적극적으로 정여립 역모 조작설을 주장하는 학자는 이희권 박사(전북대 명예교수)다. 처음 그는 자신의 고향에서 일어난 역사적 사건이기 때문에 정여립 사건에 관심을 갖게 되었는데, 자료를 검토할수록 조작 의혹이 짙어졌다고 한다.

그는 정여립이 싸워보지도 않고 자결했다는 점에 특히 주목한다. 정여립은 왜 저항하지 않았을까? 정여립의 역모를 증명할 만한 아무런 증거도 발견되지 않았다. 정여립이 모반을 위해 대동계라는 무사 집단을 만들었고 왜구가 쳐들어왔을 때 그 병력이 지방관의 요청에 의해 왜구를 물리쳤다면 대동계는 비밀 조직이 아니라 공개된 조직이었다는 얘기가 된다. 그런데 대동계는 어디 있으며, 정여립은 왜 대동계를 두고 도망간 것인지도 의문이다. 또한 대부분의 연루자들이 명예회복이 이루어졌으므로 정여립이 역모를 꾀한 대상이 실제로 존재하지 않는다는 모순에 부딪힌다.

작고한 원로 사학자 김용덕 교수는 또 다른 각도에서 조작설을 제기한 바 있다. 정여립의 도주 행적이 납득하기 어렵다는 것이다.

한편 사람들에게 역모 가담의 증거가 된 것이 서신이다. 실제로 정여립이 역모를 꾀했다면 도망가면서 서신을 없앴을 것이다. 그런데 정여립은 왜 서신을 그대로 방치했을까?

또 정여립이 체포령을 피해 도망간 곳은 그의 본거지로 이미 알려진 죽도였다. 게다가 자신의 행방까지 알렸다는 점 등이 역모 주모자로서는 비상식적인 행동이라는 주장도 있다.

송강 정철은 흔히 가사문학의 대가로 알려져 있지만 실은 당쟁의 한복판에 있었다. 정권에서 밀려나있던 정철은 정여립의 역모 고변이 있던 날 밤 아들의 초상을 치르고 있었다. 소식을 듣자마자 그는 입궐을 서두른다. 아무도 정여립의 역모를 믿지 않던 상황에서 정철은 정여립이 도망갔다는 사실까지 알고 있었다. 김장생의 만류에도 불구하고 송강은 입궐해서 선조를 독대했다. 곧이어 수사 총책임자가 역모를 믿지 않았던 정언신(鄭彦信, 1527~1591, 정여립의 9촌 친척)에서 정철로 교체됐다. 서인의 영수였던 정철은 옥사의 확대에 나섰고, 배후에는 당시 제갈공명에 비유되던 송익필(宋翼弼, 1534~1599)이 있었다고 전해진다. 기록에 의하면 당시 항간엔 송익필이 사건을 사전에 기획하고 정철에 의해 실행되었다는 설이 나돌았다고 한다.

당시 정국은 동인의 주도 하에 있었다. 정여립이나 당시 피해를 입은 사람들은 모두 동인에 속한 인사들로, 역모에 가담할 이유가 없었다. 하지만 결과적으로 동인의 유력 인사들이 정여립 역모에 연루돼 화를 입고 서인이 정권을 장악했다.

선조는 이 사실을 알면서 방관했다는 의심을 받고 있다. 선조는 중종의 손자이자 덕흥 대원군의 셋째 아들로, 명종이 후사 없이 죽자 조정에 의해 추대된 임금이다. 따라서 정통성이 약할 수밖에 없는 선조는 당시 동서 분당 대립 구도를 이용할 필요가 있었다. 정여립 사건을 계기로 임금과 신하의 관계를 분명히 하고, 10여 년 간 정권을 유지하면서 세력이 강해진 동인을 약화시키려는 측면이 있었던 것이다. 이것은 옥사가 마무리되는 시점에서 선조의 태도가 돌변했다는 사실로도 짐작된다. 훗날 선조는 정철이 서인의 세력을 만회하려고 제멋대로 무고한 사람들을 연루시켰다며 정철을 강계로 유배 보낸다.

이런 몇 가지 근거로 미뤄볼 때 정여립의 역모는 조작됐을 가능성이 높다는 것이 학계의 주장이다. 조선조 내내 반역자로 지목돼 족보에서도 지워진 정여립은 정치적 음모의 희생양이 아니었을까?

'천하는 공물이니 어찌 일정한 주인이 있겠는가?' '요임금과 순임금, 우임금은 왕위를 세습하지 않고 서로 물려줬으니 그들은 성현이 아닌가?' '충신이 두 임금을 섬기지 않는 것은 왕촉(王蠋)이 한때 죽음에 임하여 한 말이지 성현의 통론은 아니다.' '누구를 섬긴들 임금이 아니고 누구를 부린들 백성이 아니겠나.' 왕위 세습을 부정하고 누구나 왕이 될 수 있다는 이 말은 당시로서는 지극히 반체제적인 발언이었다. 폭군을 갈아치우는 것은 정치 사상적으로 오랜 화두였다. 정여립은 어떤 의미에선 크롬웰의 청교도 혁명(1649)으로 상징되는 서구보다 60여 년 앞서 공화주의를 펴려 한 선각자였다.

정여립이 꿈꾼 이상향

시대를 앞서간 선각자였다면 실제로 역모를 했든 하지 않았든 정여립이 품은 사상 자체가 당시로서는 받아들일 수 없었고 그 때문에 정여립이 죽음에 이르게 됐다고 볼 수도 있다. 신분상으로는 기득권층이고, 관직에서 물러났지만 고향에서 편히 살 수 있었음에도 불구하고 정여립은 왜 그렇게 위험한 생각을 하게 됐을까?

금산사는 정여립의 집터에서 그리 멀지 않다. 대표적인 미륵도량인 금산사에는 백성들의 고통과 염원이 서려있다. 건국 초기 백성을 위한다던 명분은 땅에 떨어진 지 오래였다. 평화롭고 풍요로운 세상을 열어준다는 미륵신앙에서 백성들이 구원을 찾을 정도로 현실은 절망적이었다. 중앙의 훈척 세력은 국가의 재산을 빼돌려 사유재산을 늘리고, 바닥난 국고는 백성의 세금으로 채워졌다. 지방 관리들은 중간에서 농간을 부려 이득을 취하면서 술과 고기로 잔치를 벌였다. 세금을 피하려고 노비를 자청하거나 유랑생활을 하는 양민들이 부지기수였다. 붕괴 직전에 이른 조선의 현실은 '고치려 해도 이미 때가 늦은 것 같다'는 당시 서인들의 상소문에서도 지적되고 있다.

이런 상황에서 근본적인 개혁을 주장한 지식인들이 있었다. 가산을 모두 아우에게 물려주고 지리산 자락에 들어온 남명 조식이 중심인물이었다. 그는 이곳에서 정여립 사건에 연루된 최영경, 정인홍 등 150여 명의 제자를 키워냈다. 그는 일부 보수적 사림파들이 훈척과 결탁하면서 가문과 파벌의 이익을 챙기는 등 변질돼

가는 것을 강하게 비판했다. 입으로는 맹자와 공자를 논하면서 실제로는 유교적 통치이념의 근간인 민중에게서 멀어지고 있는 정치인들에게, 백성들의 현실과 체제의 모순을 직시할 것을 요구했다. 남명은 나아가 '물이 있어야 배가 떠다닐 수 있듯이 권력은 민중에게서 나오는 것이며 따라서 의무를 다하지 못하는 임금은 쫓겨날 수도 있다'고 경고했다.

이러한 민중 중심적인 개혁사상과 실천 태도는 제자들에게 이어진다. 실생활에 도움이 되는 다양한 학문에 개방적이었던 남명은 일찍이 외세의 침입을 예견하고 제자들에게 병법을 가르쳤다. 임진왜란 당시 무력한 관군을 대신해 의병을 일으킨 제자들이 50여 명에 이른다.

지리적 여건상 새로운 문물을 받아들이는 데 더욱 개방적이었던 개성 일대의 화담학파 역시 당시 개혁을 주장한 지식인들이다. 그들 가운데엔 토정 이지함을 비롯해 정여립 역모에 연루돼 죽은 이발과 정개청 등이 있었다. 화담학파는 신분적 개방성이 돋보인다. 공사천(公私賤)이나 서얼의 자식들도 직접 가르치는 등 신분제도에 대한 개방적인 자세나 명문가 출신의 이지함이 걸인에게 혜택을 베푸는 민중 지향적인 흐름들이 조선중기 사상계에 큰 흐름으로 자리잡고 있었다.

당시의 진보적 개혁 세력들은 유교의 근본정신으로 돌아가 개혁의 방향을 찾고자 했다. 그 핵심 사상이 『예기(禮記)』에 언급된 '대동(大同)'이다. 정여립이 사용한 '대동계'라는 이름도 여기서 유래했을 가능성이 높다.

정여립이 즐겨 했다는 '천하는 공물' 이라는 말도 발견된다. 역대 제왕들이 나라를 사적 소유물처럼 여겼기에 백성이 도탄에 빠지고 나라가 망했다는 것이 그의 주장이다. 현명한 자를 뽑아서 지도자로 세우고, 천하가 모두의 것이라는 믿음 하에 노약자, 병자, 과부 등도 동등하게 대우받아야 한다는 평등 지향적인 공화주의, 나아가 사회주의적 요소를 지향했다.

16세기 후반 조선 사회에는 정여립과 같이 화합과 평등이 실현되는 대동세상을 위해 개혁을 주장한 지식인들의 목소리가 높아가고 있었다.

정여립의 부활을 기다린다

개혁세력의 거세로 조선은 스스로 자기모순을 치유할 기회를 잃어버리고 3년 뒤 임진왜란이라는 전면적인 위기를 겪게 된다. 그후로도 조선은 성리학적 명분론에 매몰돼 새로운 시대의 조류에 기민하게 대응하지 못하게 된다. 정여립 사건은 명분과 신분질서를 강조하는 방향으로 성리학의 흐름이 경직화돼 가는 시점에서 이에 맞서고자 했던 신진 사림들의 고민과 다양한 이론적·실천적 모색, 현실적 패배를 보여주는 일대 사건이었다.

하지만 이것이 정여립 역모 사건의 끝은 아니다.

이 사건은 4백여 년이 흐른 지금 한 개인병원에서 계속되고 있다. 40대 중반의 나이에 대학원에 진학, 역사학을 전공하는 정회수씨는 정여립 사건의 진상 규명을 필생의 과업으로 여기고 있다.

정여립 사건으로 동래 정씨 일가는 고향에서 쫓겨나 전국으로 뿔뿔이 흩어졌다. 조상들의 무덤은 모두 파헤쳐져 다른 곳으로 이장됐다. 하지만 당시 흔적은 확연히 남아있다. 공덕을 기리는 비석은 동강난 채 쓰러졌다. 평평하던 묘 주변은 봉분을 파헤치면서 흙이 없어져 계단식 지형이 돼 버렸다. 목이 잘려나간 석상은 시멘트로 이어 붙인 자국이 선명하다.

당시 역모사건 수사에 직접 참여한 이항복이 남긴 시는 어느 누구도 억울함을 대변해 줄 수 없는 공포 분위기를 말해준다.

정인겸(정여립의 14촌)의 묘.
훼손된 비석은 상석처럼 방치되어 있으며(2), 목이 잘려나간 석상은 시멘트로 이어붙여 놓았다(3).

입이 있으되 말할 수 없고/ 눈물이 쏟아져도/ 소리내어 울 수가 없네/ 베개를 어루만지며/ 두려워서 소리를 삼켜/ 숨죽여 운다 / 어느 누가 잘 드는 칼날로/ 내 슬픈 마음을/ 도려내 주리

　연루자들 대부분이 후대에 명예회복이 이뤄졌지만 정여립 가문만은 예외였다. 그의 이름을 거명하는 것조차 금기시됐다. 그가 속한 문중 전체가 수백 년 동안 족보에서 누락됐다. 정여립이 태어난 완주군 상관면 월암리는 임기를 마치고 떠나는 지방관리들의 송덕비가 발견되는 것으로 봐서 당시 교통의 요지였던 것으로 추정된다.

　정여립이 능지처사된 후 조정에서는 집터를 송두리째 파내고 그것도 모자라 물을 채워 연못으로 만들었다.(61쪽의 집터와는 다른 곳임) 풀 한 포기도 자라게 해서는 안 된다는 강력한 징벌이었다. 연못의 흔적은 사라졌지만 아직도 남아있는 지명('파쏘봉', '파쏘들' 등. '파쏘'란 집터를 파헤쳐 인공연못을 만들었다는 데서 유래)에서 당시 상황을 짐작할 수 있다. 하지만 백성들 사이에 남겨진 기억까지 지울 수는 없었다. 논 한가운데 솟아 있는 말 무덤은 정여립이 실수로 죽인 자신의 용마를 애석해 하며 여기에 묻었다는 이야기와 함께 아직도 보존돼 있고, 조상들의 사당 터에는 절(쌍용사)을 세워 제사를 지내고 있다.

　당시 백성들 또한 마찬가지다. 공포 분위기 속에서도 '정여립이 죽지 않고 어딘가에 살아 있다'는 소문이 끊임없이 나돌았다. 그것은 또 다른 정여립에 대한 민중들의 염원이었다.

　정여립의 개혁사상은 훗날 실학자들에게 이어진다. 16세기 후

1, 2 지금은 논으로 변한 정여립의 집터. 전라선 아중~신리역 사이의 철로변, 신리 터널에서 조금 못 미친 곳에 있다.
3 정여립의 말 무덤(김제시 금산면 쌍룡리 용암마을)
4 쌍용사. 대웅전 앞마당을 가득 채운 탑과 석불 들이 이채롭다.

반의 진보적 사림들이 그랬듯 이들은 다양한 문물을 수용했다. 정약용의 경우 천주학까지 받아들일 정도로 주자성리학적 이론에서 자유로웠다. 그리고 거중기가 말해주듯 그 핵심에는 어떻게 하면 백성들의 삶을 윤택하게 할 것인가 하는 실천적 모색이 자리잡고 있었다. 또한 정약용은 무력에 의한 정권교체도 그것이 백성의 뜻이라면 정당한 것으로 보았다.

"천자란 다중(多衆)이 뽑아서 된 것이다. 그를 끌어내리는 것도

다중이요, 윗자리에 앉히는 것도 다중이다." 정여립은 더 나아가
지금의 간접선거 방식과 비슷한 형태를 정치의 본질이라고 역설
했다. 대부분의 지식인들이 '임금은 하늘이 낸 것이고 백성은 임
금의 것이었던' 당시 조선 사회의 틀에 안주했지만, 민본주의적
개혁을 주장한 선구자들이 분명히 존재했다. 정여립 역시 그 가운
데 한 사람이었다. 민족주의 역사학자 신채호는 정여립을 '400년
전에 군신강상론(君臣綱常論)을 타파하려 한 동양의 위인으로,
『민약론』을 쓴 루소(J.J. Rousseau, 1712~1778)와 견줄 만하다. 하지
만 루소와 같이 역사적 평가를 받지 못한 것은 루소의 사상이 프
랑스 혁명으로 이어졌지만 정여립의 경우는 그렇지 못했기 때문'
이라고 평했다. 지식인으로 일신의 영달을 좇지 않고 사회의 모순
을 고민했던 정여립, 이제 그는 '실패한 반란의 우두머리'가 아닌
민본주의적 개혁을 이끈 선구자적 지식인으로 기억되어야 할 것
이다.

임란 포로 체험기 『간양록』
─선비 강항은 일본에 무엇을 남겼나?

가수 조용필이 부른 「간양록(看羊錄)」이란 노래가 있다. 1980년대에 방영한 TV 드라마의 주제곡이기도 한 이 노래는 이국 땅에서 밤마다 고향에 계신 어버이를 그리워한다는 내용의 가사가 애절하다. 그런데 이 노래의 실제 주인공이 있다. 드라마의 주인공이기도 했던 인물은

조선중기의 선비 강항(姜沆, 1567~1618)이다. 노래 제목인 간양록은 조선 선비 강항이 일본으로 끌려가 고향 땅을 그리며 쓴 일기 형식의 기록이다. 강항은 어떻게 일본으로 건너갔으며 그곳에서 무슨 활동을 했을까?

강항의 초상

일본 오오즈에서 주목받고 있는 조선인 강항

최근 일본의 한 도시에서 조선의 선비 강항이 주목받고 있다. 오오즈(大洲)는 일본 에히메(愛媛)현에 있는 소도시다. 오오즈와 전남 영광군은 10여 년 전부터 친선 교류를 목적으로 서로 오가며 만남의 자리를 가져왔다. 두 지역이 인연을 맺게 된 것은 영광에서 태어난 한 조선 선비 때문이다. 영광 출신으로 오오즈에도 잠시 머물렀던 인물, 강항이다.

강항에 대한 오오즈 시민들의 관심은 곳곳에서 느낄 수 있다. 오오즈 시민회관 앞에는 강항을 기리기 위한 현창비(顯彰碑)가

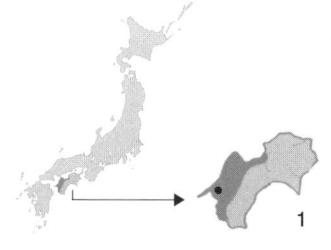

1 에히메현의 오오즈
2 홍유(鴻儒) 강항 현창비
3 오오즈의 초등학생용 교과서 부교재에서 강항을 소개한 부분

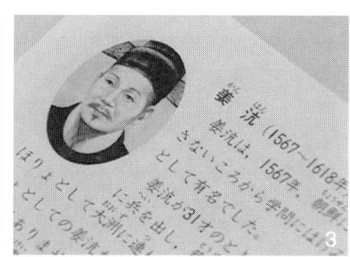

세워져 있다. 그 옆에는 강항을 소개하는 글이 있는데 일본어와 함께 한글로도 새겨 놓았다. 그런데 안내문의 제목이 눈길을 끈다. '일본 주자학의 아버지, 유학자 강항' 이것이 일본 오오즈에서 강항을 기억하고 기리는 까닭이다. 강항은 이곳 초등학교 학생들의 교과서 부교재에도 등장한다. 오오즈의 문화와 환경, 역사를 소개한 이 책에는 강항이 31세에 포로로 오오즈에 압송되어 왔으며 그 후 유교를 가르쳐 일본 유교의 근본이 되었다는 내용이 실려 있다.

강항의 업적을 연구하고 알리는 일은 강항에게 관심이 있는 여러 사람에 의해 이뤄져왔다. 그 가운데 한 사람인 무라카미 스네오(村上恒夫)씨는 현재 50여 명으로 되어 있는 강항 연구회의 회

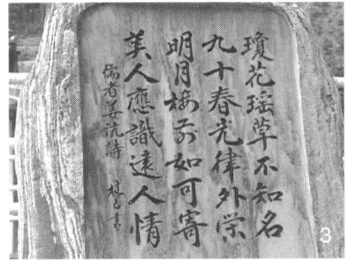

1,2 '강항과 인연이 있는 땅'이라고 새긴 나무 표지판과 또다른 표석
3 강항의 한시를 새긴 돌

장이다. 그는 10여 년 동안 강항이 남긴 문집을 비롯해 강항과 관련된 자료들을 수집해왔다. 그리고 1999년엔 강항의 삶과 일본에서의 발자취를 정리해 한 권의 책을 냈다. 10여 년 연구의 성과였다. 이렇듯 강항 연구회는 강항에 대해 체계적인 연구를 해오고 있다. 이들이 이렇게 강항이란 인물에 빠져드는 이유는 무엇일까? 무라카미씨는 강항이 일본에 전해준 유학이 큰 영향을 미쳤으며, 강항과 그의 업적을 알리는 것이 그에게 보답하는 길이라고 대답했다.

강항 연구회원들의 연구는 다각도로 이뤄지고 있다. 그동안 연구회는 강항의 발길이 닿은 곳을 직접 답사해 유적지로 발굴해내기도 했다. 나가하마(長濱) 항구는 일본으로 끌려온 강항이 처음 다다른 곳이다. 포로로 잡혀온 강항과 그의 가족은 배를 타고 이곳에 닿았다. 당시 이 지역 주변 해안에는 항구가 없었다. 하천을 거슬러 올라가 2km쯤 떨어진 현재의 나가하마시 시모스가이 주변이 포구였는데, 그곳에 상륙한 것으로 보인다. 포구에 도착한 강항은 지금의 히지천을 지나 오오즈성으로 향하게 된다. 연구회는 작은 하천 하나도 빠뜨리지 않고 발굴할 정도로 정성을 쏟고 있다.

당시 강항 일행 중에는 아이도 있고 노인도 있었다. 모두 지칠 대로 지쳐 강을 건너는 도중 넘어져 강물에 떠내려갈 뻔한 위기를 맞기도 했다. 강항이 죽을 고비를 넘기며 지나간 곳에는 나무로 표지판을 세워 '강항과 인연이 있는 땅'이라는 표시를 해두었다. 그리고 옆에 강항의 한시를 새겨놓았다. 오오즈 사람들은 이렇게 정성스레 400년 전의 조선인 선비 강항을 기리고 있다.

일본에 포로로 잡혀간 강항

강항은 일본의 일부 초등학교 교과서에 등장한다. 하지만 정작 우리에게는 그리 알려진 인물이 아니다. 우리는 주자학, 즉 성리학 분야에서 일본에 영향을 미친 사람이라면 퇴계 이황을 먼저 떠올린다. 그런데 일본에서는 강항이 일본에 주자학을 전했다고 한다.

강항은 과연 어떤 인물인가? 그의 영정은 일반적인 조선 관리의 차림이다. 강항은 1567년 전남 영광에서 태어났다. 세조 때의 뛰어난 문장가 강희맹의 5대손인 강항은 어려서부터 문장력이 뛰

『간양록』의 맨 앞부분. '만력(萬
曆)27년(1599) 4월 10일'이란 연대
가 명시되어 있다.

어났다. 이미 16세에 향시에 합격하고 21세에 진사시험에 합격했
다. 그리고 27세라는 젊은 나이에 과거에 합격해 벼슬길에 올랐다.
강항은 조선의 학자이자 관리로서 순탄한 삶을 살았다. 그렇다면
강항은 어떻게 일본으로 끌려간 것일까?

강항이 일본으로 끌려간 과정은 강항이 남긴『간양록』에 자세
히 기록돼 있다. 현재『간양록』은 강항의 후손들이 대대로 보존하
고 있다. 400년 전 강항에 의해 씌어진 이 책의 표지엔 장구한 세
월의 흔적이 묻어난다.

이 책에는 일본에서의 생활상만 기록된 것은 아니다. 강항이 일
본에 있으면서 조선의 임금에게 보낸 편지인「적중봉소(賊中封
疏)」는 일본의 정세를 적었고, 그 외에도 일본에서 보고 들은 것
들을 여러 차례 정리했다.

강항의 일본 생활상은『간양록』의 마지막 부분인「섭란사적(涉
亂事迹)」에 실려 있다. 기록에 의하면 강항이 일본으로 끌려간 것
은 1597년, 강항의 나이 서른 살 때였다. 당시 형조좌랑이던 그는
잠시 휴가를 얻어 고향에 내려와 있었다. 그때 조선에 전쟁이 일

어났다. 1592년 조선을 침략한 토요토미 히데요시가 1597년 정유재란을 일으켜 조선으로 다시 쳐들어온 것이다. 당시 왜군은 부산에 상륙, 경상도 통영을 지나 전라도 지역으로 밀고 들어왔다. 전라도 지역을 먼저 집중 공략하는 것이 토요토미 히데요시의 전략이었다.

고향 집에 있다가 왜군의 침략 소식을 들은 강항은 남원으로 향했다. 당시 상황이

강항의 생가 터와 묘(전남 영광군 불갑면)

『간양록』에 자세히 기록되어 있는데, 강항은 남원성에 군량미를 조달하기 위해 영광 지역의 양곡을 모아 남원성으로 운반해 가던 중이었다. 하지만 남원성은 상황이 좋지 못했다. 조선군이 왜군에게 밀리고 있었고, 왜군이 공격한 지 불과 3일 만에 남원성은 함락되고 말았다. 강항이 군량미를 가지고 남원성에 이르렀을 때는 남원성이 이미 왜군에게 넘어간 뒤였다.

당시 왜군이 조선 땅에서 저지른 만행은 『동국신속삼강행실도』에 자세히 묘사되어 있다. 아이를 안고 있는 여인의 목을 베기도 하고 손발을 잘라내기도 했다. 그리고 노약자와 어린아이들도 가리지 않고 잔인하게 죽였다. 당시 조선을 찾은 종군 승려 게이녠

1 「동국신속삼강행실도」의 일부. 아이를 안고 있는 여인의 목을 베는 일본인의 만행을 그렸다. 2 논으로 변한 논잠포구(영광군 염산면) 3 강항의 후손들이 세운 비석. '睡隱姜沆先生涉亂事迹碑(수은강항선생섭난사적비)'라 새겨져 있다. 4 왜군에 포위된 강항 일가족이 뛰어든 칠산 앞바다

의 일기에 그 참혹상이 자세히 기록되어 있다. "조선인을 죽이고 귀와 코를 자르니 길바닥은 온통 피바다가 되었고, 마을에 들어가 불을 지르니 집들이 잿더미가 되고 연기가 고을마다 자욱하며, 귀와 코가 잘린 어린애들이 피투성이가 되어 우는 소리가 온 산천을 진동했다."

결국 강항도 왜군을 피해 피난길에 올랐다. 배 두 척을 구한 강항은 가족들을 이끌고 영광 앞바다로 나아갔다. 강항이 가족들과 함께 간 논잠포구(論岑浦口)는 일제 강점기에 시행된 간척사업으

로 지금은 모두 논으로 변했다. 현재 이곳엔 강항의 후손들이 세운 비석이 있다. 오오즈에 비해 늦은 감은 있지만 최근 후손들이 강항을 알리기 위해 세운 것이다.

논잠포구에서 가족들과 함께 짐을 싣고 이순신의 휘하에 들어가려던 강항 일행은 그날따라 자욱한 안개에 싸여 꼼짝도 못하고 있다가 왜군에 의해 포위된다. 강항 일가족은 죽을 각오로 모두 바다에 뛰어들었다. 하지만 수심이 얕아 왜군이 던진 갈고리에 걸려 건져 올려졌다. 그렇게 강항 일가족은 왜군에게 잡히고 만다. 그리고 그 와중에 강항은 어린 자식들을 잃게 된다. 그 때의 애통한 심정이 『간양록』에 실려있다.

"어린놈 용이와 첩의 딸 애생의 죽음은 너무 애달프다. 모래사장에 밀려 물결따라 까막까막 하다가 그대로 바다 깊숙이 떠내려가버리고 말았다. 엄마야, 엄마야, 부르던 소리 아직도 귓가에 아련하다."

그렇게 왜군에게 잡힌 강항 일가족은 왜군의 배에 실려 일본으로 끌려간다. 순천을 지날 즈음 탈출을 시도했지만 실패로 돌아갔다. 이후 더욱 심해진 감시 속에 강항 일가족은 힘겨운 여정을 계속했고 결국 10여 일 만에 일본 오오즈에 도착한다.

지식인을 끌고 간 까닭은?

당시 일본인들은 부녀자와 어린아이들까지도 가리지 않고 잔인하게 죽였다. 그런데 어째서 강항은 죽이지 않고 애써 일본까지 끌고 간 것일까?

임진왜란을 일으킨 일본은 전투부대 외에도 6개의 특수부대를 조선에 보냈다. 도서부, 공예부, 포로부, 금속부, 보물부, 축부가 그것인데, 도서부에서는 이름 그대로 조선의 책들을 약탈했고 공예부에서는 도자기를, 금속부와 보물부에서는 목판 활자본을 비롯한 각종 보물을 가져갔으며 축부에서는 가축을 끌고 갔다. 그리고 포로부에서는 수많은 조선인들을 끌고 갔는데, 현재 학계에서 추정하기로는 당시 조선인 포로가 10만 명에 이른다고 한다. 그 중엔 도공이나 공예 기술자들이 상당수를 차지했다. 조선의 선진 기술을 약탈하기 위한 것이었다. 게다가 노예로 삼기 위해 농민도 끌고 갔다. 그렇다면 도공이나 공예 기술자처럼 특별한 기술이 없는 조선의 선비를 끌고 간 까닭은 무엇일까?

그 해답은 강항의 일본 생활에서 추정해볼 수 있다. 오오즈성에서 차로 30여 분 거리에 있는 나가하마의 킨잔 슛세키사는 400년 전 일본에 포로로 끌려온 강항과 인연이 깊은 곳이다. 절 입구엔

조선의 종이 하나 걸려 있는데, 도우도 다카토라라는 무장이 강항을 일본으로 끌고 올 때 함께 약탈해온 것이라고 한다. 어쩌면 강항은 이 종을 보며 고향에 대한 그리움을 달랬는지도 모른다.

킨잔 슛세키사 입구에 걸린 조선의 종

그러나 400년 전 강항이 이곳을 즐겨 찾은 까닭은 조선의 종 때문만은 아니다. 바로 이곳에서 불도를 닦던 한 승려 때문이다. 킨잔 제5대 카이케이(快慶)는 강항이 일본으로 끌려 왔을 때 킨잔 슛세키사의 승려였다. 두 사람의 만남은 카이케이가 강항을 찾아 와 시 한 수를 부탁하면서 시작됐다. 이후 두 사람은 자주 만나 시를 주고받았는데, 카이케이는 당시 국가 기밀문서인 일본의 전 국지도를 강항에게 보여주기도 했다.

일본인 승려가 강항과 친분을 쌓으려고 애쓴 까닭은 무엇일까? 그것은 당시 일본의 상황과 밀접한 관련이 있다. 『간양록』에 의하 면 당시 일본 사회는 무(武)를 중시하는 분위기여서 칼로 싸운 흉 터가 얼굴에 있으면 용기 있는 사람으로 존경받았다고 한다. 뿐만 아니라 『간양록』엔 이런 기록도 있다. "분에 못 이겨 서로 다투다 가 원수를 죽이는 자는 장부답다고 불렀으며…" "칼을 잘 쓰는 자 의 자손들은 사람들로부터 존경받아… 귀한 혼처를 얻었다."

이런 사회 분위기는 토요토미 히데요시가 집권하던 16세기 중 엽 절정에 이른다. 대륙 침략의 야욕에 불탄 토요토미 히데요시에 게 전쟁터에 내보낼 무사들은 중요한 재원이었다. 따라서 이미 전 국시대부터 막강한 권력을 갖고 있던 무사들은 토요토미 히데요 시가 집권한 후에도 일본 사회의 막강한 세력이 되었다. 『간양록』 에 의하면 당시 일본 사회의 권력자였던 장군들은 글을 몰라 병 법서 한 권도 제대로 읽지 못했다고 한다.

이러한 시대에 일본의 유일한 지식인층은 승려들이었다. 일본 중세의 그림들을 모아놓은 책 『일본의 그림(日本の繪)』에는 일본

『일본의 그림』에 실린 일본 승려들의 모습

승려들의 모습이 담겨 있다. 당시 일본의 사찰을 그려놓은 그림에
는 책 읽기에 열중하고 있는 승려들의 모습이 빠짐 없이 등장한
다. 이렇게 일본의 지식층이던 승려들은 불교 경전 이외에 다양한
학문을 연구했다. 그래서 당시 일본의 승려들은 의사, 역술인, 외
교관의 자질을 두루 갖추고 있었다.

이러한 일본의 승려들 가운데 주자학에 관심 있는 승려들도 많
았다. 그러나 당시 일본에는 아직 주자학이 널리 보급되지 않았다.
송에서 유학을 한 승려들만이 주자학을 공부했기 때문에 유교로
서 받아들이기보다는 불교 철학을 보완하려는 목적이 강했다. 때
문에 주자학을 독립된 학문으로 인식하지 못했다.

이에 비해 유교를 국교로 삼은 조선에서는 주자학이 생활 깊숙
이 뿌리내리고 있었다. 강항도 형에게서 주자학을 배웠는데, 그의
형 강준은 퇴계 이황의 학맥을 잇는 인물이다. 일본의 유일한 지
식인인 승려들이 강항과 친분을 쌓으려고 애쓴 것은 이 때문이다.

오오즈에서의 강항의 생활

조선 통신사가 일본을 방문할 때면 많은 인파들이 몰려나와 화려한 행렬을 구경했다. 강항이 일본으로 끌려가기 7년 전 조선 통신사의 기록을 보면 "일본의 현소(玄蘇)라는 스님에게 글을 써줬더니 그것이 사람들에게 알려져 글을 구하는 자들이 숙소 앞에 구름처럼 몰려들었다"고 한다. 이는 당시 일본인들이 조선의 앞선 문화에 갈증을 느끼고 있었음을 보여주는 단적인 예다. 특히 주자학의 경우 조선에서는 주자학, 즉 성리학 사상이 정치 이념으로는 물론 백성들의 생활 깊숙이 뿌리내리고 있었다. 하지만 일본에서 주자학은 일부 승려들만 접할 수 있는 학문이었다. 그러다 보니 강항과 같은 선진 지식을 갖춘 학자가 필요했던 것이다. 또한 이런 지식인들은 다른 포로들에 비해 특별한 대우를 받았다.

포로 신세가 돼 일본으로 끌려온 강항은 오오즈에 정착한다. 지금도 오오즈에는 당시의 흔적인 오오즈성이 남아있다. 강항의 가족이 살던 집은 강변을 따라 높다랗

(위)오오즈성 (아래)강항의 친필 액자. 가운데에 난 한 그루가 그려져 있다.

게 쌓아 올린 오오즈성 안에 마련됐다. 그렇다면 강항은 이곳에서 어떻게 살았을까?

『간양록』엔 당시의 생활상을 추정해볼 수 있는 글이 실려있다. "십 리쯤 걸어 닿은 곳이 오오즈성이다. 그곳에 우리를 머물게 하고… 남녀 종을 한 명씩 두어 시중들게 했다." 비록 포로였지만 강항에겐 시중들 종까지 제공되었다. 또한 킨잔 슛세키사의 노승과 교류가 있었으며 성 아랫마을의 승려와 한시를 주고받은 것으로 보아 비교적 자유롭게 오오즈 시내를 다닌 것으로 보인다.

그러나 강항은 쉽게 일본 사회에 동화되지 않았다. 임진왜란이 끝나고 일본에 통신사로 간 여우길(呂祐吉, 1567~?)은 강항의 행적에 대해 이렇게 말한다.

"일본에 갔을 때 왜인들이 그의 절의를 몹시 칭찬했는데… 있는 동안 모습이나 의관을 바꾸지 않은 채 지냈다."(『현종개수실록』) 강항은 늘 조선 선비의 의관을 갖춘 채 글읽기와 글쓰기에만 몰두했다. 당시 강항이 직접 쓴 글씨가 지금도 일본에 남아있다. '난방(蘭芳)', 난꽃은 매우 향기롭다는 뜻으로, 가슴 깊이 스스로의 절개만은 굽히지 않겠다는 자신의 심정을 표현한 듯하다.

이렇듯 조선 선비로서의 절개를 지킨 강항이지만 마음 속은 늘 고향에 대한 그리움에 젖어 있었다. 『간양록』에 의하면 그는 자주 오오즈성 정상에 올라 서쪽을 바라보며 마음을 달랬다고 한다.

오오즈성은 높은 산꼭대기에 있고/ 산 밑으로는 긴 강이 휘휘 둘러 있다. 푸르고 맑은 물이 늘 흐르는 강이다/ 간혹 성 안에 사람 없는 틈을 타서 서쪽을 우러러/ 실컷 울고 어슬렁어슬렁 내려온다/ 그러면 저윽이나 마음이 좀 풀리는 것도 같다.

결국 강항은 탈출을 시도한다. 쿄토에서 도망쳐온 조선 포로를 만나 그와 함께 숲길을 따라 서쪽으로 향했다. 『간양록』엔 당시의 상황이 이렇게 기록되어 있다. "왜의 수도 쿄토에서 도망쳐 온 사람이 있어… 그와 함께 탈출을 의논했다… 5월 25일 야밤에 서쪽으로 빠져나갔다."

그러나 강항의 탈출은 실패로 끝나고 만다. 당시 강항의 탈출 경로를 직접 찾아가 보자. 강항은 지금의 야쿠시다니 계곡에서 한 노승을 만나 도움을 청한다. 다행히 노승이 배편을 구해주기로 해 그와 함께 숲길을 걸어 내려오는데 갑자기 왜군이 나타난 것이다. 왜군에게 잡힌 강항은 곧바로 우와지마성에 있는 한 처형장으로 끌려간다. 『간양록』에 의하면 당시 왜군은 금방이라도 강항의 목을 벨 듯이 칼을 휘둘렀다고 한다. 그런데 처형되기 직전 강항은 극적으로 풀려난다. 킨잔 슛세키사의 승려 카이케이와의 인연 덕

이다. 당시 오오즈성의 성주인 도우도 다카토라는 자신이 존경하던 카이케이와 강항의 관계 때문에 강항을 처형하지 않은 것이다.

우와지마성에 있는 옛 처형장 터

당시 일본에서는 탈출

하려다가 잡힌 조선 포로들을 극형에 처했다. 『간양록』에 소개된 일화를 보면, 조선 포로 이엽이 몇몇 조선 포로들과 함께 탈출을 시도하다가 왜군에게 잡히고 만다. 이엽은 잡히느니 차라리 죽는 것이 낫다며 스스로 목숨을 끊고자 바다에 뛰어든다. 그러자 일본인들은 이엽의 시체를 건져 올려 사람들이 보는 앞에서 '환쾌(轘掛)의 형' 즉 수레바퀴에 팔 다리를 매달아 사지를 찢는 형에 처했다. 그리고 함께 탈출하려 한 사람들도 목을 베 처형했다.

이렇게 조선의 포로들에게 가혹했던 일본이 강항에게만 관대했던 것은 그만큼 강항의 지식을 높이 평가했고 그의 지식을 전수받고자 애썼기 때문이다.

강항과 후지와라 세이카의 만남

당시 강항은 고향으로 돌아가겠다는 일념뿐이었다. 그래서 일본말도 배우지 않았다고 하는데, 그런 강항이 어떻게 일본에 주자학을 전해줄 수 있었을까? 그것은 쿄토에 있던 한 승려와의 운명적인 만남에서 비롯됐다.

강항과 운명적으로 만난 승려는 누구인가? 그를 찾기 위해 쿄토로 향했다. 수소문 끝에 400년 전 이곳 쿄토에서 강항과 인연을 맺었다는 승려의 후손을 만날 수 있었다. 레이제이 타메히로씨의 집안은 대대로 선조들의 모습을 초상화로 그려 보관하고 있었다. 선조들이 살던 그 시대에 그렸다는 초상화는 완벽하게 보존되어 있었다. 그 가운데 강항과 인연이 있었던 인물은 레이제이 타메히로씨의 11대 할아버지인 후지와라 세이카다.

후지와라 세이카는 어떤 사람일까? 레이제이 타메히로씨는 후지와라 세이카의 유물 한 가지를 더 보여줬다. 나무로 만든 둥근 공이다. 이 공은 후지와라 세이카가 공부할 때 사용하던 것으로, 느티나무로 만든 베개라고 한다. 둥근 베개를 베고 자다가

후지와라 세이카의 초상과 그의 유물인 둥근 나무 베개

머리가 바닥에 떨어지면 잠이 깨는데, 공부할 때면 항상 이 베개를 사용했다는 것이다.

이렇듯 학문에 뜻이 깊었던 후지와라 세이카는 승려가 되어 쇼오코쿠사(相國寺)에 들어간다. 당시 일본에서는 귀족의 자제들 가운데 학식이 높은 사람들은 대부분 승려가 되었다. 귀족의 자제들만이 승려가 되어 공부할 수 있는 기회를 누린 것이다. 후지와라 세이카는 불경 공부에 빠져들었다. 그러나 불경 공부를 하면 할수록 그는 다른 학문에 대한 갈증을 느꼈다.

임진왜란이 일어나기 전 일본에 온 조선의 사신들을 통해 후지와라 세이카는 주자학을 접한다. 당시 조선에서 국사(國師)가 찾

아와 부근에 묵었는데, 그는 일부러 조선의 통신사에게 글을 배우러 간다. 그리고 그때 일본의 불교와는 차원이 다른 유교에 눈뜨게 된다. 하지만 당시 일본엔 주자학이 제대로 보급되지 않아서 후지와라는 주자학을 공부할 기회를 갖지 못한다.

오오즈성에 있던 강항이 쿄토 후시미성으로 옮겨간 것은 1598년 6월. 당시 임진왜란이 끝나자 조선의 전쟁터에서 돌아온 오오즈성의 성주 도우도 다카토라가 강항을 쿄토로 불러들인 것이다. 당시 도우도 다카토라의 집터에 지금은 유치원이 들어서 있다. 강항은 이곳에서 그와 함께 살았던 것으로 추정된다. 강항과 후지와

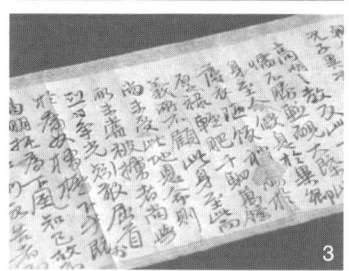
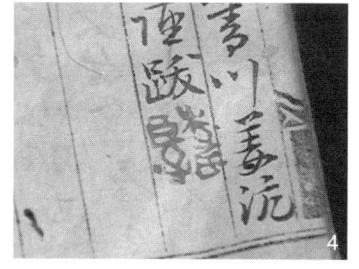

1 도우도 다카토라의 초상 2 세이후 이즈미 유치원(다카토라의 옛 집터) 3 강항과 후지와라 세이카의 필담서 4 강항이 쓴 주자학 이론서 발문의 끝 부분

라 세이카는 이 집에서 처음 만났다. 주자학을 공부하고자 했던 후지와라 세이카는 강항의 소식을 듣고 직접 그를 찾아왔다. 그리고 강항을 스승으로 모시고 본격적으로 주자학을 공부했다. 후지와라 세이카는 강항에게 실제로 조선 정치에서 적용하던 주자학을 배우고 싶었다. 후지와라는 가르침을 받을 때 머리에서 발끝까지 정장을 했다고 한다. 현재 텐리(天理)대학에 소장되어 있는 필담서는 강항과 후지와라 세이카의 필담을 정리해 놓은 것이다. 말이 통하지 않던 두 사람은 이렇게 필담으로 주자학을 논했다.

일본의 국립 공문서관인 내각문고는 국보급의 중요한 사료들을 보관하고 있다. 이곳에 강항이 쓴 책 21권이 보관되어 있다. 모두 사서오경 등 주자학의 기본 서적들로, 강항이 암기하고 있던 주자학 이론들을 하나씩 되살려 책으로 엮은 것이다. 후지와라 세이카의 부탁으로 쓴 주자학 이론서들의 마지막에 써 놓은 발문에 강항이란 이름이 선명하게 보인다. 강항은 발문에 이렇게 자신의 생각을 남겼다. "필사가 일본의 후학을 위한 송학창도(宋學唱導)의 유일한 길이다." 주자학 이론서가 귀하던 시절, 강항의 책은 후지와라 세이카라는 대 유학자를 탄생시키는 초석이 되었다.

후지와라 세이카에게 주자학을 전하다

강항은 조선으로 돌아가겠다는 일념으로 일본 사회에 전혀 동화하지 않으려 했다. 그런데 그런 그가 어떻게 그렇게 쉽게 후지와라 세이카에게 조선의 주자학을 전해줄 수 있었을까?

『간양록』에 그 의문을 풀 수 있는 구절이 있다. "왜놈 땅에 온 후로 여태껏 한시도 돌아가고픈 마음을 버릴 수 없었다. 왜놈들의 풍습이란 돈이면 귀신도 부릴 수 있는 고장이다. 왜승 순수좌, 즉 후지와라 세이카에게 글씨를 팔아 은전을 좀 벌어 배를 마련하려 한다." 처음 강항은 탈출 자금을 마련하기 위해 후지와라에게 글을 써주었다. 그러나 주자학을 배우기 위해 승복까지 벗은 후지와라에게 강항은 감화를 받고 주자학을 가르치게 된 것이다. 그리고 그것이 일본에 주자학이 뿌리내리는 계기가 됐다.

오오즈에는 에도시대 학교 건물이 남아있다. 테라코야라는 학교에는 나무로 만든 공자의 상이 안치돼 있다. 이곳에서 학생들은 주자학을 배운 것이다. 오오즈 시립 도서관에는 테라코야에서 쓰던 교재들이 남아있다. 수백 년 전 어린 학생들의 손때가 묻은 고서들이다. 당시 테라코야의 학생들이 배우던 책은 『시경집주(集註)』와 『서경집주』를 비롯한 주자학 관련 서적들이다. 에도시대가 되어서야 일본에는 학교가 생겨나고 젊은이들에게 주자학을 가르쳤다.

에도시대 이후 주자학이 일본 사회에 보급된 것은 당시의 상황과 관련이 깊다. 1598년 조선을 침략했던 토요토미 히데요시가 숨을 거둔다. 그리고 뒤이어 등극한 인물이 토쿠가와 이에야스다. 그가 등극하자마자 한 일은 오랜 전쟁으로 혼란해진 사회를 안정시키는 것이었다.

토쿠가와 이에야스는 에도 막부를 열고 사회 질서를 위해 신분

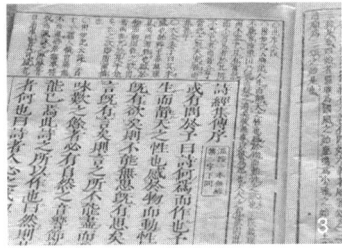

1 테라코야의 내부. '지덕당(至德堂)'
이라고 쓴 나무 현판이 걸려 있다.
2 공자의 목상
3 에도시대 테라코야에서 학생들이 배
우던 『시경집주』의 맨 앞부분

계급의 구별을 엄격히 했다. 그에게는 새로운 시대를 이끌어갈 새
로운 정치 이념과 가치관이 필요했다. 그래서 당시 주자학의 최고
권위자였던 후지와라 세이카를 니조성(二條城)으로 불러들인다.
그리고 자신의 측근이던 승려 세이쇼 죠타이와 후지와라 세이카
간의 유불(儒佛) 논쟁을 벌이게 한다. 토쿠가와는 이 논쟁을 통해
유교가 중요하다는 것을 구체적으로 알게 되었다. 아울러 다른 쇼
군인 토쿠가와 히데타다에게도 그 중요성이 인식되어 유교를 가
르치는 학교가 막부에 의해 본격적으로 세워진 것이다. 에도시대
이후 테라코야라는 학교를 세우고 그곳에서 주자학을 가르치게
된 것은 유불 논쟁의 결과였다.

후지와라 세이카로 인해 비로소 일본 사회에 주자학이 보급된

사서오경 훈점본의 일부

것이다. 그리고 이때 일본인들이 좀 더 쉽게 주자학을 접할 수 있게 도와준 것이 바로 사서오경 훈점본(訓點本)이다. 강항이 원본을 쓰고 후지와라가 일본어로 훈을 단 이 책을 통해 비로소 일본인들은 사서오경을 일본어로 읽을 수 있었다. 이것은 결국 강항으로 인해 일본인이 근세 유학을 배울 수 있었음을 뜻한다. 후지와라로 인해 일본 사회에 주자학이 뿌리내렸다면 주자학이 뿌리내릴 수 있도록 씨를 뿌려준 사람은 바로 강항이었다.

400년이 흐른 지금 오오즈 사람들이 강항을 주자학의 아버지로 기리는 것도 이 때문이다. 토요토미 히데요시는 무기를 들고 이웃나라 조선을 침략했다. 그러나 강항은 학문으로 일본에 위대한 교육문화를 전했다. 강항은 임진왜란을 맞아 예기치 못한 운명에 처했다. 그러나 그가 일본 땅에 남긴 족적은 일본뿐 아니라 우리도 기억하고 기려야 할 것이다.

강항이 조선으로 돌아온 것은 일본으로 끌려간 지 2년 8개월 만인 1600년이다. 강항은 당시 후시미성, 지금의 쿄토 성주에게 조선으로 돌려 보내달라는 편지를 썼다. 일본의 여러 지식인들이 강항을 돌려 보내줄 것을 성주에게 권했고, 드디어 조선으로 돌아가도 좋다는 허락이 떨어졌다. 힘겨운 포로생활은 그렇게 끝이 났다.

강항은 우리에게는 다소 생소한 인물이지만 400여 년 전 일본에 포로로 끌려가 그곳에 커다란 발자취를 남겼다. 그리고 오오즈에서 일본 주자학의 아버지로 추앙받고 있다. 우리의 선조임에도 우리보다 일본에서 더 많이 연구되고 널리 알려진 인물 강항. 강항이 더 이상 역사 속에 묻힌 인물로 머물러서는 안 될 것이다.

천 년 전의 벤처기업
장보고의 성공비결

천 년의 역사를 자랑하는 쿄토의 적산선원(赤山禪院)은 일본 천태종의 시조를 모신 곳이다. 그곳에서 활을 든 신라인이 신으로 추앙받고 있다. 사람들은 그를 장보고(張保皐, ?~846)라고 부른다. 장보고의 영정은 중국 산동반도 영성(榮成)시의 적산법화원(赤山法華院)에서도 찾아볼 수 있다. 장보고는 적산법화원을 중심으로 일어나 동아시아 일대를 호령했다. 그리고 완도 청해진(淸海鎭, '바다를 맑고 깨끗이 한다'는 의미가 있는 '청해'란 말에서 '해적을 소탕하여 바다를 안정시키겠다'는 장보고의 결의와 '바닷길을 새로 만든다'는 숨은 의도를 엿볼 수 있다.)까지, 천 년이 넘도록 장보고의 이름은 삼국에 살아있다. 해상왕 장보고의 위력은 과연 어떤 것이었을까?

장보고의 이름 앞에는 반드시 따라다니는 몇 가지 수식어가 있다. 청해진 대사, 해상왕, 무역왕이란 타이틀이다. 장보고는 9세기 당나라와 일본, 신라를 상대로 국제무역을 주도하며 해상을 장악한 인물이다. 그 때문인지 장보고는 삼국의 정사에 모두 이름이 기록돼 있다.

『삼국사기』는 청해진의 설치에서 장보고의 죽음(조정에서 보낸 자객에 의해 살해됨)까지 다루고 있다. 당나라 역사서인 『신당서』에는 장보고의 이름과 함께 중국에서의 활동이 기록돼 있다. 『속(續)일본후기』에는 9세기 민간인으로는 유일하게 일본에까지 와서 정식 무역활동을 벌인 장보고의 자취가 기록돼 있다. 이런 기록만 보더라도 장보고는 우리 역사상 그 유례를 찾기 힘든 범국제적인 인물임이 분명하다. 장보고는 어떻게 무역왕의 자리에 오를 수 있었을까?

1, 2 적산선원과 그곳의 장보고 영정
3, 4 적산법화원과 그곳의 장보고 영정
5 청해진 일대. 육지 가까이 장도가 있고, 멀리 고금도, 신지도가 있다.
6 청해진의 장보고 영정

청해진은 최고의 국제 무역항이었다

828년, 장보고는 당시 아무도 생각지 못했던 특별한 제안을 한다. 서남해안의 작은 섬 완도에 청해진을 설치하겠다는 것이다. 그 많은 섬 중에 왜 하필 완도였을까? 그리고 청해진을 설치해 무엇을 하겠다는 것이었을까?

완도는 지금도 물길이 복잡한 곳으로 알려져 있다. 주변에 크고 작은 섬들이 있고 암초가 많아 물길을 모르면 항해가 어려울 지경이다. 그러나 물길을 아는 사람에겐 천혜의 요새가 된다. 더욱이 이곳은 중국으로 가는 배와 일본으로 향하는 배들이 반드시 거쳐야 하는 길목이다. 일본으로 가는 길목이라는 것이 장보고가 산동반도와 경기만을 잇는 최단거리 항로 대신 완도, 즉 청해진을 택한 이유였다.

현재 장보고 유적이 가장 많이 발굴된 곳은 완도 앞 장도(將島)라는 작은 섬이다. 장도 주변 해안가에는 잘린 나무 밑둥 200여 개가 줄지어 박혀있다. 지름 10cm 가량이고, 현재 남은 높이는 30cm 안팎이다. 하지만 전문가들은 실제 높이가 1m가 넘을 것으로 본다. 이 원목과 장보고는 무슨 관련이 있을까?

나무 기둥은 산성 땅의 유실을 막기 위한 방편이었을 것이다. 또한 부두에 내리는 화물을 운반하기 위한 구조물에도 이용한 것으로 보인다. 수십 척의 배가 드나들던 청해진의 부두시설인 것이다.

장도에서는 섬 전체를 둘러싼 둘레 758m의 토성이 발굴됐다.

장도의 유적 1 해안가의 잘린 나무 밑둥 2 수많은 나무 기둥들은 이런 부두시설로 쓰였을 것이다(CG). 3, 4 장도의 토성 5 건물터 6 기와 파편 7 우물 8 장도. 마주보이는 움푹 들어간 곳이 장좌리 일대이다.

1989년부터 발굴중인 이 성은 3개의 치와 토성 가운데 높은 고대 (高臺), 즉 관측소까지 갖추고 있다. 바다의 상황을 관측하고 배의 움직임을 점검하는 초소와 같은 시설이다.

성 안으로 들어서면 곳곳에 건물을 세웠던 주춧돌 자리를 확인할 수 있다. 토성에선 수많은 기와 파편들이 발견됐다. 이것은 이곳에 세운 건물들이 일반적인 군사시설이 아니었음을 짐작케 한다. 기와의 문양이 당시 경주의 귀족들이 사용한 것과 같기 때문이다. 따라서 대단히 중요한 건물이었음이 분명하다. 우물도 발견되었다. 200~300명은 거뜬히 생활할 수 있을 규모다. 그렇다면 토성의 원형은 과연 어떤 모습이었을까?

현재까지 발굴된 결과를 토대로 장도의 토성을 복원해보면 성벽에 주변 상황을 관측할 치와 고대가 있다. 성 내부에는 사당이 세워졌다. 항해에 나선 배들이 무사히 돌아오기를 비는 제사를 이곳에서 지냈을 것이다. 또한 신라의 수도 경주에서나 볼 수 있던 화려하고 거대한 건물도 들어섰다. 삼국으로 퍼져나갈 청해진의 국제무역 업무가 바로 이곳에서 이뤄졌을 것이다. 장도의 토성은 천혜의 입지조건을 바탕으로 굳건하게 건설된 해상왕 장보고의 전초기지였다.

장보고의 유적은 장도에만 남아있는 것이 아니다. 장도와 인접한 장좌리, 대야리 일대에는 장터라는 지명이 남아있다. 장터는 지도에도 실릴 정도로 오래된 지명이다. 향토 사학자들은 이곳이 장보고가 활동하던 당시 상인들이 몰려든 곳으로 본다.

장터를 장보고의 유적지로 보는 또 다른 이유는 곳곳에서 발견

1 장터와 죽청리의 위치(표시부분)
2 장터
3 건물 터에서 발견된 제법 커다란 문설주. 원래 건물의 크기를 짐작케 한다.
4 옥터
5 해안가의 넓은 들판
6 토성의 일부

되는 기와와 건물 흔적 때문이다. 장터에 세운 건물은 상인들이
머물던 객관임이 분명하다.

장좌리 옆의 죽청리에서도 장보고 유적을 찾아볼 수 있다. 죽청
리는 오래전부터 감옥이 있던 옥터였다. 완도 사람들은 옥터를 장
보고의 군사시설이라 부른다. 또한 죽청리 해안가엔 한들이라 불
리는 넓은 들판이 있다. 군사들을 훈련시키는 연병장으로 쓰기에
충분한 곳이다.

이곳에서 토성의 일부가 확인됐다. 그렇다면 죽청리에도 성이
있었을까? 현재 확인된 유적만으로는 청해진의 규모와 시설을 정
확하게 파악하기 힘들다. 따라서 학계 전문가들과 함께 당시 상황
을 추정해보기로 했다. 전문가들은 장도와 장좌리, 죽청리 일대 모
두를 청해진으로 보고 복원도를 그렸다.

장좌리 장터 일대에는 상인들을 위한 객관이 마련됐고, 귀한 손
님을 위한 영빈관 또한 자리 잡았다. 당나라와 일본, 신라의 배들
이 드나들던 청해진엔 국제 무역을 위한 상담과 물품 구입이 이
뤄지는 거대한 무역센터가 세워졌다. 무역센터나 군영은 여러 부
속 건물이 포함된 웅장한 모습을 갖추고 있다. 9세기, 사람들과 무
역선이 모여들던 청해진은 다양하고 편리한 시설에 안전한 보호
장치까지 갖춘 당대 최고의 국제 무역항이었다.

장보고의 성공 비결 ①: 소비자의 욕구를 정확히 파악한다

장보고는 처음부터 당나라와 신라, 일본을 연결하는 동아시아 전역의 국제무역을 염두에 두고 있었다. 당시 신라 흥덕왕(興德王, 재위 826~836)은 장보고를 청해진 대사(大使, 일종의 별정직)에 임명함으로써 완도에서의 활동을 인정해주었다. 신라로부터 독립적이면서도 특별한 지위를 확보한 장보고는 청해진을 설치한 뒤 본격적인 무역활동을 전개한다. 동아시아 삼국을 상대로 무역했던 장보고는 어떤 물건들을 취급했을까?

일본 나라(奈良)에 있는 정창원(正倉院)은 고대 일본 천황의 애장품 3천여 점이 보관돼 있는 곳이다. 이곳에는 장보고가 활동하기 100여 년 전인 8세기 신라와의 교역 상황을 알 수 있는 문서 '매신라물해(買新羅物解)'가 있다. 당시 일본 관품 5위 이상의 귀

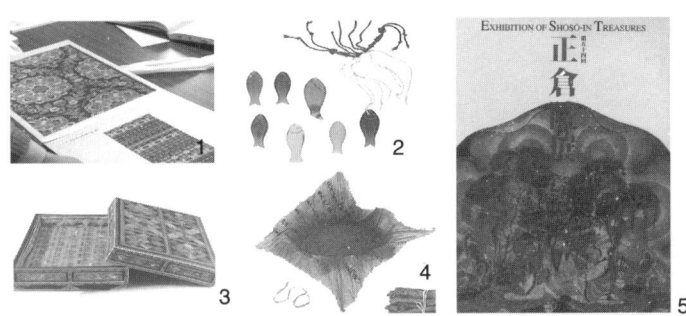

1~4 정창원 유물 가운데 8세기 신라와의 교역품의 일부
1 옷감 견본책 2 각종 장신구 3 침향 보석함 4 약재 5 정창원 유물은 해마다 한 번씩 나라국립박물관에서 전시된다. 2002년 54회째를 맞은 정창원전 도록의 표지.

코오로칸 유적(1)과 이곳에서 발굴된 신라 자기(2) 및 당나라 자기(3)

족들은 물품을 구입하기 위해 신청서를 신라에 보낸 것이다.

8세기 신라가 자체 생산 가능한 옷감의 샘플을 모아 보낸 견본 책이 있다. 당시 신라의 비단이 일본 귀족들 사이에 인기 품목이었음을 알 수 있다. 뿐만 아니라 신라는 각종 보석과 그릇, 자기 등 당나라 제품을 들여와 일본에 파는 중계무역을 벌이기도 했다.

그러나 9세기에 접어들면서 사정이 달라진다. 장보고가 나타나 청해진을 중심으로 해상 질서를 바로 잡고 동아시아 삼각무역을 재구축해 나간 것이다. 국교가 단절된 상태에서 장보고의 무역은 어떻게 가능했을까?

후쿠오카의 코오로칸은 9세기 외국 사신들을 접대하는 영빈관이었다. 지금도 발굴 현장에는 곳곳에서 자기 파편들이 발견된다. 현재까지 총 80만 점의 유물이 나왔다. 일본 학계에서는 이 자기들을 장보고가 가져왔다고 본다.

신라 자기는 물론 당대 최고의 교역품이던 당나라 자기를 일본까지 가져올 사람은 장보고뿐이라는 것이다.

이런 주장을 뒷받침하는 기록이 『속일본후기』에 남아있다. 국가 간의 무역이 금지된 상태인데도 일본 정부는 유독 장보고에겐 허락한 것이다. 장보고에 대한 일본 당국의 신뢰는 대단했다. 상품 대금을 미리 주고 교역하는 등 장보고는 일본을 상대로 신용거래까지 했다.

그렇다면 코오로칸에서 발굴된 이슬람 자기 역시 장보고가 가져온 것이었을까? 9세기는 바야흐로 동·서양의 교역이 본격화되던 시기다. 실크로드를 따라 온 이슬람 상인들은 장안까지, 바다를 건너온 상인들은 중국 남부 양주까지 도착해 있었다.

장강 하류에 위치한 양주는 천하제일이란 뜻의 '양일(揚一)'이란 말이 생겨날 정도로 풍요로움과 문화적 다양성을 누리던 곳이다. 9세기 이전부터 이슬람 상인들이 몰려들던 양주엔 지금도 오래된 이슬람의 무덤이 남아있다. 이슬람 상인들은 양주가 최종 기착지였고, 여기서 더 이상 나아가지 못했다. 그때 이슬람 상인들이 가져온 서역 물품을 신라와 일본에 팔고, 신라나 일본의 물품을 당나라와 서역에 팔면서 막대한 무역 이익을 얻은 것은 장보고가 아니면 불가능한 일이었다.

양주에 있는 이슬람인들의 무덤

장보고가 이슬람 물품을 취

급했음은 『삼국사기』를 통해서도 알 수 있다. 장보고가 청해진을 설치한 뒤인 834년, 흥덕왕은 호화로운 외래품의 사용을 금하는 교서를 내렸다. 이들 외래품의 종류와 산지는 무척 다양하다. 멀리 인도네시아산 공작의 털이나 캄보디아산 비취새의 털로 만든 목도리, 러시아 아랄해 동쪽에서 생산되는 보석 슬슬(에머랄드의 일종)이나 대모(玳瑁, 바다거북의 일종)의 껍데기를 사용한 빗에다가 향기 나는 나무 침향과 자단도 금지품목에 들어갔다.

당시는 국가의 엄격한 관리에 의해 무역이 행해지던 조공무역의 시대였다. 그런데 이렇듯 금지령을 내릴 정도로 외래품이 쏟아져 들어온 것은 장보고 때문이었다. 조공무역의 패턴을 무너뜨리고 일반무역을 활성화하는 데 큰 공헌을 한 셈이다. 장보고는 국가의 제약을 받지 않는 최초의 자유 무역인이었던 것이다.

장보고는 당나라나 일본은 물론 신라에서조차 국가 조직과 별도로 움직이던 독립무역선단이었다. 장보고의 등장으로 동아시아 삼국의 무역은 이전과 전혀 다른 양상으로 진행된다.

장보고의 성공 비결 ②: 단순 무역보다 기술을 가져오는 것이 경쟁력을 높인다

최근 장보고의 새로운 면모가 속속 밝혀지고 있다. 완도에서 9세기 중국 월주요의 자기 파편이 발굴됐다. 자기의 굽 모양이 둥글다고 해서 일명 해무리굽이라고 불리는 당대 최고의 자기다. 당시

1 완도에서 발견되는 자기 파편은 이렇게 해무리굽의 흔적을 보여준다. 2 상림호 주변의 대형 가마터 3 해무리굽 자기 ①월주요 ②장도 출토 ③코오로칸 출토 4 해남군 신덕리 가마터에서 발견되는 해무리굽

부르는 게 값이던 월주요 자기는 장보고 무역선단의 중요한 교역 품이기도 했다.

그런데 장보고는 해무리굽을 당나라에서 구입해 신라와 일본에 파는 데 그치지 않고 직접 생산하는 데까지 개입했다는 주장이 있다. 좀 더 높은 이윤을 위해 직접 생산에 관여한 것이다.

중국 영파(寧波)시 서북쪽에 위치한 상림호는 당나라 때 유명 한 자기 생산지의 하나였다. 상림호 주변 60여 기에 이르는 대형 가마터는 당시 월주요의 생산량을 짐작케 한다. 신라와 일본은 물 론 이슬람 상인들까지 탐내던 물품이지만 당나라 외에는 만들 수 없던 월주요 자기는 당나라의 독점 생산 품목이었다.

월주요 자기는 동아시아 삼국의 무역 현장에서 모두 발굴되고 있다. 일본의 대외무역창구인 코오로칸에서도 월주요 자기가 나왔다. 장도에서 발굴된 자기 역시 월주요 자기의 파편이다. 장보고가 가져온 것이다.

그런데 최근 중국 양주시 일대에서 주목할 만한 발굴이 있었다. 당나라 나성을 발굴하던 중 신라 자기가 함께 출토된 것이다. 모양은 해무리굽으로 월주요 자기를 닮았지만 안료와 유약에서 차이를 보이는 신라 자기였다. 출토된 지점도 한 곳이 아니라 여러 곳이었다. 당나라 성터에서 발굴된 신라 청자는 장보고 선단의 관리 아래 청해진 주변에서 생산된 것이라는 주장이 제기되고 있다.

이런 주장을 뒷받침해주는 것은 강진의 수많은 가마터다. 강진은 9세기 자기의 전단계인 도기의 생산지로 알려진 곳이다. 그런데 강진 가마터 곳곳에서 중국 월주요 해무리굽 자기를 닮은 자기 파편들이 발견된다. 해무리굽 자기가 이곳에서 생산됐다는 증거들이다.

완도 주변의 자기 생산지로는 해남도 손꼽을 만하다. 무려 60여 기가 넘는 대형 가마터에서 쉽사리 발견되는 파편 또한 해무리굽이다.

그렇다면 해남과 강진의 자기 파편과 월주요는 얼마나 닮았을까? 겉모습만으로는 도저히 구분이 불가능하다. 굽는 방식까지 같아서 포개 구운 흔적이 남아있는 것도 있다. 이것은 중국에서 만드는 방법이 직접 유입됐다는 증거이기도 하다.

그렇다면 왜 해남과 강진의 가마가 생산지로 선택된 것일까? 월주요의 해무리굽 자기는 9세기 중반부터 생산량이 줄어 10세기가 되면 완전히 사라진다. 따라서 해남과 강진의 자기 역시 9세기에 생산된 것으로 볼 수 있다.

당시는 장보고의 활동 시기였다. 그리고 해남과 강진은 완도 청해진에서 뱃길로 바로 연결되는 지역이다. 장보고는 해남과 강진이라는 배후도시에서 당대 최고의 교역품인 자기를 직접 생산하려고 한 것이다.

강진 일대는 고려청자의 초기 생산지로 알려진 곳이다. 청자 기술을 바탕으로 화려한 고려청자가 탄생한다. 단순히 무역을 하는 데 그치지 않고 부가가치가 높은 교역품을 직접 생산해보겠다는 장보고의 시도가 결국 고려청자를 탄생시킨 밑거름이 된 것이다.

장보고의 활동 전략

장보고 선단의 무역활동을 짐작케 하는 책이 쿄토 국립박물관에 보관돼 있다. 일본 천태종의 시조 엔닌(圓仁)대사가 당나라를 여행하며 쓴 일기인 『입당구법순례행기(入唐求法巡禮行記)』다. 엔닌이 당나라를 여행하던 시기는 장보고가 활동하던 시기다. 따라서 이 책은 장보고에 대한 당대의 기록이다. 책은 순례 도중 목격한 장보고 선단의 활동에 관련된 내용이 20% 이상을 차지한다. 엔닌의 구법순례 여행을 가능케 해준 사람이 바로 장보고다. 엔닌이

(왼쪽)엔닌의 초상 (오른쪽)『입당구법순례행기』의 앞부분. 장보고의 이름이 명시되어 있다.

당나라로 가는 배에 오른 것은 838년으로, 청해진이 설치된 지 10년이 지난 뒤였다. 출발하면서부터 엔닌은 장보고의 도움을 기대하고 있었다. 그래서 당시 장관급에 해당하는 일본 태수의 추천장을 가지고 있었던 것이다.

그러나 그의 여행은 시작부터 순탄치 못했다. 당나라의 여행 허가를 받지 못해 도착하자마자 귀국선을 구해야 했다. 그때 엔닌 일행에게 일본으로 가는 9척의 배와 60명의 훈련된 선원을 구해준 것은 초주(楚州)의 신라인 집단, 바로 장보고 선단이었다. 장보고 선단은 우수한 성능의 배와 잘 훈련된 선원을 언제든 동원할 수 있었다.

장보고 선단의 도움으로 귀국선은 마련했으나 엔닌은 그대로 순례 여행을 접을 수는 없었다. 망설이던 엔닌에게 정보가 입수됐다. 첫 번째 정보는 장보고가 난을 일으켰다는 것이다. 그로부터 18일 후 두 번째 정보가 전해졌다. 장보고의 난이 성공했다는 것이다. 그 정보가 입수된 지 4일 후, 당나라가 신라로 보내는 공식 사절단이 떠났다는 소식도 들려온다. 그 소식을 전해준 것은 작은 배를 타고 온 소촌포의 한 신라인이었다. 당나라를 여행하는 외국인인 엔닌이 신라에서 일어난 사건에 대해 이토록 빠르고 정확한 정보를 입수할 수 있었던 방법은 무엇일까?

지금도 중국의 항구도시 양주에는 배를 타고 다니며 장사를 하는 사람들이 많다. 통신기기가 없던 9세기에 운하는 물산이 운송되는 물류창고이자 정보가 모여들고 전달되는 유일한 장소였다. 이를 파악한 장보고 선단은 운하 주변에 정보를 수집하고 분석 · 활용하는 정보기지를 구축한 것이다. 당시 신라인들은 조직화되어 있었다. 운하를 다니는 상인이나 물건을 하는 상인 모두 조직적으로 연결돼 있었다. 그래서 물건의 값과 생산 정보를 정확히 파악하고 있었다. 정보교환이 원활했던 것이다. 이러한 정보를 바탕으로 적극적인 교역이 가능했다.

장보고 선단의 위력을 확인한 엔닌의 구법여행은 이때부터 본격적으로 진행된다. 그 여행은 당나라의 수도 장안과 천태산까지 이르며 9년 간 계속된다.

일본을 떠나온 지 4년이 지난 842년, 엔닌은 수도 장안에서 초주 장보고 선단을 통해 일본에서 송금된 돈을 받는다. 금융업무까지도 이뤄진 것이다.

847년 모든 일정을 마치고 귀국길에 오른 엔닌은 끝까지 장보고 선단의 도움을 받는다. 『엔닌일기』에는 그가 귀국선을 마련한 과정이 자세히 기록돼 있다. '등주에서 귀국 선편 마련이 어렵자 명주에 귀국선이 있다는 정보를 듣고 길을 떠남 -847년 윤3월 12일/ 초주에 도착하여 신라방에 들어가니 명주 배는 이미 떠나고 없다는 정보가 들려옴 -847년 6월 5일/ 귀국선편이 노산에 도착했다는 정보를 듣고 그곳으로 떠남 -847년 6월 9일'

등주에 도착한 엔닌은 명주에 배가 있다는 소식을 듣고 급히 명주로 향했으나 그 배는 취소됐다. 그러자 이번에는 명주보다 가까운 노산에 배가 있다는 정보를 접한다. 등주에서 명주까지는 자동차로 일 주일 거리다. 그러나 장보고 선단은 9세기에 이미 빠른 정보 네트워크를 갖추고 있었던 것이다. 당시 장보고 선단은 선박과 인력은 물론 정보와 금융까지 장악한 일종의 종합상사와도 같았다.

장보고의 배후에는 재당 신라인들이 있었다

『엔닌일기』에는 정보를 가져온 신라인이 작은 배를 타고 왔다는 대목이 있다. 산동반도에서 해안을 따라 초주, 양주, 영파 지역까지 넓게 퍼져 살던 신라인들이 작은 배를 타고 다니며 장보고의 정보망이 되어준 것이다. 기록에 의하면 8세기 말에서 9세기에 이르는 동안 극심한 가뭄과 기근, 골품제도를 견디지 못한 숱한 신라인들이 당나라로 가는 배에 올랐다고 한다. 장보고가 활약하던 시기, 당나라의 신라인들은 중국에서 탄탄한 지위와 힘을 확보해가고 있었다.

중국 역사책 『가경적성지』에는 황해 연안 도시 황암(黃巖)에 신라인 집단 거주지가 있다는 기록이 있다. 그곳은 백수항이라 불렸다고 한다. 황암 시내 한복판 마을은 지금도 백수항이란 지명을 그대로 쓰고 있다. 신라방이 있던 곳은 골목으로 변했다. 신라인들은 왜 신라방에 집단적으로 모여 살게 되었을까?

백수항에서 멀지 않은 곳에 황해로 나가는 항구가 있다. 신라인들이 들어온 곳으로, 신라서(嶼, 신라배가 정박하는 포구)라고도 한다. 바다가 바라보이는 곳에 신라인들의 또 다른 마을인 통원방이 있었고, 작은 산 너머로는 중국 내륙 쪽으로 강이 흐른다. 또한 통원방 뒤편, 마을 끝 부분의

1 황암 시내, 옛 신라방이 있던 곳
2 백수항 인근의 항구
3 신라산 자락

작은 산은 지금도 신라산으로 통한다. 신라인들의 무덤이 많아서 붙은 이름이다. 그러나 지금은 어느 것이 신라인의 무덤인지 확인

할 길이 없다. 천 년이 흐르는 동안 무덤 주인이 수없이 바뀌었기 때문이다.

황암지역뿐 아니라 중국의 신라방은 대부분 황해 연안에 자리 잡고 있다. 더욱이 신라방이 있는 지역은 중국 내륙으로 연결된 강이 흐르는 교통의 요충지들이다. 물산이 모여들고 많은 인력을 필요로 하는 이런 곳에 신라인들이 모여 살면서 배를 이용한 각 종 업무에 종사한 것은 어쩌면 당연한 일인지도 모른다. 그것은 곧 당나라의 국내 무역업이었다.

초주(楚州)의 신라방 역시 당나라 최대 규모였던 것으로 알려져 있다. 현재 초주시 당국은 옛 신라방 복원을 준비중이다. 신라 방은 당나라가 임명한 지방관리, 즉 총관에 의해 운영되었지만 완전한 자치권을 가진 조직이었다. 엔닌이 신라방에서 당나라 여행 허가증을 얻어내거나 배와 선원을 구할 수 있었던 것이 그 증거다. 외국인 조직인 신라방이 자치권을 가질 수 있었던 것은 당나라의 개방정책 때문이다. 당나라는 10년 간 세금을 면제해주면서까지 이들을 지원했다.

엔닌은 그의 일기에 숙성촌(宿城村)에서 만난 신라인을 특별히 기록해두었다. 지금도 초주 부근에는 천이백 년 전의 기록에 나오는 숙성촌이 그대로 남아있다. 엔닌의 일기가 전하는 대로 숙성촌에는 거대한 염전이 펼쳐져 있었다. 엔닌은 이곳에서 소금을 운반하던 신라인의 도움을 받은 것이다. 신라인들이 지역 특산물의 생산과 운반에도 깊이 관여했음을 알게 하는 대목이다.

초주 운하에는 지금도 천 년 전 엔닌의 일기에서처럼 수십 척

1 중국 해안가의 신라방 2 초주의 신라방 터
3 '숙성산장(宿城山庄)' 간판. 이곳은 '가라오케'도 갖춘 모양이다. 4 숙성촌의 염전

의 소금배가 꼬리를 물고 지나간다. 달라진 것이라면 그때 소금배
는 장보고 선단이었다는 것이다. 당나라 전역에 흩어져 있던 재당
신라인을 하나로 통합해낸 것, 이것이 장보고의 국제무역을 가능
케 한 힘이었다.

동아시아 전역에 걸친 장보고 네트워크

『삼국사기』에는 장보고를 '해도인(海島人)'이라고 표현했다. 『삼

국유사』에는 '측미(側微)하다'는 표현도 보인다. 그것은 신분이 미천한 섬사람이라는 뜻이다. 아마도 장보고는 서남해안의 섬에서 태어나 가난과 신분차별을 견디지 못하고 당나라로 건너간 것으로 보인다. 장보고는 40세 무렵 수많은 재당 신라인들을 규합해 하나의 커다란 무역 선단을 만들어낸다. 더욱이 장보고의 네트워크는 당나라에 그치지 않고 일본에까지 구축되기 시작한다.

산둥반도의 적산포(赤山浦)는 장보고의 당나라 거점이다. 이곳에서 배를 띄우면 만 하루 만에 한반도 서해안에 닿을 정도로 당나라와 신라 간 최단거리에 위치한 곳이다. 현재 적산포에는 장보고 기념탑이 세워져 있다.

그러나 장보고는 지금보다 당대에 더 유명했다. "신라인 장보고는 당나라의 서주에 와서 군중소장이 되었다. 활과 창을 잘 쓰고 전투에 능해 대적할 자가 없었다. 후에 신라에 돌아가 청해진을 설치하고 해적을 소탕했다." 당나라 최고의 시인으로 평가받는 두

(왼쪽)적산포의 장보고 기념탑 (오른쪽)법화원 뜰에 있는 거대한 맷돌은 당시 이곳의 규모를 말해준다.

목(杜牧, 803~853)이 그의 『번천문집(樊川文集)』에 장보고편을 따로 만들었을 정도다. 두목은 장보고의 일대기를 소상히 다루며 그를 칭송했다.

그렇다면 도대체 장보고는 어떤 인물이었을까? 어려서 당나라로 건너간 장보고는 30세가 될 무렵 당나라 군대인 무령군 소장의 직위에 오른다. 당나라의 관리로 임명될 정도로 무예가 뛰어났던 것이다.

군대에서 나와 적산포에 법화원을 세우면서부터 장보고는 재당 신라인들의 리더로 떠오르기 시작했다. 엔닌의 일기는 법화원에서 신라인들이 모여 신라어를 사용했다고 전한다. 법화원은 단순한 절 이상의 의미를 지니고 있었다. 이곳은 신라인들의 실질적인 구심점으로 자리 잡았다. 500석의 쌀을 생산하는 전답을 소유한 독립기구로서 재당 신라인들의 행정업무를 대행해주기도 했다.

또한 법화원은 신라로 가는 당나라 정부 사절단이 머무는 외교 공관과도 같은 곳이다. 법화원이 장보고의 당나라 거점이었기에 가능한 일이었다.

법화원을 중심으로 재당 신라인을 조직하고 당나라의 전폭적인 신뢰를 얻어낸 장보고는 마침내 완도에 청해진을 설치하고 국제무역에 뛰어든다. 그때 그가 내세운 명분은 해적소탕, 즉 신라인을 노예로 잡아가거나 어업을 방해하는 해적을 소탕하겠다는 것이었다. "중국을 두루 다니다 보니 신라인 노예를 많이 보았습니다. 청해에 진을 설치하여 해적들이 사람들을 잡아다가 서쪽으로 데려가지 못하게 하시기 바랍니다." 그것은 황해 연안을 따라 무역업에 종사하던 재당 신라인의 사업을 확장시키는 계기이기도 했다. 그때 장보고의 또 다른 지원세력은 일본의 신라인들이었다.

당시 재일 신라인들의 모습은 엔닌 대사가 세운 절 연력사에서 확인할 수 있다. 엔닌의 일기에 의하면 일본을 출발한 엔닌이 탄 배는 신라배였고, 신라인이 운항을 맡고 있었다. 통역 역시 신라 인이었다. 당나라로 건너간 것처럼 일본으로 온 신라인들은 당시 일본의 중요한 무역 인력으로 자리잡고 있었던 것이다. 장보고를 우두머리로 내세워 그때까지 소규모이자 지엽적으로 이뤄지던 당 과 신라, 일본의 무역이 보다 두터워지고 규모가 커지게 된다. 그 런 의미에서 장보고는 9세기 전반 혼란하던 동아시아 교역권을 재구축하는 역할을 했다고 볼 수 있다.

장보고는 9세기 동아시아 삼국에 흩어져있던 신라인들을 하나 의 네트워크로 조직화했다. 이 네트워크를 바탕으로 자유로운 국 제 무역을 실현한 장보고의 무역 전략은 분명 시대를 앞서 간 도 전이고 성공이었다.

원효는 왜 파계승이 되었나

일본 정토종의 본찰인 쿄토 선림사의 수장고에는 매우 소중하게 보존하는 책이 한 권 있다. 8백 년 전에 필사한 원효의 『무량수경종요(無量壽經宗要)』다. 일본에서는 해동의 성인으로 추앙받았지만 신라에선 파계승으로 여겨진 원효(元曉, 617~686)는 과연 누구인가?

일본의 국보 가운데는 6개의 두루마리에 신라 승려 원효의 일대기를 그린 것이 있다. 원효가 당나라로 유학 가던 도중 무덤 속에서 하룻밤을 보내는 장면, 무덤 속에서 자고 난 뒤 깨달음을 얻은 원효가 함께 가던 의상과 헤어져 돌아오는 장면, 저잣거리에서 사람들과 어울리는 모습, 사람들에게 설법을 하는 모습 등 많은 그림이 그려져 있다.

이 그림은 12세기경에 살았던 일본 사람이 그렸다. 일본 사람도 아닌 신라 사람의 일대기를 그림으로 남겨놓은 걸로 봐서 작가는 원효를 숭상한 인물인 듯하다. 일본은 이 그림을 국보로 지정하고 있다. 원효의 일대기를 그린 사람은 누구이며 일본은 왜 이 그림을 국보로 지정했을까?

일본 불교계가 추앙하는 인물, 원효

일본의 유서 깊은 화엄사찰 고산사(高山寺). 천황이 하사한 액자를 받을 정도로 유서 깊은 이 절에는 많은 문화재들이 보관돼 있다. 원효의 일대기를 그린 〈화엄연기〉도 이곳에 있었다. 그 밖에 원효의 영정도 함께 보관돼 있었지만 현재 박물관으로 옮겨진 상태다.

〈화엄연기〉가 만들어진 것은 13세기 초반으로, 고산사를 중건한

1 무량수경종요 2 천황이 하사한 고산사 액자
3 묘에의 목조인물상 4 묘에의 저서 가운데 원효를 인용한 부분

묘에(1173~1232)에 의해서다. 묘에는 직접 글을 쓰고 친구 쇼닌에
게 그림을 그리게 했다. 중세 일본의 대표적인 고승인 그는 원효
의 사상에 심취해 있었다. 그의 저서를 보면 한 페이지에도 여러
번 원효를 인용했을 정도다.

　동대사(東大寺)는 묘에가 원효의 책을 강의했다는 일본 화엄종
의 본산이다. 동대사는 초기부터 원효의 영향이 지배적이었다. 8
세기 신라에 유학했던 동대사의 승려 심상은 원효의 책을 대량
입수해 돌아온다. 그것이 원효 학풍을 계승하는 계기가 되는데, 지
금까지도 이어져 오고 있다. 동대사는 화엄을 근본으로 하지만, 학

문의 폭이 넓고 깊어 어느 한쪽으로 치우치지 않은 원효의 학문
에 큰 영향을 받았다.

원효의 영향은 비단 화엄종에만 국한되지 않았다. 일본의 불교
전문대학인 오오타니 대학 도서관에는 오래 전 필사한 원효의 책
이 많이 보관돼 있다. 그 가운데서도 『판비량론(判比量論)』은 일
본의 중요 문화재로 지정돼 있다. 『판비량론』은 카마쿠라 시대에
법상종의 학승이 가지고 있었는데 에도 시대에 누군가가 다시 필
사해 현재 그 필사본이 남아있다. 국내에는 판본조차 없는 원효의
저술이 있지만 일본의 경우는 거의 모든 종파가 이 책들을 교과
서로 사용했다. 그만큼 일본에서는 원효의 학문에 대한 공부를 많
이 했다는 얘기가 된다.

원효는 비단 학문에서만 계승된 것이 아니다. 동대사 창건에 중
요한 역할을 한 고승 교키(行基, 668~749)는 대중과 함께 한 원효
의 삶을 따라 살았다. 어려운 사람들을 돌보면서 서민들을 구제하
는 데 힘썼다는 그는 원효의 실천적 계승자였다.

원효를 존경하고 숭상한 것은 일본인만이 아니다. 『송고승전』에
는 중국 당대로부터 송대에 이르는 시기의 고승들의 삶을 기록하
고 있다. 이 책엔 원효의 이야기도 별도의 전기로 수록돼 있다.
"문필을 종횡무진으로 휘둘렀고 삼학에 널리 능통하여 능히 만
명을 대적할 만한 사람이었다. 도리에 정통하여 입신의 경지에 이
르렀다." 다른 전기들이 고승들의 문제점도 함께 지적한 데 비해
원효의 전기는 찬양 일색이다. 그만큼 중국인들은 원효의 존재와
교학에 대해 높이 평가하고 있다. 의상은 신라가 낳은 학자지만

원효는 세계 속의 위대한 불교인이다.

원효는 많은 책을 지은 대학자이자 저술가였다. 그가 지은 책은 100여 종 240여 권에 이른다. 「손오공」의 삼장법사로 잘 알려진 중국의 승려 현장(玄奘, 602~664)은 실제 인도에서 많은 경전을 가져다가 번역작업을 했다. 그러나 그가 지은 책이 50여 권에 불과한 것을 보면 원효의 저술 작업이 엄청난 것임을 알 수 있다.

역사 속에 남아있는 원효의 흔적

『대승기신론소(大乘起信論疏)』, 『해동소』라고도 불리는 이 책은 대승불교에 관한 해설서 가운데 세계에서 손꼽히는 책이다. 『십문화쟁론(十門和諍論)』의 명성은 워낙 자자해서 범어로 번역돼 불교의 본산지인 인도에까지 전해졌다. 당시 동아시아권에서는 원효의 책을 읽지 않았거나 그의 사상을 모르면 부끄럽게 여겼을 정도였다고 한다. 이렇게 원효는 질과 양, 모든 측면에서 타의 추종을 불허하는 대 저술가이자 동아시아권 사상계의 최고봉이었다.

하지만 우리가 알고 있는 것은 원효가 해골물을 마시고 득도했다든가, 요석공주와의 사랑 같은 단편적인 설화 정도인데, 이것은 원효의 전기가 제대로 전해지지 않기 때문이다.

그동안 원효의 자취를 파악하는 작업은 『삼국유사』와 『송고승전』에 의존해왔다. 그런데 삼국유사의 원효 부분이나 송고승전은 본격적인 원효의 전기라고 볼 수 없다.

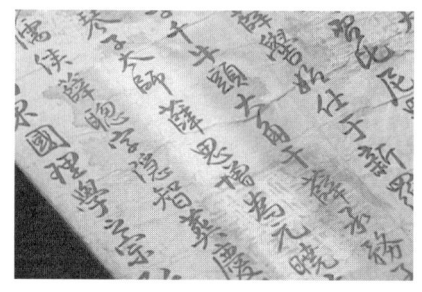

설씨 집안에 효종이 내린 교
서의 일부. 원효의 속명, 조
상들과 아들 설총의 이름이
보인다.

출가하기 전 원효는 어떤 사람이었을까? 『삼국유사』의 기록에
의하면 원효의 속성은 설(薛)씨다. 실제 순창 설씨의 족보에서 원
효의 이름을 찾을 수 있다. 족보 명은 설사(思), 초명은 원효다. 17
세기 설씨 집안에 내려진 교서에서도 신라 6부장 설호진의 18대
손인 설사가 출가하기 전의 원효임을 확인할 수 있다.

원효가 태어난 곳은 어디일까? 예전에 밤나무가 우거져 있었다
는 북사리 일대(경북 경산군 자인면)가 원효의 고향으로 추정된다.
『삼국유사』의 기록과 설명이 일치하기 때문이다. "압량군(押梁郡)
남쪽 불지촌(佛地村) 북쪽에 있는 밤나무골에서 태어났다."

실제 이 마을에는 원효가 태어난 곳이라는 표지석이 세워져 있
다. 원효는 마을 가운데 있는 제석사(帝釋寺) 경내의 느티나무 아
래에서 태어난 것으로 알려졌다. 느티나무 두 그루 사이로 조그만
오솔길이 있었는데 원효의 어머니가 해산을 하기 위해 친정으로
가다가 이곳에서 산기를 느꼈다. 그래서 아버지의 겉옷을 나무 위
에 걸치고 원효를 낳았다는 것이다.

기록에 의하면 원효는 자신이 태어난 곳에 사라사를 지었다. 지

1 원효의 탄생지 표지석. 경산군 자인면 북사리 자인중학교 맞은편에 세워져 있다.
2 제석사 대웅전 쪽에서 바라본 경내의 느티나무. 원효의 탄생설화에는 '밤나무'라고도 하나 실제와 다르다. 왼쪽은 종무소. 나무 오른쪽의 칠성각엔 원효대사의 영정이 모셔져 있다. 제석사에서는 음력 5월 14일에 그를 기리는 제사를 지낸다.
3 대웅전에 모셔진 불상의 좌대. 이곳 절터에서 발굴된 것이다. 부분적으로 손상되긴 했지만 연잎의 모양새가 비교적 선명하다.

금의 제석사는 조선 인조 때 당시 인근에서 유일한 절터였던 지금의 위치로 옮겨졌는데, 그때 절터에서 불상의 좌대를 비롯해 오래된 유물이 발굴됐다. 따라서 이곳엔 이전부터 유명한 사찰인 사라사가 있었던 것으로 추정된다.

경산에서 태어난 6두품 출신의 청년 원효는 출가 후 낭지, 보덕 등 여러 스승을 찾아다니며 수행한다. 그때 머물던 곳 중 하나가 영취산 일대로, 지금의 반고사터가 당시 원효가 머물던 곳으로 추정된다. 원효는 반고사에 머물면서 당대의 고승 낭지에게 법화경을 배우고 『초장관문(初章觀文)』과 『안신사심론(安身事心論)』을 짓는다. 당시 원효가 지어 낭지에게 바친 시가 『삼국유사』에 전한다.

서쪽 계곡의 사미는 동쪽 봉우리 상덕께서 계신 높은 바위 앞에 머리 조아려 예를 올립니다/ 작은 먼지를 불어 영취산에 보태며 미미한 물방울을 용연(태화강)에 보탭니다

(西谷沙彌稽首禮, 東岳上德高巖前, 吹以細塵補鷲岳, 飛以微滴投龍淵)

자신을 사미(沙彌, 어린 중)로 낮추고 자신의 책을 미미한 물방울이라고 표현한 시의 내용으로 보아 수학할 당시 원효는 매우 겸손하게 배움에 정진한 것으로 보인다.

그러나 이후 원효의 행적에 대한 기록은 대부분 설화에 가깝다. 그나마 사실을 명확하게 알려주는 것은 몇 조각만 발견된 서당화

상비(誓幢和尙碑) 탁본이다.
이 비에 의해 처음 밝혀진 것
은 원효가 686년 일흔 살의
나이로 세상을 떠났다는 것이
다. 그리고 고선대사(高仙大
師)라 불릴 정도로 고선사에
오래 머물렀다는 사실이다.

그러나 현재는 고선사를 찾
을 수 없다. 1970년대 중반 덕
동댐을 만들면서 수몰돼 버린
것이다. 한 장의 사진으로밖에
남지 않은 고선사 주변에서
서당화상비의 일부가 발견되
긴 했지만 극히 일부분일 뿐

(위)고산사터와 덕동마을이 잠겨있는
덕동호. 경주 일대의 중요한 수원(水源)
이다.
(아래)고산사터의 옛사진. 가운데 보이
는 3층 석탑은 국립경주박물관 뒤뜰에
옮겨져 있다.

이다. 1300여 년의 세월이 흐
르는 동안 그나마 남아있던
원효의 자취들이 대부분 사라져버린 것이다.

원효는 정말 해골물을 마셨을까?

원효의 행적이나 모습에 대한 직접적인 자료는 많지 않다. 하지만
간접적으로 원효에 대해 말해주는 수많은 설화가 있다. 사람들 사

이에 입에서 입으로 전해진 이런 얘기들은 어디까지가 사실이고 어디서부터 꾸며낸 얘기인지 알 수 없다. 하지만 자세히 살펴보면 인간 원효에 대해 알 수 있는 부분이 있다.

　설화 가운데 대표적인 것이 「오도(悟道)설화」, 원효의 깨달음에 관한 부분이다. 우리가 알고 있는 것처럼 원효는 해골물을 마시고 깨달음을 얻은 것일까? 깨달음의 내용은 어떤 것이었을까?

　원효의 깨달음에 대한 기록은 『송고승전』을 비롯한 중국 책에 주로 실려 있다. 기록에 의하면 원효는 두 차례에 걸쳐 당나라 유학을 시도한다. 육로로 가려던 첫 번째 시도가 실패로 돌아가자 10년 뒤 해로를 이용한 유학을 계획한다.

　원효는 배를 타기 위해 당성을 향한다. 당시 당성(堂城)이었다는 경기도 화성군 송산면 지화리 일대의 풍경은 여느 농촌이나 다름없다. 그러나 예전에는 지금과 달랐다. 지금은 넓은 벌판으로 보이는 곳이 예전에는 물길이었다. 이 물길은 서해안으로 이어져

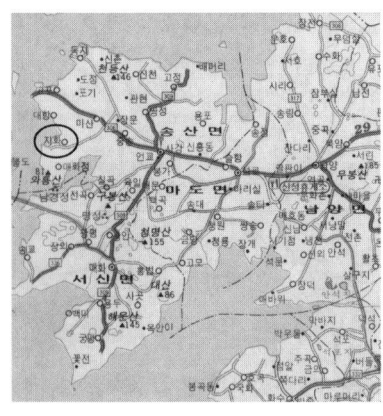

지화리의 위치(표시부분). 서쪽으로 바다를 지나면 대부도, 제부도가 있다. 서신면 아래 바다는 남양만이다.

중국에까지 닿았고 현재 지명에도 그 흔적이 남아있다. 조선시대 지화리의 명칭은 화량진(花梁鎭)으로, 중국으로 가는 배의 출발지였다. 당성에서 배를 타면 물길은 서해로 이어지고 해류를 따라 중국 등주(登州)에까지 닿았다.

6세기 후반부터 신라에는 중국의 문물을 받아들이려는 흐름이 강하게 나타났다. 진흥왕이 당항성을 차지하면서 중국으로 가는 뱃길이 열리고, 원광을 위시한 많은 사람이 유학길에 오른다.

당성으로 향하던 원효와 의상은 갑자기 비를 만난다. 게다가 날까지 저물자 주변 동굴에 들어가 하룻밤을 묵게 된다. 그런데 다음날 아침에 깨어보니 무덤이었다고 한다. 과연 무덤을 동굴로 알고 들어가서 자는 일이 가능했을까?

당시 당성 일대의 무덤은 횡혈식 석실 고분이었다. 횡혈식 석실 고분은 2인 이상의 시신을 안치하기 위한 가족 합장묘로, 무덤 내부를 방처럼 꾸미고 입구부터 긴 통로를 따로 만들었다. 무덤 바깥은 봉분 형태인데, 시간이 지나면 축대가 무너지기도 하고 봉분 위에 풀이 자라기도 했다. 또한 합장묘이기 때문에 다음에 묻힐 가족을 위해 입구를 폐쇄하지 않는 경우가 있었다. 이것을 멀리서 보면 위는 흙으로 덮여있고 널길의 문이 열려있는 것이, 토굴로 착각하기 쉬웠을 것이다.

그렇다면 해골물을 마셨다는 것은 어떨까? 시간이 흐르면 관은 썩게 되고 유골이 노출된다. 짐승들이 드나들며 유골이 여기저기 흩어지는 경우도 흔히 있었다고 한다. 게다가 고분의 벽과 천정은 돌로 만들어졌다. 때문에 외부와의 온도 차이로 습기가

횡혈식 석실 고분의 내부(CG). 가장자리에는 배수로가 있다.

차기도 하고 비가 오면 빗물이 새기도 한다. 그래서 무덤 내부에 배수로까지 따로 만들어 두었다.

그렇다면 원효는 이 무덤에서 정말 해골물을 마신 것일까? 이 부분에 대한 기록은 책마다 조금씩 다르게 나타난다. 12세기 초 혜홍이 쓴 『임간록(林間錄)』의 기록이다. "밤이 되어 황폐한 무덤 속에서 잤다. 갈증이 심해 무덤 속에 고여있는 물을 손으로 떠 마셨는데 매우 달고 시원했다. 새벽에 보니 그것은 해골물이었다." 무덤 속에 고여있는 물을 떠 마셨는데 아침에 보니 그 물에 해골이 같이 담겨 있었다고 적고 있다.

그러나 『송고승전』의 기록은 이와 다르다. 해골물에 대한 언급이 전혀 없다. "하룻밤을 더 그 무덤 속에서 머물게 되었는데 갑자기 귀신이 나타나 놀랐다. 원효가 탄식하며 말했다. 전날 밤에는 토굴에서 잤어도 마음이 편안하더니 오늘밤은 귀신 굴에 의탁하매 근심이 많구나." 토굴인 줄 알고 잘 때는 하룻밤을 편안히 잘 잤는데, 다음날 무덤인 것을 알고 나자 마음이 동요돼 잠이 오지 않더라는 것이다. 두 기록의 차이는 매우 크다. 하지만 공통점은 무덤을 토굴로 알고 하룻밤을 잤다는 부분이다.

그렇다면 해골물은 어떻게 이해해야 할까? 『종경록』과 『임간록』을 제외한 다른 1차 자료에는 해골물을 마시고 깨달았다는 얘

기는 보이지 않는다. 이것은 『임간록』의 편집자가 독자들의 이해
를 돕는 차원에서 해골을 끌어들여 각색한 것으로 보인다.

하지만 해골물 설화의 핵심은 원효의 깨달음에 있다. "마음이
생기니 온갖 법이 생기고, 마음이 사라지면 토굴과 무덤이 다르지
않다(心生故種種法生, 心滅龕故墳不二)." 무덤 속 하룻밤을 계기
로 마음의 이치를 체득한 것이다. 물은 똑같은 물이고 바가지도
똑같은 바가지인데, 어제의 감로수가 오늘은 더러운 물로 느껴졌
다. 이것은 더럽고 깨끗함의 차이[분별]가 물이나 바가지[대상]에
있는 것이 아니라 내 마음[인식] 속에 있다는 것이다.

모든 진리는 마음 속에 있는데, 굳이 당나라까지 가서 구할 이
유가 없어진 원효는 단호히 발걸음을 돌린다.

달라진 원효의 삶

신라로 돌아온 원효의 삶은 어떻게 달라졌을까?

그는 당시 교학 센터로 많은 불경이 있던 분황사에 머물며 집
필에 몰두한다. 우선 여러 경전의 핵심을 요약 정리했다. 깨달음에
이른 그가 써낸 책들은 쉽고 명료했다. 이 책들은 당시 동아시아
불교계에서 큰 반향을 일으키게 된다.

7세기 중국 불교는 발전을 거듭해 가면서도 혼란 상태에 빠져
있었다. 대자은사를 중심으로 치열한 사상논쟁이 벌어지고 있었
다. 논쟁의 중심에 선 인물은 「손오공」의 주인공으로 실존 인물인

삼장법사 현장이다. 인도에서 새로운 경전들을 가지고 돌아온 그는 지금까지와 다른 이론을 전개한다. 이로 인해 동아시아 불교계는 사상적인 혼란에 빠지게 된다. 현장이 제시한 이론이 불교가 지향하는 근본 목적에 합당한지 많은 사람들은 의문을 가지고 고민했는데, 그 해답을 제시한 사람이 원효였다.

원효가 제시한 것은 화쟁(和諍)사상이다. 서로 다른 종파간의 대립과 갈등도 부처의 가르침인 한마음이라는 큰 틀에서 보면 융화가 가능하다는 것이다. 여태까지는 하나의 목적지를 놓고 왼쪽에 있는 사람에게 길을 물으면 오른쪽으로 가라 하고, 오른쪽에 있는 사람에게 물으면 왼쪽으로 가라 한다. 이렇게 길을 찾는 방법을 모아 놓은 것이 경전인데, 각각의 경전을 가지고 종파를 만들어 왼쪽이 맞다, 오른쪽이 맞다 하며 논쟁을 해왔다. 그런데 큰 깨달음을 얻은 원효가 봤을 때, 그런 논쟁들은 상황에 따라 설정된 방편에 불과한 것이었다. 그래서 『십문화쟁론(十文和諍論)』을 썼다. 이것이 원효의 핵심 사상이고, 곧 불교의 핵심이다.

그러나 한창 명성을 얻고 있던 원효는 어느 날 갑자기 붓을 던진다. 화엄경소의 10회 향품, 즉 진정한 보살행에 관해 설한 부분에서였다. 그리고 민중 속으로 뛰어든다. 그들 속에서 노래하고 춤추며 불법을 전했다. 이제까지와는 전혀 다른 모습이었다. "거사와 함께 술집과 기생집에 드나들고, 사당에서 거문고를 뜯고, 여염집에서 자기도 하며 도무지 일정한 규범이 없었다."(『송고승전』) 당시의 승려로서는 도저히 용납할 수 없는 파격적인 행동이었다.

원효의 행동은 여기서 그치지 않았다. 요석공주와의 사이에서

〈화엄연기〉 가운데 원효가 사람들과 어울리며 거문고를 뜯는 모습을 그린 그림.

설총을 낳은 후 승복마저 벗어 던진다. 환속한 거사로서 아무런 계율에도 구속되지 않고 자유분방한 삶을 산다.

그러나 그 대가로 원효는 많은 불이익을 감수해야 했다. 원효는 왕이 참석한 가운데 전국의 유명 승려 백 명이 모이는 백고좌 법회에 초대받는다. 그러나 원효의 파계 행각을 문제삼은 교단 승려들의 반대로 참석하지 못했다.

원효는 왜 민중 속으로 뛰어들었나?

원효는 일반인들과 섞여 살면서 불법을 전하는 가운데 아무것에도 구애받지 않는 자유인의 모습을 보여주었다. 하지만 당시 승단의 계율은 엄격해서 이를 어길 경우 교단에서 축출되기도 하고, 승려로서 누릴 수 있는 많은 특권을 빼앗기기도 했다. 그렇다면 이미 귀족으로서 승려로서 상당한 명망을 지니고 있던 원효는 왜 이런 특권을 포기하면서 민중 속으로 뛰어들었을까? 무엇이 그토록 절실했던 것일까?

신라에 불교가 공인된 것은 법흥왕 14년의 일이다. 처음부터 왕실을 중심으로 수용된 만큼 불교는 국가의 통치이념으로 자리잡아갔다. 원효가 활동하던 7세기 중엽에는 불국토설(신라는 부처와 보살이 머물고 있는 땅이라는 설)과 진종설(眞宗說, 신라 왕실이 석가의 종족이라는 설)까지 등장했다. 불교는 왕실의 권위를 신성화하는 이데올로기 역할을 했고, 승려들은 왕실과 밀착돼 있었다.

그 대표적인 인물이 자장(慈藏)이었다. 진골 출신으로 중국 유학을 다녀온 그는 대국통(大國統)으로 임명돼 교단을 장악하고 현실 정치에도 깊숙이 관여했다. 왕궁 주위에는 거대한 사찰들이 지어졌다. 국가는 사찰에 많은 토지와 노비를 하사했다. 대부분 진골 신분으로 유학생 출신인 승려들은 왕궁 근처의 사찰에 머물며 왕실과 귀족들을 위한 법회에 주력했다. 오늘날 북한 학계는 승려를 통치계급의 하나로 분류하기도 한다. 그만큼 고대·중세 사회의 승려들은 혜택받은 집단으로서 불교가 발전할 수 있는 원동력도 됐지만, 한편으로는 민중들과 괴리됐다는 한계도 있었다.

당시 일반 백성들의 삶의 조건은 더욱 피폐해졌다. 7세기에 접어들면서 삼국 간의 전쟁은 국운을 건 싸움으로 격화됐다. 몇십년 동안 계속된 전쟁으로 민중들의 삶은 거의 붕괴 직전에 있었다. 남자들은 군역에 동원되고 그렇지 않은 경우 부역에 시달렸다. 농사 인력이 모자라자 여자, 노인, 심지어 어린아이까지도 농사를 지어야 했다.

이 무렵 민중들에게 불교를 전파하고 다녔다는 승려 대안(大安,

〈화엄연기〉에 그려진
승려 대안(왼쪽)

571~644, 원효대사의 스승)은 당시의 시대상황을 역설적으로 반영하고 있다. 대안은 민중들에게 '크게 평화로워라'고 외치고 다녔다고 한다. 이 한마디로 대안이 사람들에게 깊이 인식되었다는 것은 그만큼 그 사회가 불안 요소와 민중들의 소외감이 컸음을 보여주는 것이다.

이런 시대 배경 속에 서서히 민중불교의 싹이 트고 있었다. 민중불교 전파자들은 대안처럼 저잣거리를 떠돌거나 수도 경주를 떠나 지방에 절을 지었다. 포항시 오천읍의 오어사(吾魚寺)는 그중의 한 명인 혜공이 살았다는 절이다. 평민 출신으로 승려가 된 혜공은 기이한 행동을 하고 다니면서 민중들에게 불교를 전파했다고 한다. 시주하러 다닐 때 삼태기를 둘러쓰고 술에 취해 춤을 추며 다녔고, 계율에 매이지 않았으며, 서민의 애환을 같이 했다.

원효는 이런 사람들과 뜻을 같이 했다. 오어사에는 원효의 것이라고 전하는 삿갓과 숟가락이 소중히 보관되어 있다. 모든 사람들을 평등하게 보는 불교의 가르침과 귀족불교인 신라의 현실 사이

1 오어사 일주문 2 혜공 영정 3, 4 원효의 유품으로 전하는 삿갓과 숟가락

에서 원효는 많은 고민을 한 것으로 보인다.

치열한 고민과 모색 끝에 원효는 새로운 길을 찾는다. 문자를 알지 못하는 일반 민중들에게 다가가기 위해 그들과 같은 모습이 되는 것이다. 지극 정성으로 부처님의 이름을 10번만 외면 극락왕생할 수 있다는 점을 강조해 민중들에게 희망을 준다. 그리고 모든 사람이 평등하다는 것을 일깨운다. "나는 그대들을 가벼이 여기지 않는다. 그대들은 모두 부처가 될 수 있기에." 엄격한 신분제 사회였던 당시에 모든 사람이 평등하다는 원효의 사상은 혁명적인 것이었다. 원효의 무애행(無碍行)도 이러한 맥락 속에 있었다.

민중들에게 한 걸음 더 다가가고 그들에게 불법을 전파하기 위해 스스로를 낮추어서 바로 그들과 같은 모습으로 살아간 것이다.

원효의 이런 노력들은 바로 다음 세대에 신라의 불교가 모든 민중들에게 퍼져 융성기를 맞는 밑거름이 된다. 훗날 『삼국유사』에는 다음과 같은 기록이 남는다. "무지몽매한 사람들조차 모두 부처의 이름을 알게 되었다. 원효의 교화 덕택이다." 새벽(曉)을 뜻하는 이름 원효처럼 그는 어둠에 잠긴 민중들에게 불교의 첫새벽을 열어준 것이다.

소성거사로서의 삶

"머리를 깎으면 원효대사요, 머리를 두고 건(巾)을 쓰면 소성거사 (小性居士)로다. 온갖 몸으로 변신해도 알아보기 쉬우니, 비록 두 모습 가졌으나 한바탕 연극인 것을." 「소성거사찬」이라는 이 시는 고려시대 이규보가 원효를 예찬하며 지은 시다. 소성거사란 원효가 환속한 뒤 스스로를 낮춰서 부른 이름이다. 한 가지 주목할 것은 이규보가 시를 지을 당시 소성거사의 상, 즉 원효의 동상 같은 것을 보고 지었는데, 그 동상은 머리를 기르고 있는 거사의 모습이었다는 것이다. 그러니까 거사로서의 삶을 인정받았기에 동상을 세울 수 있었다는 얘기가 된다. 원효에 대한 인식이 이렇게 바뀌게 된 것은 언제부터일까?

계율에 얽매이지 않는 무애행으로 교단에서 축출된 원효에게

복귀하는 계기가 찾아온다. 기회를 마련해준 것은 바로 그가 지은 『금강삼매경론』이다. 금강삼매경이 처음 발견됐을 때 주석을 붙이는 작업을 누구도 하지 못했다. 그런데 원효만이 단 3일 만에 그 일을 해냈다고 한다. 또한 이 주석이 너무도 뛰어나 금강삼매경론이라고 이름붙였다. '논(論)'은 원래 보살이 쓴 글에만 붙이던 것으로, 사람들은 원효를 보살이 환생한 사람이라고 했다.

원효는 백고좌 법회가 열리는 황룡사에서 금강삼매경론을 강론하게 된다. 그리고 백고좌 법회에 참석하지 못했던 때에 빗대 일갈(一喝)한다. "지난날 백 개의 서까래를 구할 때는 내 비록 참여하지 못했으나 오늘 하나의 대들보를 가로지르는 일은 나밖에 할 수 없구나." 교학에 관한 한 그 누구도 원효의 권위를 부인할 수 없었던 것이다.

원효에 대한 본격적인 인식 전환의 계기는 일본에서 왔다. 혜공왕 15년(779), 원효의 손자 설중업은 일본에 사신으로 간다. 이때 그는 오미노 미후네(淡海三船)를 만나게 된다. 동대사에서 승려 생활을 하다가 환속한 그는 한문학의 대가로, 일본의 고위관료를 지낸 인물이다. 금강삼매경론을 읽고 크게 감동한 그는 설중업을 극진히 대접하고 시까지 지어준다. "일찍이 원효 거사가 지은 금강삼매경론을 보고 감동을 받았으나 그를 만나지 못해 한으로 여겼다. 이제 그의 후손을 보니 기꺼이 시를 써준다."(『삼국사기』) 이 사건은 신라 사람들이 원효를 새롭게 인식하는 계기가 되어, 일본에서 돌아온 이들을 중심으로 원효를 기리는 작업이 시작된다.

이렇게 해서 세워진 것이 바로 서당화상비다. 서당화상비는 원

동국대학교 박물관에 소장된 서당화 상비 조각. 높이 1.7m, 폭 1m의 크기에 2000여 자를 새겼으나 이렇게 일부만 남아있다.

효 사후 120년 뒤 원효가 생전에 오래 머물던 고선사에 세워졌다. 그리고 원효의 소상(塑像)을 절에 모셨는데, 각간(角干, 신라의 최고 관등) 김언승(金彦昇, ?~826, 809년 조카 애장왕을 죽이고 헌강왕에 즉위)이 참여했다는 점에서 신라 사회 전체가 원효를 새롭게 평가하고 인식하려고 노력했음을 알 수 있다.

원효에 대한 평가와 인식은 고려시대에 더욱 높아졌다. 대각국사 의천은 원효를 제2의 부처로 칭송되는 용수(龍樹)에 비기며 추앙하고 화쟁국사비를 세운다(숙종6년, 1101). 그러나 이 비석 역시 지금은 전하지 않는다. 숭유억불을 표방한 조선시대를 지나면서 원효의 자취는 사라졌다.

그러나 원효가 완전히 잊혀진 것은 아니다. 전국 곳곳의 사찰에 남아있는 원효 관련 설화들은 아직도 원효가 민중들의 마음 속에 살아있음을 보여준다.

1300년 전 이 땅에 살다 간 원효는 저술을 위해 분황사에 머문 시기를 제외하고는 평생 이름 있는 사찰에 머물지 않았다. 또한 교단의 핵심에 있지도 않았다. 때문에 그의 일생에 관한 기록이

분황사 경내의 화쟁국사비좌(碑座). 사진에는 보이지 않지만 윗부분에 '차신라화쟁국사지비적(此新羅和諍國師之碑蹟)'이라는 글귀가 있다. 오래도록 방치된 이 비좌가 발견되자 추사 김정희가 확인하고 새긴 것이다.

거창하게 역사의 한 페이지를 장식하진 않는다. 하지만 대신 원효는 민중의 마음을 얻었다.

　그 누구보다도 많은 공부를 하고 많은 책을 지은 원효는 비단 자신의 이론과 사상을 이론적으로 체계화하는 데 그치지 않고 백성들의 삶 속으로 뛰어들었다. 백성들과 고락을 함께 하며 구원의 희망을 보였다.

　오랜 세월을 건너뛰어 지금도 원효가 살아있는 이유는 항상 민중들의 편에 서서 고민하던 혁명적인 사상가이자 실천하는 지식인이었기 때문이다. 그러나 이런 원효의 면모는 제대로 조명되지 못했다. 그동안 무지와 편견 속에 가려졌던 원효의 본모습을 찾아내 설화 속의 고승이 아니라 역사 속의 인물로 살려낼 때, 우리는 비로소 엄격한 계급사회에서 인간의 평등을 부르짖고 갈등과 분열의 시대에 진정한 화합의 길을 제시한 위대한 사상가 원효의 참모습을 만나게 될 것이다.

천재시인 최치원은
조기 유학생이었다

　2000년 10월 16일 중국 남경시 율수현(溧水縣)에서 특별한 행사가 열렸다. 먼 옛날 율수에서 벼슬을 지낸 한 외국인의 동상 제막식이었다. 동상의 주인공은 신라인 최치원(崔致遠, 857~?)이다. 1100년이 지난 오늘, 중국은 왜 최치원을 기억하는가?

　우리나라 전국 각지의 사당에서 수집한 20여 종의 최치원 영정은 언뜻 보기에 모두 다른 인물처럼 보이지만 실제 주인공은 같은 사람이다. 우리 역사상의 인물 가운데 영정이 가장 많은 사람이 바로 최치원이다. 후대인들은 최치원을 유학자나 관리, 심지어 신선으로까지 여기며 그를 추앙해왔다. 뿐만 아니라 고려시대 문장가 이규보는 '우리나라 학자들은 모두 최치원을 조종(祖宗)으로 생각한다'고 했다. 이것은 모든 유학자들이 최치원을 유학의 시조로 섬기고 있다는 뜻이다. 이렇게 우리나라에서 최치원은 그야말로 대단한 인물로 평가받고 있다.

중국에 전해지는 1100년 전의 전설

최치원은 우리 역사상 가장 성공한 유학생으로 꼽힌다. 그는 12세라는 어린 나이에 당나라로 유학을 간 조기유학생이었다. 지금부터 1100년 전 유학생활은 어떠했을까? 유학생 최치원은 중국에서 어떻게 성공할 수 있었을까? 중국에 전해 내려오는 오래된 전설 속에 그 단서가 있다.

　중국 남경시 율수현은 인구 40만의 작은 도시지만 오랜 역사를 간직한 유서깊은 곳이다. 율수현에서 가장 먼저 눈에 띄는 것은

1 최치원 동상 제막식 광경 2 영수탑과 그 주변
3, 4 영수탑 2층에 있는 최치원의 초상화와 그의 시

영수탑(永壽塔)으로, 당나라 시대 원형을 복원한 거대한 7층탑이
다. 탑 내부는 일반인에게 공개되어 있는데, 탑의 2층에서 낯익은
초상화를 만날 수 있다. 최치원이다. 초상화와 함께 그의 시가 전
시되어 있어서 일명 최치원실이라고도 불린다. 영수탑 주변으로는
박물관 건설 공사가 한창이다. 율수현은 이 박물관에 소중한 역사
유물과 몇몇 인물에 관련된 유물을 전시할 예정인데, 복도의 일부
는 최치원의 시비로 꾸밀 예정이라고 한다.

    율수현의 한 기념품 가게에서도 최치원을 만날 수 있다. 점원이
내놓은 기념품은 최치원의 저서 『계원필경(桂苑筆耕)』이다. 최치

원과 관련된 기념품은 책과 동상 등을 포함해 5∼6가지가 넘는다.

최근 통제가 거리에 세워진 최치원의 동상은 그가 신라인으로서 율수 현위(縣尉)를 지냈다는 사실을 말해준다. 현위는 종9품에 해당하는 관직으로, 주로 지역의 치안을 담당했다고 한다. 최치원이 율수 현위가 된 것은 20세 때의 일로, 약관의 신라 젊은이가 중국의 관리가 된 것이다.

율수 현위 시절 최치원의 행적을 찾아보았다. 인근에 있는 고순현 이가촌은 이씨 집성촌인데, 조상 대대로 이곳에 뿌리내리고 살아온 토박이들이 살고 있다. 마을 노인들은 최치원과 관련된 아주 오랜 전설을 들려주었다.

(위)쌍녀분 표석 (아래)무덤에는 붉은색과 녹색 천이 걸려 있다.

마을에서 20여 분 떨어진 곳에 그 전설의 현장이 있다고 한다. 쌍녀분, 두 여인의 무덤임을 말해주는 비석 뒤로 잡초 우거진 두 개의 무덤이 나란히 있다. 이곳 사람들은 오래 전부터 병에 걸리면 쌍녀분의 두 소녀에게 기원을 했고, 병이 나으면 무덤에 붉은색과 녹색의 천을 걸었다고 한다.

고순현 문화재 관리소장인 복양강경씨는 쌍녀분에 관련

된 각종 자료를 수집하는 과정에서 중국의 여러 역사 기록에 쌍녀분 이야기가 등장하는 것을 발견했다. 송나라 역사서인 『6조사적편류(六朝事迹編類)』도 그 가운데 하나다. 쌍녀분 전설은 1100년 동안 대대로 전해 내려온 것이다.

최치원이 율수 현위로 있을 때 공무로 여관에 투숙할 일이 있었는데, 여관 앞에 커다란 묘지가 있는 것을 발견했다. 그리고 무덤의 주인인 두 소녀에 얽힌 사연을 듣게 됐다. 쌍녀분의 주인공은 강제결혼을 피해 스스로 목숨을 끊은 장씨 자매였다. 최치원은 자매의 운명을 슬퍼하며 위로의 시를 바쳤는데, 이에 감동한 두 소녀가 밤에 최치원을 찾아와 하룻밤을 보내고 새벽에 돌아갔다고 한다. 이것이 중국인들에게 대대로 전해지는 쌍녀분과 최치원의 전설이다. 1100년 전 이승과 저승을 넘나든 사랑의 전설인 것이다.

최치원이 주인공이 되는 중국의 전설 쌍녀분기는 당나라 이후 송나라, 원나라, 청나라의 기록에서도 찾아볼 수 있다. 그런데 우리나라에도 이 전설과 같은 내용의 기록이 여럿 있다. 그래서 최치원이 중국에 있을 때 실제로 있었던 러브스토리를 시로 썼는데, 그 시가 입에서 입으로 전해지면서 중국의 전설로 내려온 것이 아닐까 하는 추측을 낳기도 한다.

최치원은 조기 유학생이었다

최치원은 당나라에 건너간 신라의 유학생이다. 하지만 그저 평범한 유학생은 아니었다. 12세라는 어린 나이에 중국으로 건너간 조기 유학생이다. 그 어린 나이에 최치원은 왜 유학을 떠났을까? 그가 유학을 떠난 배경을 알아보자.

경주 서악(西岳)서원은 최치원의 위패를 모신 곳이다. 현재까지 그의 가정환경에 대해서는 자세히 알려져 있지 않다. 경주 최씨 대동보에도 최치원은 24대손으로 관직명만 기록되어 있을 뿐이다. 최치원의 집안은 6두품 집안이었다. 최치원의 아버지 견일(肩逸)은 숭복사(崇福寺) 비를 세울 때 관여했고, 당시 말단 관리를 지냈다. 최치원의 형 현준은 당시 유명한 화엄고승이었다. 한 집안에서 유학자와 고승이 동시에 나올 수 있었던 것은 6두품 집안의 특성 때문이다.

그렇다면 6두품과 유학은 어떤 관련이 있을까?

충남 보령시 성주사지(聖住寺址). 성주사는 한때 승려가 3천 여 명에 이르는 큰 절이었다. 이곳에 최치원이 직접 지은 비문이 있다. 낭혜화상 무염(無染)국사비는 신라 최대의 비석이다. 최치원이 지은 5천 여 자의 비문에 신분에 관한 주목할 만한 글귀가 있다. '득난(得難).' 얻기 어려운 지위를 뜻하는 이 말은 6두품을 가리킨다. 하지만 골품제 사회인 신라에서 6두품은 신분의 한계를 안고 있었다. 아무리 능력이 뛰어나도 아찬(阿湌) 이상의 벼슬엔 오를 수 없었던 것이다. 6두품은 신라에서 진골과 성골 다음 가는 계급이지만 학문과 사상면에서 중추적인 역할을 했다. 하지만 골품제 때문에 자신의 이상을 마음껏 펼칠 수 없었다. 그래서 당나라 유학의 길을 택하기도 했다. 당나라 과거에 급제하고 신라로 돌아와 자신들의 이상을 펼치려고 한 것이다. 837년 한 해 동안 당나라에 건너간 신라 유학생이 216명에 이를 정도로 당시 신라에서는 유학 열풍이 불고 있었다.

낭혜화상 부도비. 높이 4.55m, 폭 1.57m, 두께 42cm. 국보 8호. 890년(진성여왕 4)에 세웠다. 글씨는 최치원의 사촌동생인 최인곤(崔仁渷)이 썼다. 이 비를 포함하여 최치원이 네 곳에 남긴 비문은 최치원과 선종세력과의 관련을 짐작케 한다.

최치원이 그렇게 어린 나이에 유학을 떠난 데는 6두품의 신분적 한계를 극복하려는 아버지의 절실한 바람이 있었다. 『택리지』에 의하면 최치원은 전남 영암에서 김가기(金可紀), 최승우(崔承祐)와 함께 상선을 탔다고 한다. 12세의 어린 나이에 머나먼 중국 땅으로 유학을 떠난 것이다.

보통 신라인들이 당나라로 건너간 시기는 북서풍이 부는 10월~12월 사이였다. 바로 이맘때가 신라의 학생들이 유학길에 오르는 시기이기도 한데, 신라에서 당나라까지는 배로 1500리, 다시 걸어서 장안까지 3000리를 가야 하는, 무려 3개월이나 걸리는 먼 길이었다. 도중에 풍랑이라도 만나면 목숨을 잃을 수도 있는 위험한 길이었다. 그런데도 12세밖에 안된 어린 최치원은 혼자 배를 타고 중국으로 떠난다.

최치원의 유학생활

어린 아들을 유학 보내는 아버지의 심정은 어땠을까? 유학을 떠나는 최치원에게 아버지는 이렇게 말했다고 한다. "십 년 공부하여 과거에 급제하지 못하면 나의 아들이라 하지 말아라. 가서 공부에 힘을 다하여라(十年不第 非吾子也 行矣勉之)." 10년 안에 과거에 급제하지 않으면 부자(父子)의 연을 끊겠다고 할 정도로 최치원의 아버지는 오직 아들의 성공만을 바랐다.

그렇다면 최치원은 어떤 심정으로 유학을 떠났을까? 어린 나이긴 하지만 최치원도 유학에 대한 나름대로 뚜렷한 목표가 있었다. 당나라에 건너간 최치원이 어떻게 생활했는지 알 수 있는 기록이 있다. "남이 백을 하는 동안 나는 천의 노력을 했다(人百己千)." 최치원은 최선을 다해 노력한 것이다.

당나라에 도착한 신라 유학생은 현재의 서안, 즉 당시 수도인 장안으로 향했다. 장안은 당나라의 정치, 경제, 문화의 중심지이자 외국 사절과 유학생들이 몰려드는 국제도시였다. 당나라 시대 장안엔 국립교육기관인 국자감이 있었다. 현재 그 터가 남아있는데, 당시 국자감의 거대한 규모를 짐작할 수 있다. 당 태종 때는 숙소를 1200개나 지을 정도였고 학생 수도 8천 명이나 됐는데, 본래 중국 학생은 3천 명 가량이고 나머지는 고구려, 백제, 신라, 투르판, 고창, 토번 등지의 유학생들이었다.

당시 국자감의 입학 연령은 14세에서 19세까지였으나 과목에 따라 21세~25세로 늦춰주기도 했다. 12세에 유학온 최치원은 2년간 예비수업을 받았거나 소년반에서 공부한 것으로 보인다.

국자감에서 공부하는 동안 신라의 유학생들이 학비와 생활비를 어떻게 조달했는지 알 수 있는 기록이 있다. 최치원이 신라에 돌아온 후 신라 유학생에 관해 중국 정부에 보낸 글이다. 최치원은 당시 국자감에 신라 유학생들이 무척 많을 뿐 아니라 향학열도 높다는 사실을 강조하며, 오랜 기간 유학생들의 가장 큰 어려움은 생활비 조달이므로 이를 지원해줄 것을 요청했다.

장안의 남쪽을 병풍처럼 둘러싼 종남산(終南山)은 일찍이 불교와 도교의 성지로 알려진 곳이다. 특히 종남산 지상사(至相寺)는 신라 고승들의 자취가 남아있어 신라 유학생들이 반드시 한 번쯤 들르는 필수 코스였다고 한다. 훗날 최치원이 법장 스님을 비롯해 지상사 스님들에 대한 전기를 쓴 것으로 보아 지상사에 다녀온 사실을 알 수 있다.

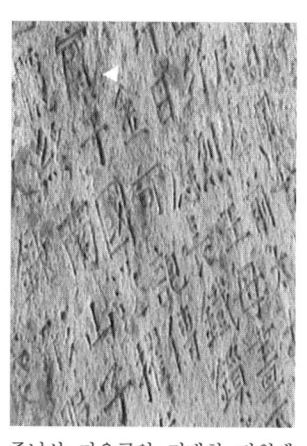

종남산 자오곡의 거대한 바위에 새겨진 김가기 전기(표시부분 이하)

종남산에는 유학생활을 알 수 있는 또 하나의 중요한 유적이
있다. 종남산 자오곡에 비스듬하게 누워있는 거대한 바위가 그것
이다. 바위에는 중국에서 신선으로 추앙받는 김가기 전기가 새겨
져 있다. 김가기는 최치원과 함께 당나라에 온 유학생으로, 그의
전기에는 눈에 띄는 대목이 있다. 김가기가 신선이 되기 전 과거
에 급제했다는 사실이다.

당시 유학생들의 목표는 과거에 급제하는 일이었다. 과거에 급
제할 때까지 고국으로 돌아갈 수 없었던 고달픈 심정을 당시 한
유학생은 이렇게 표현했다. "함께 고국을 떠났다가 그대 먼저 급
제해서 돌아가니, 자랑할 것 없는 편지 한 장이나 우리집에 전해
주오."

송나라의 『등과기고(登科記考)』는 역대 과거 급제자들의 명단
을 모아놓은 책이다. 이 명단에 최치원의 이름이 있다. 최치원은
당시의 심정을 이렇게 적고 있다. "지난해에 신라가 발해인에게
장원급제를 빼앗긴 수치를 씻었다." 이는 최치원이 장원급제했음
을 말해준다.

『등과기고』에서 최치원에 관
해 언급한 부분

중국 서안의 상징인 대안탑(大雁塔)은 7세기 중엽 현장법사가 인도에서 가져온 불경을 보관하기 위해 세운 탑으로, 1335권의 불경이 보관돼 있다. 이 탑은 과거 급제자들에게

대안탑

특별한 의미를 지니는 곳이다. 곡강유음(曲江流飮)이라는 행사가 바로 그것이다. 대안탑에서 남쪽으로 5km 떨어진 곳에 있는 저수지를 곡강이라고 하는데, 그곳에서 과거 합격자들을 위한 행사가 열렸다. 술도 마시고 배도 타고 시도 지으며 놀다가 여흥이 남으면 시내로 들어와서 행사를 계속하는데, 그 장소가 바로 대안탑이었다. 과거 급제 후 율수 현위의 벼슬을 받은 최치원도 대안탑에 와서 축하행사를 즐겼을 것이다.

당시 과거 급제가 얼마나 어려웠나 하는 것은 국자감 수학 기간이 9년이나 되는 점에서도 알 수 있다. 최치원의 아버지가 10년 안에 과거에 급제하라고 한 것도 그 때문이었다. 그런데 최치원은 중국에 건너간 지 6년 만에 장원급제했다. '인백기천'으로 노력한 결과 최치원은 그렇게 빨리 목표를 달성할 수 있었던 것이다. 과거에 급제한다고 해서 누구나 관리가 될 수 있는 것은 아니었다. 장원급제 후 최치원이 관리로 등용된 것은 그만큼 그의 실력이 뛰어났다는 사실을 보여준다.

최치원은 국제적으로 이름을 떨친 시인이었다

중국의 문인이자 과거 급제 동기였던 고운이라는 사람이 최치원
에게 준 시가 있다.

12세에 배를 타고 바다를 건너와/ 문장으로 중국을 감동시켰네
/ 열여덟에 문단을 휩쓸어/ 한 화살로 금문책(金門策)을 꿰뚫었네

최치원이 문장으로 중국을 감동시켰다고 한다면 그의 어학실력
이나 문장력이 얼마나 뛰어났는지 짐작할 수 있다. 실제로 최치원
은 당대의 유명한 시인들과 어깨를 겨룰 정도로 뛰어난 시인이었
다. 그는 유학시절 중국 각지를 여행하며 시를 남겼는데, 이 시는
우리나라는 물론 중국과 일본의 시집에 소개될 만큼 유명했다고
한다.

율수현에 살고 있는 왕금옥, 축리 부부는 최치원만을 소재로 그
림을 그린다. 그들은 최치원이 유학 온 시절부터 귀국하기까지의
과정을 화폭에 담고 있다. 최치원이 유학길에 오를 때 아버지가
배웅하는 모습을 그린 그림이 있다. 쌍녀분 전설도 화폭에 담았다.
귀국하는 최치원을 그린 그림엔 구름이 그려져 있다. 중국 회화에
서 구름은 무사히 돌아옴을 뜻한다. 왕금옥 부부의 붓끝에서 살아
나는 최치원은 용모가 준수한 청년으로, 최치원에 대한 그들의 생
각을 엿볼 수 있다. 왕금옥 부부는 어린 시절 유학 온 최치원의
이야기에 감동했다고 한다. 어린 나이에 큰일을 해 낸 최치원을

왕금옥, 축리 부부가 그린 그림들.
1, 3 귀국하는 최치원(같은 그림의 위·아래 부분) 2 쌍녀분 전설(일부)
4 두순학과의 사귐

숭배하게 된 것이다.

그런데 왕금옥 부부의 그림 중에서 최치원의 교우관계를 알 수 있는 그림이 있다. 율수 현위 시절 최치원과 자주 어울린 두순학과 함께 있는 모습이다. 당대 유명 시인의 한 사람으로, 두순학체라는 새로운 문체를 형성할 만큼 인정받은 두순학은 최소부(少府)에게 바치는 시를 쓰는데, 율수 최소부는 최치원을 가리킨다.

율수 현위 시절 최치원이 자주 들른 곳이 있다. 강소성 우이현 회산은 경치가 뛰어나 강남 제일의 산으로 불린다. 당나라 시대

(위)회산 한컨에 있는, 당나라 시인들의
시를 새긴 석비
(아래) '회산승경' 현판

수많은 문장가들이 이곳에 들러 회산을 노래했는데, 당시 시인들이 쓴 석비가 지금도 남아있다. 회산 입구에 세워진 현판의 글귀에서 최치원의 흔적을 찾을 수 있다. '회산승경(淮山勝境)'은 최치원의 시에서 따온 말이다. 최치원이 우이현을 둘러보며 지은 시는 20여 편으로, 그 가운데 최치원이 우이현 현위이자 친구인 이전장관에게 보낸 시가 있다.

　　　　　　　　　　외로운 나그네 다시 여기서 신세를 지니/ 가을 바람에 읊조리며 헤어질 일 한스럽네/ 문 앞의 버들잎은 벌써 시들었건만/ 나그네는 아직도 작년 옷 그대로일세/ 하늘같이 아득한 길 시름 속에 늙어 가는데/ 바다 건너 고향집엔 꿈에나 돌아갈까/ 우스워라 이 내 몸은 봄에 돌아온 제비런가/ 화려하고 높은 집에 올해 또다시 찾아왔네

　최치원의 발자취를 따라 강소성 회안시로 향했다. 1100년 전, 당나라 시대에 이곳엔 당한국성, 즉 신라방(坊)이 있었다고 한다. 지금은 그 터만 남아있지만 당시 이곳은 천여 세대의 신라인들이

(왼쪽)재당신라인들의 거주지와 활동 지역. (오른쪽)강소성 회안시에 있는 신라방 유적지 입구의 '당한국성(唐韓國成)현판

모여 살던 당나라 최대 규모의 신라방이었다. 특히 신라를 오가는 뱃길과 운하가 교차하는 지점으로, 유학생들의 발길도 끊이지 않았을 것이다. 최치원이 율수 현위로 있던 시절, 이곳에서 신라인들을 만나 함께 술을 마시며 고향 생각에 눈물짓기도 했다는 시가 전해지기도 한다. 고국을 떠나온 지 어느덧 7년, 마음대로 오갈 수 없는 고향에 대한 그리움을 최치원은 이곳에서 달랬을 것이다.

　서로 만나 잠시 초산의 봄을 즐겼더니/ 다시 헤어지려니 눈물이 수건 적시네/ 바람 앞에 슬피 바라봄을 괴이히 여기지 말라/ 타향에서 고향 사람 만나기 참으로 어려운 것을

'동방의 베네치아'라 불리는 중국의 소주(蘇州)에도 최치원이 지나간 흔적이 남아있다. 최치원은 소주의 아름다운 풍경은 물론 이곳의 독특한 문화도 그냥 지나치지 않았는데, 특히 최치원이 주목한 것은 바로 여인들이었다. 개방적이고 화려한 강남의 여인들을 바라보며, 한편으로는 하루 종일 베를 짜며 어렵게 생활하는 여인의 모습도 시인의 예리한 눈으로 짚어내고 있다.

강남 땅은 풍속이 음탕하여/ 딸들은 아리땁고 예쁘게 기르네/ 성품이 사치스러워 바느질을 싫어하고/ 단장을 마치고 악기만 만지네/ 아침에 베 짜는 이웃집 여인에게/ 하루종일 고달프게 일해도/ 비단옷은 제게 돌아오지 않는다며 비웃네

한시는 뜻만으로 짓는 것이 아니라 운(韻), 평측(平仄) 등의 까다로운 규정을 맞춰야 하는데, 최치원은 어려서 중국으로 건너가 중국어에 능통했기에 한시를 제대로 지을 줄 알았다. 더구나 해박한 지식으로 인용하는 고사나 문장이 전혀 틀림이 없고 시제(詩題)가 뛰어나 당나라의 유명한 시인들과 교류할 수 있었으며, 오히려 그들로부터 찬사를 들을 만큼 탁월했다. 신라에서 온 유학생 최치원은 천재적인 시인으로 인정받고 있었다.

중국을 감동시킨 격황소문

최치원을 표현한 여러 그림들
은 그를 젊고 아름다운 청년
으로 묘사했다. 실제로 최치원
이 중국에서 이름을 떨친 것
은 20대 젊은 시절이다. 천재
적인 신라 유학생에 대해 당
시 당나라에서도 대단한 관심
을 보였는데, 중국의 역사서인
『신당서』에 최치원에 관한 기
록이 있다. "최치원은 고려인
으로 빈공과(賓貢科)에 급제
하고 『사륙집(四六集)』과 『계
원필경집』이 있다." 『신당서』
는 우리나라의 『삼국사기』,
『조선왕조실록』과 같은 정사
로, 중국의 역사를 연구하는
데 매우 가치 있는 책이다. 중
국 정사에서 외국인의 작품을
소개한 것은 최치원이 유일하
다. 『계원필경』이 어떤 책이기
에 이렇게 대단한 평가를 받

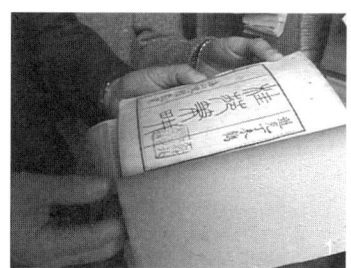

1 『계원필경』의 안표지
2 양주의 대운하
3 당성 입구

는 것일까?

중국 양주대에서 『계원필경』을 찾아보았다. 『계원필경』은 최치원이 율수 현위 시절 이후 지은 글 중에 빼어난 것만을 모은 문집이다. 이 문집에 실린 시 60편과 문장 310편은 우리나라에서뿐 아니라 중국에서도 중요한 가치를 인정받고 있다. 『계원필경』은 당대 사람이 쓴 당의 역사책으로, 중국의 정사로 인정받는 『신·구당서』, 『자치통감』에 빠진 부분까지 소상히 적고 있다. 그래서 중국 정사에 틀린 부분이 있으면 이 책을 근거로 수정할 정도로 정확하고 중요한 역사서다.

최치원이 『계원필경』의 글을 쓴 곳은 어디일까?

양주는 중국 최대의 상업도시로 유명하다. 또한 수양제가 2백만을 동원해 이룩한 대운하가 지나는 교통의 요지이기도 하다. 최치원은 율수 현위를 그만두고 양주에 모습을 드러내는데, 최치원의 두 번째 발령지가 바로 양주의 당성(唐城)이다. 수양제의 궁성이기도 한 당성은 중국에서 가장 완전하게 보존된 고대 성 가운데 하나다. 최치원은 이곳에서 많은 시를 썼으며, 『계원필경』에 실린 글도 대부분 당성에서 썼다고 한다.

최치원이 머물고 있던 당성은 회남 일대를 장악하고 있던 절도사 고병(高駢)의 주둔지였다. 즉 최치원은 고병의 휘하에 들어간 것이다. 양주의 병권과 경제권을 쥐고 있는 고병은 『신당서』의 「열전(列傳)」에 오를 만큼 중국 역사상 중요한 인물이다.

당시 당나라는 정치 혼란과 계속되는 흉년 속에서 최대의 혼란기를 맞고 있었다. 875년 산동 지역에서 시작된 황소(黃巢)의 난은 당나라 전역을 휩쓸고 급기야 수도 장안을 점령하는 사태에까지 이르렀다.

그때 세상에 나온 것이 「격황소서(檄黃巢書)」로, 황소 토벌 총사령관인 고병을 대신하여 최치원이 쓴 격문이다. "천하의 사람이 모두 너를 죽이려고 생각할 뿐 아니라 아마 땅속의 귀신까지도 너를 죽이려고 은밀히 의논했을 것이니, 네가 비록 숨은 붙어 있다고는 하지만 넋은 이미 빠졌을 것이다."

황소의 난이 진압된 후 최치원은 중국 황제로부터 자금어대(紫金魚袋:황제가 정5품 이상에게 하사하는 붉은 주머니)를 하사받는다. 능력을 인정받은 것이다. 신라에서 온 유학생 최치원은 불과 25세의 나이에 중국에서 큰 명성을 얻기에 이르렀다.

당나라 시대의 문장은 고사성어를 많이 사용함으로써 짧은 문장으로도 함축적인 의미를 지니는 것이 특징이다. 그래서 학식이 높지 않으면 훌륭한 문장을 쓸 수 없었다. 고려시대의 명문장가 이규보는 "황소가 이 격문을 읽다가 책상에서 나동그라졌다"고 했다. 또한 「토황소격문」에 대해 "귀신을 울리고 바람을 놀라게 하는 솜씨가 아니라면 어찌 이 정도에 이를 수 있겠는가"하며 극찬했다. 한 마디로 사람의 솜씨라고 할 수 없을 정도로 놀라운 문장력이라는 칭송이다.

최치원은 신라 개혁을 꿈꿨다

최치원은 「토황소격문」을 쓰고 25세의 젊은 나이에 자금어대를 받을 정도로 중국에서 성공한 인물이다. 본인만 원한다면 얼마든지 중국 땅에서 영화를 누릴 수 있었던 것이다. 그런데 그는 중국 생활을 정리하고 귀국길에 오른다. 최치원은 왜 귀국을 택했을까?

최치원이 불교 고승들의 생애에 대해 쓴 비문들을 보면 그가 조국 신라를 어떻게 생각했는지 알 수 있다. 최치원은 신라를 군자국(君子國), 인역(仁域), 태평승지(太平勝地)라 표현한다. 이것은 신라가 살기 좋은 곳이라는 뜻도 되지만 신라를 높여 부르는 말이기도 하다. 최치원이 비록 중국으로 유학가서 성공을 거두었지만 결코 신라인이라는 뿌리를 잊지 않은 것이다. 그렇다면 최치원

함양 상림. 204,640㎡의 너른 땅에 100여 종 2만여 그루의 나무가 무성한 이곳은 우리나라에서 가장 오래된 인공림이며, 천연기념물 154호로 지정되어 있다.
1 위천을 따라 둑 위로는 함양 시내에서 백전면으로 향하는 길이 나 있고, 길 안쪽이 상림이다(오른쪽이 시내방향). 입구에 이르는 길목엔 2002년 12월 완공된 '고운교(孤雲橋)'라는 제법 화려한 다리가 놓여 있다.
2 도로변 한켠에 2001년 11월 조성한 역사인물공원. 최치원, 김종직, 정여창, 박지원 등 함양과 관련된 역사상의 인물 11명의 흉상을 세워놓았다. 가운데가 최치원 흉상.
3 사운정(思雲亭). 1906년 세운 '모현정(慕賢亭)'을 1972년 다시 지으면서 이렇게 이름을 바꾸었다. 1996년 중건한 것이다.
4 함화루(咸化樓). 함양읍성 남문에 있던 망악루를 1932년 이곳으로 옮겨오면서 이름을 바꾸었다. 앞쪽으로 넓은 잔디밭이 있다.
5 문창후 최선생 신도비(文昌候崔先生神道碑). 상림을 조성한 그의 업적을 기려 1923년 후손들이 세웠다.
6 2에 세워진 최치원 흉상

은 신라를 위해 어떤 활동을 했을까?

경남 함양의 대표적인 관광 명소로 꼽히는 상림(上林)에서 최치원의 흔적을 볼 수 있다. 귀국 후 함양 태수로 부임한 최치원은 이 지역을 흐르는 위천(渭川)이 들 가운데로 흘러 매년 수해가 나서 지방민들이 고충을 겪자 물길을 서남쪽으로 돌리고 둑을 쌓아 숲을 조성했다. 민생안정을 위한 그의 조치였다. 최치원이 이곳에서 태수를 지낸 흔적은 마을 주민들이 세운 정자와 공덕비에서도 찾아볼 수 있다.

중국 유학에서 성공하고 돌아온 최치원은 왜 지방 태수라는 미관말직에 머물렀을까? 신라로 돌아오자마자 그에겐 한림학사(翰林學士)라는 벼슬이 주어졌다. 하지만 한림학사는 최치원의 경륜과 포부를 펼칠 만한 직책이 아니었다. 게다가 당나라 유학파와 국내 국학 출신의 갈등이 심각했다. 결국 중앙 관직을 버리고 지역 태수 등의 외직을 자청한 것이다.

함양 태수 시절인 892년, 최치원은 경주 인왕동 상서장(上書莊)에서 진성여왕에게 사회개혁안인 시무10여조(時務十餘條)를 바친다. 진성여왕 때는 신라가 가장 혼란했던 시기로, 신라 멸망의 징후가 나타나기 시작한 때이기도 하다. 지방의 태수로 있던 최치원은 나라의 장래를 크게 우려했고, 신라를 다시 세우기 위해서는 사회개혁이 필요하다는 생각에서 시무10여조를 올렸다.

현재 시무10여조의 내용은 전혀 전하지 않지만 최치원의 기록을 통해 그의 개혁사상을 엿볼 수 있다. '능관인(能官人)', 인재를 잘 선발해야 한다는 이 대목엔 골품제의 개혁과 과거제를 실시하자는 주장이 담겨있다. 효공왕이 즉위할 때 쓴 최치원의 글 가운데 "불은 나무에서 났지만 불이 맹렬하면 나무를 태우고, 배는 물에 뜨지만 물이 날뛰면 배가 엎어진다. 군주가 실정(失政)을 하면 백성이 군주를 바꿀 수도 있다"는 대목이 있는데, 여기엔 덕치주의와 민본주의 정신이 담겨있다.

신라의 개혁을 꿈꾼 최치원은 시무10여조가 받아들여지지 않자 해인사에 은둔한다. 최치원이 홍류동 석벽에 쓴 시엔 은둔을 택한 당시의 심정이 잘 드러난다.

물은 미친 듯이 바위를 치고 산을 울리어/ 지척에서 하는 말도 분간하기 어렵네/ 항상 시비 소리 귀에 들릴까 두려워/ 짐짓 흐르는 물로 산을 다 감싸네

해인사에 은둔한 후 최치원은 그 어느 때보다도 열정적으로 저술 활동에 몰두했다고 한다. 의상스님의 전기를 비롯하여 이 시기의 저서들은 귀중한 사료로 평가된다. 최치원의 마지막 저술인 『신라수창군등루기』에도 현실참여의식이 담겨있다. 불교를 통해 신라의 혼란을 잠재워야 한다는 내용이다.

최치원은 결코 은둔자가 아니었다. 생의 마지막 순간까지 그는 현실개혁의 의지를 놓지 않은 것이다. 비록 당대에 뜻을 이루지는 못했지만 최치원이 꿈꾼 세상은 새로운 고려왕조에서 실현된다. 고려왕조는 최치원을 문창후(文昌侯)로 추대하고 우리 역사상 최초로 문묘에 모시게 되는데, 이는 고려왕조가 새로운 국가의 정신

적 지주로서 최치원의 사상을 계승했다는 것을 의미한다.

　천재 시인이자 유학자 최치원은 어쩌면 시대를 잘못 만난 불운한 사람인지도 모른다. 그러나 신라인 최치원은 암담한 현실을 회피한 소극적인 지식인이 아니라 적극적으로 사회를 변화시키려고 노력한 행동하는 지식인이었다. 그것이 바로 1100년이 지난 지금도 최치원을 기억하는 까닭이다.

대가야 최후의 왕자,
월광은 어디로 갔나?

　가야산 자락에 위치한 조그만 사찰 월광사(月光寺)에는 예사롭지 않은 창건설화가 숨어있다. 대가야 마지막 태자인 월광(月光, ?~?)이 창건한 사찰이라는 것이다. 월광은 왜 이곳에서 쓸쓸히 생을 마감한 것일까?

　사실 가야에 대해서는 아직까지 알려진 것이 많지 않다. 고구려·백제·신라가 어깨를 나란히 하던 삼국시대, 한반도 남부 일원에는 가야라는 이름의 여러 소국들이 엄연히 존재하고 있었다. 그럼에도 불구하고 가야의 역사가 지금까지도 상당 부분 베일에 싸여 있는 이유는 가야에 대한 역사 기록이 절대적으로 부족하기 때문이다. 바로 당시의 역사를 기록한 『삼국사기』에조차 가야의 역사는 따로 기록돼 있지 않다.

　대가야는 금관가야와 더불어 가야에 속한 여러 나라를 주도적으로 이끌었다. 대체 대가야는 어떤 나라였으며, 어떻게 역사 속으로 사라져 갔을까?

가야산 일대에 남아있는 대가야의 자취

경남 합천 가야산에 자리잡은 천 년 고찰 해인사에는 보통의 사찰에서는 찾아보기 힘든 특이한 건물이 하나 있다. 해탈문으로 올라가는 계단 바로 옆에 자리한 '국사단(局司壇)'이라는 이름의 조그마한 건물은 해인사에서도 아주 영험한 곳으로 알려져 있다. 일곱 차례의 크고 작은 화재에도 국사단만은 변을 당하지 않았기

1 국사단(오른쪽). 1805년 창건하고 1899 년에 중건했다. 뒤의 건물은 요사채.
2 국사단 내부에 있는 그림. 주인공이 누구인지는 명확치 않다.
3 해인사 창건설화를 간직한 나무. 승려 순응과 이정의 기도로 애장왕후의 난치병이 완치되어 왕이 보답코자 해인사를 창건하고 기념으로 심었다는 설도 있다. 그러나 이정은 순응과 동시대인이 아니어서 신빙성이 떨어지는 이야기다. 1945 년에 말라 죽었다.

때문이다. 그렇게 특별한 영험이 있는 곳으로 알려져 있지만 정확히 이 건물이 언제부터 이곳에 있었는지, 원래의 용도가 무엇인지는 사찰 관계자들도 잘 모르고 있다. 다만 일제시대만 해도 이곳에서 음력 보름날 저녁이면 큰 대제를 올렸다고 한다.

국사단은 언제부터, 왜 해인사에 있는 것일까? 국사단 아래, 천왕문을 나서면 길 왼편에 해인사의 창건설화를 간직한 오래된 나무가 한 그루 서 있다. 애장왕(哀莊王) 3년(802)해인사를 창건한 승려 순응(順應)이 심었다는 나무, 이 나무가 국사단과 해인사의 창건에 관련이 있는 것은 아닐까? 신라 말의 유학자 최치원이 쓴 승

려 이정(利貞)에 대한 전기에 보면 국사단의 용도를 짐작할 수
있는 기록이 있다. 대가야 왕을 낳은 가야산신의 이름이 '정견모
주(正見母主)'이며 이 정견모주를 모시는 사당인 정견천왕사가
해인사 안에 있다는 것이다. 국사단은 원래 대가야의 시조신 정견
모주를 모시는 사당이었다. 그리고 지금의 대사찰 해인사는 바로
이 사당을 모태로 대가야 왕의 후손인 승려 순응에 의해 창건된
것이다.

비단 해인사뿐 아니라 이곳 가야산 일대에는 대가야와 관련된
설화를 전하는 곳이 많다. 지금은 휴게소가 들어서 있는 해인사
입구는 기록에 의하면 옛 '거덕사' 자리로 추정된다. 두 물길이
만나는 곳에 있다는 거덕사는 대가야의 태자 월광이 불교에 입문
한 곳이라고 한다.

이 일대에 월광의 이야기가 전하는 곳은 또 있다. 월광사는 경
남 합천군 야로면(冶爐面)에 위치해 있다. 신라시대에 지어졌다
는 탑 두 기가 오래된 절의 역사를 말해준다. 지금은 조그마한
암자에 불과한 월광사가 월광태자가 창건하고 말년을 보낸 곳이

월광사. 왼쪽부터 차례로
요사채, 삼성각(三聖閣),
대웅전. 맨 오른쪽은 절
입구에 세워진 두 기의 3
층석탑 중 동탑.

라고 한다(후대 사람들이 그를 기려 창건했다고도 한다). 대가야가 패
망하고 난 뒤 월광태자는 이곳으로 들어왔다. 나라의 비운을 온
몸에 안고 들어와 입산수도로 여생을 보낸 것이다.

대가야는 562년 신라에 병합되면서 500여 년의 역사를 마감했
다. 가야산 자락 곳곳에 남아있는 월광태자의 이야기와 대가야의
역사는 어떤 관계가 있을까?

해인사 곳곳에 남아있는 대가야 관련 유적과 유물들은 대가야
의 역사를 복원하는 데 매우 중요한 의미를 갖는다. 지금까지 대
가야의 역사는 신라의 역사를 언급하면서 그와 관련 있는 부분만
단편적으로 언급하는 정도가 고작이었다. 이렇게 부족한 기록으로
는 대가야의 역사를 복원하기가 불가능하다. 다행히 곳곳에 남아
있는 설화나 유적들은 대가야의 역사를 증언해주는 또 다른 중요
한 단서가 된다.

대가야에도 순장이 있었다

가야의 이름을 가진 나라들은 영남 지방을 중심으로 금관가야, 아
라가야 등 10여 개가 된다. 이들은 일종의 연맹을 형성했는데, 초
기까지 가야연맹의 중심은 김해에 있는 금관가야였다. 그러나 후
기로 접어들면서 중심세력이 대가야로 바뀌게 된다. 대가야는 가
야산을 비롯해서 합천, 고령 등을 축으로 한 서부 경남 일원이
중심지였다. 지금까지 이 지역에서 이뤄진 발굴 성과는 놀랄 만

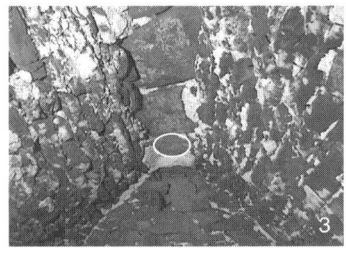

1, 2 고령읍 지산동 고분군.
(1) 가장 북쪽이자 높은 곳에 위치한 51
호분에서 남쪽을 향해 바라본 모습이다.
앞에서부터 차례로 50, 49, 48, 47호분.
(2) 47호분 아래로 내려가면 44호분 외
에는 비교적 작은 봉분들이 이어진다.
고분들을 따라 내려가다 대로변에 이르
면 44호분 모형 전시관이 있다.
3 벽화가 있는 무덤의 내부. 표시부분에
연꽃무늬가 남아있다.

한 것이었다. 기존의 빈약한 기록만으로는 알 수 없는 대가야의 새로운 모습이 드러났다. 과연 대가야는 어떤 나라였을까?

해인사에서 차로 20여 분 거리에 후기 가야연맹을 주도적으로 이끌었던 대가야의 중심지 고령이 있다. 고령 시내를 병풍처럼 감싸 안고 있는 주산의 능선에는 거대한 고분군이 형성되어 있다. 나란히 솟아오른 수십 개의 봉분들이 대가야의 무덤들이다. 1976년 사적지 정화작업을 하면서 일단 큰 고분에 한해서만 일련번호를 붙였다. 그런 무덤이 현재까지 72개. 봉분은 없어지고 흔적만 남아있는 무덤도 상당수다.

그런데 한 가지 재미있는 것은 이 많은 무덤들이 모두 일정한 질서를 가지고 조성됐

다는 것이다. 가장 먼저 만든 것으로 보이는 무덤은 능선의 중간
에 있는 32호분이다. 이 무덤을 기점으로 점차 위쪽으로 무덤군을
조성하다가 더 공간이 없어지자 다시 아래쪽으로 조성해 갔다. 이
렇게 조성한 무덤이 천여 기에 이르는 것으로 추정된다. 주산 전
체를 둘러싼 거대한 고분군은 바로 1500년 전 대가야의 실체를
드러내고 있다.

  가야 지역에서 발굴한 유일한 벽화무덤이 있다. 석실에 회칠을
하고 그린 그림들은 모두 지워졌지만 천장을 비롯한 곳곳에 아직
도 연꽃무늬가 선명하게 남아있다. 이것은 기록에는 나타나지 않
지만 6세기경 대가야에 이미 불교가 들어왔음을 알려주는 증거가
되는 셈이다.

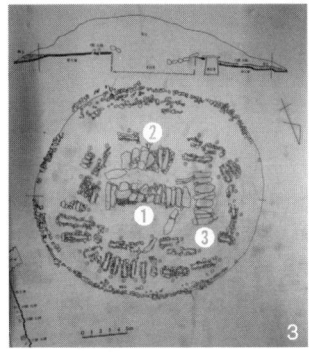

1 44호분의 발굴 당시 모습 2 44호분 모형
전시관 내부. 가장자리에는 각종 유물이
전시되어 있다. 표시부분이 주석실, 그 왼
쪽이 남석실이다. 3 44호분의 평·단면도.
①주석실 ②남석실 ③서석실.

지산동 고분군의 본격적인 발굴이 이루어진 것은 1977년이다. 가장 먼저 발굴된 것은 44호분이다. 발굴이 진행됨에 따라 점차 무덤 내부가 모습을 드러냈다. 놀랍게도 그것은 누구도 예상하지 못한 거대한 순장무덤이었다. 이렇게 많은 인골이 출토된 예는 일찍이 없었다. 이것은 가야 사회의 단면을 짐작하는 근거가 됐다. 44호분은 현재 발굴 당시 모습 그대로 복원돼 있다. 우리나라에서 발견된 순장 무덤 가운데 가장 큰 규모인 이 무덤은 높이 6m, 지름이 무려 27m에 이른다. 중간에 주인공의 관이 있는 주석실(主石室, 길이 8m, 폭 1.7m)이 있고 주변에는 순장자나 부장품만을 넣어둔 작은 석곽 32개를 따로 만들어 두었다. 이 거대한 무덤의 주인공을 위해 순장된 사람은 최소한 35명 이상일 것으로 추정된다. 그만큼 권력과 경제력이 무덤의 주인공에게 집중됐다는 얘기다.

44호분에 이어 현재까지 지산동에서 발굴이 이뤄진 무덤은 모두 7개다. 이 무덤에서 쏟아진 각종 유물 또한 놀라운 것이었다. 뛰어난 가야의 철 제련 기술을 보여주는 철제 갑옷을 비롯해 각종 화려한 금장식 제품들은 대가야의 높은 문화 수준과 강성한 힘을 대변한다.

그 가운데서도 지산동 32호분에서 출토된 금동관은 대가야의 역사를 새롭게 평가하는 하나의 계기가 됐다. 이제껏 가야라는 나라는 학계에서조차 '채 국가의 틀을 갖추지 못한, 왕도 없는 부족 국가' 쯤으로 평가돼 온 것이 사실이다. 그러나 지산동 고분군의 발굴은 대가야에 대한 기존의 인식을 획기적으로 바꾸는 계기가 됐다.

대가야는 중앙집권체제 국가였다

가야금의 본고장 고령은 가야금을 만든 우륵의 고향이기도 하다. 대가야 성열현, 즉 지금의 고령읍 정정골 출신의 우륵은 가야금을 만든 후 곧 가실왕의 명을 받아 「우륵 12곡」을 작곡하게 된다. 그런데 우륵이 만들었다는 이 12곡에 대한 흥미로운 연구가 있다. 우륵 12곡이 바로 대가야의 영역을 나타낸다는 것이다. 이런 주장을 뒷받침하는 것이 『삼국사기』에 나타난 작곡 동기다. 기록에 의하면 가실왕은 제국(諸國)의 방언이 서로 달라 그것을 하나로 하기 위해 12곡을 만들게 했다고 한다. 그러니까 가실왕은 음악을 통해 당시 자신이 다스리던 대가야를 통합하기 위해 우륵에게 12곡을 만들게 했다는 것

(위)1977년 우륵 기념공원에 세운 우륵 기념탑
(아래)우륵 영정

이다. 『삼국사기』에 우륵이 작곡한 12곡의 제목이 전하는데, 이 제목이 바로 당시의 지명이라고 한다. 지명 고증에 학자들마다 약간 견해가 다르긴 하지만 대체로 대구, 고령, 남원, 거창, 김해, 산청, 사천 등지가 된다. 이것이 대가야의 당시 영역이 된다는 것이다.

우륵 12곡이 대가야의 영역을 나타낸다는 주장을 뒷받침하는 것 중의 하나가 각지에서 출토되는 대가야식 토기다. 그 중에서도 지배층의 의례용으로 사용된 독특한 원통형 토기는 대가야 고유의 것이다. 그런데 고령 지역에서만 제작된 것으로 알려진 이 원통형 토기가 실제는 고령 이외의 지역에서도 출토된다. 이 토기는 대가야의 각 지역 수장들에게 하사한 것으로 보인다. 때문에 원통형 토기의 분포가 곧 대가야의 영역을 나타내는 것으로 추정할 수 있는 것이다. 원통형 토기의 분포도는 우륵 12곡의 위치와도 비슷하게 나타난다. 그것은 당시 대가야가 대외 교통로에서 중요하게 여긴 지역을 집중적으로 공략한 결과다. 특히 이 지역에 위치하는 지배자의 무덤에는 반드시 대가야에서 만든 토기가 들어

지산동 고분군에서 출토된 대가야식 토기의 일부. 오른쪽은 원통형 토기다.

있는데, 이것은 대가야가 교통로 상에 여러 집단을 거점지역으로 확보하면서 정치적인 동맹관계, 상하관계를 맺은 결과다. 5~6세기 대가야의 토기 분포권은 단순한 문화권역이 아니다.

그렇다면 대가야는 원통형 토기가 나타난 지역을 어떤 방식으로 다스린 것일까? 그것을 알려주는 중요한 자료가 지금은 댐으로 변한 합천군 저포리에서 출토됐다. 바로 대가야의 명문 토기다. 토기에 새겨진 명문 '하부사리(下部思利)' 가운데 학자들이 주목하는 것은 '하부'라는 글자다. 하부라는 것은 대가야가 왕도를 몇 개의 부로 나누고 여기에 각 지역의 유력한 세력들을 중앙귀족으로 편제시켰음을 보여주는 것이다. '하부사리'라는 토기를 봤을 때 당시의 대가야는 이미 강력한 중앙집권제 국가 체제로 가는 단계에 있었다고 볼 수 있다.

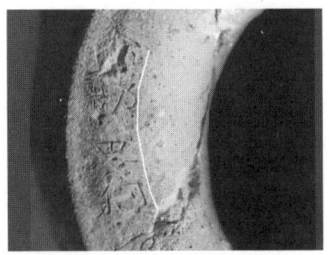

대가야가 이렇게 급성장할 수 있었던 배경은 무엇이었을까? 『택리지』에 의하면 '종자 한 말을 뿌리면 백이삼십 말이 난다'는 고령 일대의 비옥한 땅도 경제적 성장의 중요한 원동력이었다. 그러나 무엇보다 중요한 부의 원천은 철이었다. 합

합천군 저포리에서 출토된 대가야의 명문 토기. 표시부분에 '下部思利'라고 새겨져 있다.

야로면 일대의 옛 야철지에서는 지금도 슬러
그(철찌꺼기)가 발견된다.

천군 야로면 일대는 조선 시대까지도 일년에 철 9500근을 세금으로 바칠 정도로 풍부한 철 산지였다. 대가야는 가야의 여러 나라 가운데 가장 풍부한 철 산지였던 것이다.

대가야는 이미 5세기부터 일본과 교역도 한 것으로 보인다. 이 시기 대가야 계통의 유물들이 일본 열도 곳곳에서 출토되고 있다는 것이 이를 증명한다. 특히 대가야의 독창적인 토기인 목이 긴 항아리를 비롯해 금동제 장신구, 각종 철제 마구류, 금동관 등은 고령에서 출토된 것들과 일본 출토품들의 모양이 거의 유사하다. 이것은 당시 대가야가 일본과 활발한 교역을 했음을 보여준다.

물론 일본에서 생산된 물자들도 상당수 대가야 지역으로 유입됐다. 그 가운데 하나가 지산동 44호분에서 출토된 야광조개국자다. 실제 이 시기 대가야의 유물은 오키나와를 비롯해 일본열도 곳곳에서 확인된다.

뿐만 아니라 바로 이 무렵 대가야는 독자적으로 중국과도 교류를 시작한다. 『남제서(南齊書)』에 의하면 479년 대가야 왕 하지(荷知)가 남제에 사신을 보내 조공하고 '보국장군 본국왕(輔國將軍本國王)'이라는 칭호를 받았다는 기록이 있다. 이것은 몇 가지 중

일본과 교역했음을 보여주는 유물들. 각각의 오른쪽은 지산동 고분 출토. 1 목긴
항아리(왼쪽:시가현 출토) 2 금장식 귀걸이(왼쪽:후쿠오카현 출토) 3 금동관(왼쪽:후쿠
이현 출토) 4 야광조개국자(모형)

요한 의미를 갖는데, 그 중 하나는 대가야 최고 지배자를 왕이라고 칭했다는 것과 독자적으로 남제에 갔다는 것이다. 결국 이 시기 대가야의 힘이 상당히 강력했다는 사실을 뒷받침하고 있다.

대가야의 왕계를 복원한다

대가야는 중국에 사신을 파견하고 일본과 독자적인 교역을 했다. 지산동 고분군은 강성했던 대가야 왕들의 무덤으로 추정된다. 그러나 이 무덤의 주인이 어떤 왕인지는 전혀 알 수 없다. 가야의 경우만이 아니라 무덤의 주인을 파악하는 일은 쉬운 일이 아니다. 다른 나라의 경우 적어도 기록을 통해 왕의 이름과 업적 등은 알 수 있기 때문에 어떤 왕이 무덤의 주인인지 어느 정도는 추정할 수 있다. 그러나 대가야의 경우는 500년에 가까운 역사를 이어왔지만 어떤 왕들이 있었는지 왕의 계보조차 정확하게 파악할 수 없다.

대가야 왕들에 대한 언급은 정사의 기록으로는 『삼국사기』에 짧게 언급돼 있다. "고령군은 본래 대가야 국인데, 시조 이진아시(伊珍阿鼓)왕으로부터 도설지(道設智)왕까지 520년이다." 나라의 역사가 520년이라면 분명 적지 않은 왕들이 있었을 텐데 정사의 기록에는 시조와 마지막 왕의 이름만 나와 있을 뿐이다. 대가야의 왕계를 파악할 수 있는 방법은 없을까?

여기저기 흩어져있는 기록을 모아서 대가야의 왕계를 복원해보았다. 시작은 『삼국사기』의 기록과 가야산 주변에 전설이 전하는 월광태자로부터다. 대가야의 마지막 태자 월광은 누구인가? 마지막 왕인 도설지와 월광태자는 어떤 관계인가?

지산동 고분군에서 그나마 주인을 추측할 수 있는 것은 금림왕릉이라는 이름의 47호분뿐이다. 가야사의 체계를 세운 김태식 교수(홍익대·사학)가 집중적으로 연구하고 있는 분야는 대가야 왕들의 계보다. 그에 따르면 금관가야는 마지막 왕의 후손들이 신라에 협조해서 왕계가 남아있지만, 대가야는 마지막까지 신라에 독자적인 입장을 취했기 때문에 왕계가 남아있지 않다고 한다.

왕계 복원에 가장 기본이 되는 것은 『삼국사기』다. 그 외에 『일본서기』등 대가야 왕들의 이름이 있는 기록을 중심으로 왕계를 복원하면 대가야의 첫 번째 왕과 마지막 왕은 이진아시왕과 도설지왕이다. 그 가운데 47호분의 주인으로 추정되는 금림왕, 가야금을 만든 가실왕 등이 자리한다. 역사서에 드러나는 왕의 이름은 이것이 전부다.

```
          정견모주 ——————— 이비가지

              1대  이진아시왕
              3~4대?  금림왕
              6~7대?  가실왕
               8대  이뇌왕
        9대  도설지왕＝월광태자
```

문헌으로 추적해본
대가야 왕의 계보

정작 대가야 왕계 복원의 결정적인 증거가 되는 기록은 해인사 창건주의 전기인 「석이정전」이다. 이 기록에 의하면 대가야의 시조인 이진아시왕을 낳은 원시조는 가야산신 정견모주이고, 월광태자는 정견모주의 10대 손이며, 아버지는 이뇌왕(異腦王)이다. 이 기록을 토대로 대가야 왕계를 보완해보면 대가야의 시조인 이진아시왕은 가야산신인 정견모주와 이비가지 사이에서 태어났으며, 이뇌왕의 아들이 곧 마지막 태자 월광이 된다.

그렇다면 동시대를 산 마지막 왕 도설지와 마지막 태자 월광의 관계는 어떤 것일까?

여러 가지 정황이나 발음의 변이 형태로 볼 때 월광태자는 바로 도설지왕이라는 주장이 지배적이다. 시대상으로는 같은 시대로 대략 520년에서 560년 사이에 해당하고, 발음상으로 볼 때 월광은 달빛, 달님이라고 표현될 수 있다. 도설지라는 것은 당시 발음을 그대로 한자로 표현한 것으로 보이는데, 이것도 역시 달에 대한 존칭으로 볼 수 있다(지:존칭의 뜻을 지님). 때문에 도설지와 월광태자는 같은 사람으로 보이고, 위치상으로도 도설지왕은 대가야 마지막 왕이며, 월광태자는 대가야 마지막 왕보다 한 대 이전의 왕인 이뇌왕의 아들이기 때문에 역시 이들은 같은 사람으로 볼 만한 충분한 근거가 되는 것이다.

월광태자는 남다른 출생의 비밀을 간직한 인물로 되어있다. 「석순응전」에 의하면 월광태자는 아버지 이뇌왕이 신라의 이찬 비지배(比枝輩)의 딸 사이에서 낳은 아들로, 월광태자의 어머니는 신라사람이라는 것이다. 월광태자의 아버지 이뇌왕과 신라인 어머니의 결혼은 『삼국사기』에도 나타난다. "춘삼월, 가야국왕이 사신을 보내 청혼함에 이찬 비조부(比助夫, 비지배와 같은 인물)의 자매를 보냈다."(552년) 월광태자는 바로 대가야와 신라, 두 나라의 국제결혼을 통해 태어난 인물인 것이다.

신라의 장수가 된 대가야의 마지막 태자

그렇다면 월광태자는 왜 승려가 된 것일까? 어쩌면 여기에 대가야의 비운의 역사가 숨어있는 것은 아닐까?

신라 적성비는 삼국시대 신라가 단양 일대의 고구려 영토를 차지하고 국경을 넓힌 기념으로 세운 비석이다. 전투에서 공을 세운 사람들을 기리기 위해 세운 이 비석에는 장수 십여 명의 이름이 나온다. 그 중엔 금관가야의 왕족 출신으로 나라가 망한 뒤 신라에 충성을 바친 김유신의 할아버지 김무력(金武力)의 이름도 보인다.

그런데 이 비석의 위쪽에 놀라운 이름이 있다. 바로 도설지, 월광태자의 이름이다. 적성비가 세워진 것은 551년이다. 그렇다면 아직 대가야가 망하기도 전에 도

충북 단양에 있는 신라 적성비.
높이 93cm, 폭 107cm, 두께 20cm.
국보 198호

설지의 이름이 왜 이곳에 적혀있는 것일까? 월광태자의 출생 연도, 그의 행적, 당시의 국제 정세 등을 미루어 봤을 때 적성비에 등장하는 신라 장군 도설지와 『삼국사기』 「지리지」에 나오는 대가야 마지막 왕 도설지왕은 같은 사람이다.

대가야의 마지막 왕이자 대가야 이뇌왕의 태자인 월광태자가 551년 경 신라에 장군으로 가 있었다는 것은, 다시 말해 월광태자가 신라로 망명했다는 것은 당시 대가야를 둘러싼 국제정세가 상당히 복잡했음을 보여준다. 망명은 태자의 신분으로 결코 쉽지 않았을 선택이다. 월광은 왜 망명의 길을 택한 것일까?

513년 경, 우방으로 믿었던 백제가 대가야의 영토 남원·임실을 공격하고 하동 일대까지 밀어닥쳤다. 이에 위협을 느낀 대가야는 신라의 요청에 의해 결혼동맹을 맺는다. 그러나 월광태자를 낳게 한 결혼동맹은 오래 지속되지 못한다. 동맹이 성립된 지 7년 뒤 신라가 결혼동맹을 파기한다. 변복사건이 그 이유였다. 변복사건은 신라에서 월광태자의 어머니가 시집올 때 100여 명의 시종이 따라왔는데, 대가야가 그들의 옷차림을 가야식으로 바꾼 사건을 말한다. 신라는 바로 이 사건을 빌미로 결혼동맹을 깨뜨리고 대가야 북쪽 변경의 5성을 함락시킨다. 신라에게 결혼동맹은 하나의 정략적인 수단에 지나지 않았던 것이다. 결혼 후 7년이 지나 변복을 이유로 동맹을 깨뜨린 것을 보면 신라의 궁극적인 목적은 가야 진출에 있었다고 볼 수 있다.

그 후 양쪽에서 조여드는 신라와 백제에 의해 대가야는 더욱 위기의식을 느끼게 된다. 결국 두 나라 중 하나를 선택해야 하는 기로에 서게 되는데, 대가야가 선택한 것은 백제였다. 당시 대가야의 지배층 내에서는 백제와 우호관계를 유지하자는 세력이 있는 반면, 백제와 관계를 끊고 오히려 신라와 동맹을 맺음으로써 자신의 존립을 도모하려는 세력이 있었다. 그러나 전체적으로는 친백제적인 정책이 추진되었고, 이에 반발하는 세력 가운데 대가야를 이탈해서 신라로 넘어오는 세력이 생겨나게 됐다.

이 때 망명한 대표적인 인물이 대가야의 악사 우륵이다. 그의 구체적인 망명 사유는 알 수 없지만 당시 대가야 지배층의 국제 정책에 대해 불만을 품은 것으로 보인다. 『삼국사기』에 의하면 나라가 어지러워지므로 신라에 투항했다고 한다.

월광태자가 신라로 망명한 것도 이 무렵으로 보인다. 만약 대가야가 백제와 연맹을 맺는다면 신라와 대가야의 결혼동맹의 상징이라고 할 수 있는 도설지는 정치적인 입장이 매우 난처하게 된다. 그럴 경우 어머니의 나라인 신라로 망명할 가능성이 높고, 신라로서도 대가야 왕의 아들을 훗날 정치적으로 이용하기 위해 일단 받아들였을 가능성이 높다.

신라 적성비에 이름이 나타난 지 10여 년 뒤인 561년 경 세워진 창녕의 진흥왕 순수비에 또다시 도설지의 이름이 보인다. 진흥왕을 수행한 인물 가운데 한 사람인 도설지는 사척간(沙尺干)이란 관등에 오른 것으로 나타난다. 이것은 적성비의 기록에 비해 한 등급 승진한 것이다. 망명 온 월광은 더 이상 대가야의 태자가 아니라 신라의 일개 장군으로 생활하고 있었다.

월광태자와 함께 사라져간 대가야

아직까지 풀리지 않는 의문이 있다. 대가야의 마지막 왕이 도설지라는 『삼국사기』의 기록에 의하면 월광태자가 왕위에 올랐다는 것인데, 월광태자가 어떻게 해서 다시 대가야의 왕이 된 것일까?

월광태자가 망명해서 신라에 머물 무렵인 6세기 경, 나제동맹을 맺은 백제와 신라는 고구려를 공격해서 한강 유역을 확보하게 된다. 백제는 한강 하류를, 신라는 한강 중상류 지역을 차지한 것이다. 그러나 불과 2년이 채 안돼서 이 지역에서 일대 사건이 일어난다. 바로 신라의 배신이다. 한강 유역 확보라는 목적을 이룬 신라는 120년 간이나 지속돼 온 나제동맹 관계를 헌신짝처럼 버리고 불과 2년 전까지 공동의 적이던 고구려와 밀약을 해서 백제를 공격한다. 그래서 백제의 본역인 한강 유역을 차지하게 된다.

이러한 사건이 있은 이듬해 백제의 대보복전이 시작된다. 그것이 바로 관산성(管山城, 옥천) 전투다. 삼국시대에 가장 치열한 전투로 알려져 있는 관산성 전투는 대가야는 물론 월광태자의 운명에 또 한 번의 변화를 가져온다.

관산성은 백제와 신라의 접경지역으로, 수시로 치열한 전투가 벌어진 곳이다. 554년, 복수심에 불타던 백제의 태자 여창도 군대를 이끌고 관산성으로 향했다. 당시 이 지역을 다스린 사람은 금관가야 출신의 군주 김무력이었다. 김무력이 이끄는 신라군과 백제의 성왕이 벌인 일대 접전은 백제의 대패로 끝났다. 당시 백제가 입은 피해는 엄청난 것이었다. 『삼국사기』에 의하면 성왕이 전사한 것을 비롯하여 좌평(左平) 4명과 병사 29,600명이 죽었으며 살아서 돌아간 말이 한 필도 없었다고 한다.

그러나 피해자는 백제만이 아니었다. 대가야도 백제군의 일원으로 이 전투에 참가한 것이다. 대가야의 입장에서 관산성 전투는 신라와 직접 충돌한 최초의 전투였던 셈이다. 대가야는 군대를 동원했다가 실패함으로써 인적 손실뿐 아니라 신라가 공격할 수 있는 빌미를 제공한 셈이 됐다. 백제는 대가야를 보호해줄 수 있는 능력을 이미 상실했다.

관산성 전투는 대가야의 몰락을 초래하는 직접적인 계기가 됐다. 562년, 신라의 화랑 사다함은 대가야를 치기 위해 5천의 군사를 이끌고 금산재를 넘었다. 갑작스런 신라의 공격에 당황한 대가야 사람들은 미처 산성으로 피하지도 못하고 지금의 고령읍내에서 최후를 맞은 것으로 보인다. 대가야의 최후는 신라에 머물고 있던 월광태자의 신분에 또 한 번 변화를 일으킨다. 당시 가야 사람들은 신라에 상당한 반감을 가졌다. 월광태자는 신라 왕녀와 가야의 왕 사이에서 태어난 왕자로, 정식 왕위를 이을 자격을 갖춘 사람이면서 신라와 관계가 깊은 사람이다. 때문에 신라는 월광을 잠시나마 대가야의 왕에 올려둠으로써 대가야 사람들의 마음을 사려 했다.

무력으로 대가야를 초토화시킨 신라는 이 지역의 민심을 수습하기 위해 월광태자를 왕으로 보낸다. 월광태자가 도설지왕이 된 것이다. 하지만 신라에 의해 대가야의 왕이 된 월광태자는 곧 승려가 된다. 대가야를 완전히 장악한 신라가 그를 내친 것이다.

월광태자가 마지막으로 찾은 곳은 월광사였다. 월광사가 있는 지역은 현재 합천군에 속해 있지만 원래는 대가야에 속한 지역이다. 여기서 좀 떨어진 가야산 해인사에는 대가야의 시조신인 정견모주의 사당이 있기 때문에 월광사 일대는 대가야 사람들에게 성지로 여겨진 곳이다. 그래서 신라에 의해 왕으로 올려졌다가 신라의 힘에 의해 밀려난 월광태자, 도설지 왕은 이곳에서 대가야의 영화를 마지막으로 음미할 수 있었던 것이다.

월광태자가 마지막 여생을 기댄 곳은 대가야의 성지이자 출발지인 가야산이다. 승려가 된 태자, 그 비운의 생애와 함께 찬란했던 대가야의 역사도 막을 내리게 된다.

562년 대가야의 멸망은 가야 전체의 종막을 고하는 것이었다. 신라에 마지막까지 저항했던 대가야. 역사 속에서 패배한 대가야는 역사의 기록에서도 패배하여, 어디에도 제대로 된 기록 하나 남기지 못한 나라가 되고 만다. 그러나 대가야를 비롯한 가야 제국(諸國)은 분명 고구려·백제·신라와 더불어 6세기 무렵까지 한반도에 존재한 나라였다. 일부 학자들은 이 시기의 역사를 삼국시대가 아니라 같은 시대에 존재한 가야를 포함해서 4국시대로 불러야 한다고도 한다. 오랜 기간 동안 한국 고대사의 공백기로 남아있던 가야사는 지속적인 연구와 발굴, 조사에 힘입어 최근 서서히 그 모습을 드러내고 있다.

신라 최후의 미스터리, 마의태자

금강산은 오랜 세월 우리에게 신비와 동경의 대상이었다. 시와 노래로만 만날 수 있었던 금강산의 아름다움을 이제는 직접 보고 느낄 수 있다. 그러나 금강산에는 아직 공개되지 않은 곳이 있다. 금강산의 최고봉인 비로봉에는 천 년 전의 유적이 숨쉬고 있다. 신라의 마지막 태자인 마의태자(麻衣太子, ?~?)의 유적이 그것이다.

왕건, 궁예, 견훤이 후삼국시대를 풍미하던 주인공이라면 신라 마지막 왕인 경순왕(敬順王, 재위 927~935)의 아들 마의태자는 같은 시기 역사의 그늘에 가려져 있던 인물이다. 마의태자는 아버지 경순왕이 고려에 항복하고 신라가 멸망하자 모든 것을 버리고 홀로 금강산에 들어가 풀을 베어 먹으며 여생을 마쳤다는 비운의 왕자다. 그런데 과연 마의태자는 그렇게 허무하게 최후를 맞았을까?

금강산에 남아있는 태자의 유적은 역사적 사실과는 다르다. 어쩌면 직접적인 연관이 없을 수도 있다. 그리고 최근 금강산이 아닌 또 다른 지역에서 마의태자 유적이 발견돼 관심을 모으고 있다. 과연 마의태자는 어디서 어떻게 최후를 맞은 것일까?

인제에는 신라 최후의 비밀이 남아있다

마의태자의 유적이 발견된 곳은 강원도 인제다. 마을로 들어가는 입구에 세워진 마의태자 유적비가 이곳이 신라 천 년 사직의 최후의 유적지임을 알리고 있다. 실제로 마을에는 마의태자에 대한 여러 전설이 남아있다. 인제군 상남면의 너른 들판에 큰 바위 하나가 덩그러니 놓여있다. 두 개의 돌이 포개진 형태인 바위의 이름은 옥새바위다. 마의태자가 이곳에 옥새를 숨겨놓았다는 전설이 있다. 이 지역 주민들은 마의태자가 숨겨놓은 옥새를 지키기 위해 늘 뱀이 바위 주변을 맴돌았다고 한다.

옥새바위가 있는 상남면에서 남면의 김부리라는 마을로 들어가려면 넘어야 하는 고개가 있다. 수구네미란 이름의 이 고개는 마의태자가 수레를 타고

(위)마의태자 유적지비 (아래)옥새바위

넘어 다녔다고 해서 붙은 이름이다. 수구네미를 넘으면 만나는 마을 김부리에도 마의태자와 관련된 유적과 전설이 남아있다. 마을 중앙에 위치한 대왕각(大王閣)은 흔히 시골 마을에서 볼 수 있는 것이다. 그러나 김부리의 대왕각은 신을 모시는 여느 시골 마을의 성황당이나 산신각과는 다르다. 전각 안에 모신 위패의 주인공은 경순대왕의 태자 김일(金鎰), 바로 마의태자인 것이다.

그런데 1940년 이전에 있었던 위패의 글귀는 지금과는 달랐다. 김일이라는 마의태자의 이름이 빠져있었다. 하지만 위패의 주인공은 분명 경순왕의 아들이었다. 마을 사람들은 이곳에서 1년에 두 차례 마의태자를 기리며 제사를 지낸다. 오랫동안 마을에 전해내

1 대왕각 2 대왕각 안에 모신 신위. '新羅敬順大王太子金公鎰之神位'라고 씌어 있다. 3 마을 사람들이 대왕각 앞에서 제사 지내는 모습

려 온 일이다.

역사적인 인물이 신격화되어 모셔지는 경우는 많다. 그러나 무속인이 남이 장군이나 최영 장군과 같은 특정 인물을 모시는 것과 마을 주민들이 집단적으로 모시는 것은 그 성격이 다르다. 이것은 그 마을과 특별한 관련이 있음을 의미하는 것이다. 한 마을에서 역사적 실존 인물이 민간신앙의 대상신으로 모셔지는 것은 그 인물이 정치적 사건에 의해 그 지역에서 비참한 최후를 맞았거나 사회적으로 좌절한 경우 등에 해당한다. 단적인 예로 영월의 단종 신앙이 그렇고, 단종이 청령포에서 사약을 받고 죽었을 때 유배지에 이르기까지 지나쳤던 마을에서 단종을 모시는 것도 같은 사례다.

같은 맥락에서 전각 안에 모신 위패의 주인공이 마의태자라는 것은 마의태자가 이 지역에 잠시라도 머물렀을 가능성이 있다는 것을 의미한다. 그렇다면 마의태자는 이곳에서 무엇을 했을까?

마을엔 마의태자의 활동에 대한 보다 구체적인 전설과 유적이 있다. 맹개골은 맹장군이 살았다고 전해지는 곳이다. 맹장군은 마의태자와 관련이 깊은 인물이다. 전설에 의하면 그는 마의태자를 수행해서 이곳까지 왔다. 신라 재건을 위해 의병을 모으고 양구, 한계리까지 다니면서 군사활동을 했다고 한다. 양구군 군량리라는 지명은 신라 부흥운동을 위해 군량미를 모아둔 곳이었던 데서 비롯된다고 전해진다. 또한 인제에 유난히 많은 다무리라는 지명은 국권 회복을 의미한다. 마의태자의 국권 회복에 대한 의지가 다무

(위)강원도 인제군 남면 · 상남면 일대의 지도 표시부분 왼쪽부터 차례로 아래다무리, 다무리, 갑둔, 수구네미(술구네미)고개, 금부(김부)
(아래)다물 6교

리라는 지명을 낳았다고 이 지역 사람들은 전한다.

인제 지역에는 마의태자에 대한 구체적이고 생생한 전설들이 전해오고 있다. 인제에 남아있는 마의태자에 대한 전설은 우리가 알고 있던 것과는 전혀 다르다. 마의태자는 산 속에서 풀을 뜯어 먹으며 생을 마친 것이 아니라 신라 부흥 운동을 한 것이다. 물론 이 주장도 특별한 역사적 근거가 있는 것은 아니다. 그러나 유난히 항거에 관련된 지명이 많을 뿐 아니라 매년 두 차례씩 마의태자를 모시는 제사를 지내는 건 분명 범상치 않은 일이다.

경순왕은 인제에 올 수 없었다

인제 지역에 전하는 전설의 주인공이 처음부터 마의태자였던 것은 아니다. 조선시대 학자 이규경이 쓴 『오주연문장전산고』에 의하면 "관동의 인제현에 신라 경순왕이 살던 지역이 있어 이곳을 김부대왕동(金溥大王洞)이라고 명명했다. 그 읍지에 많은 사적이 실려있는데 경순은 곧 신라의 항왕(降王)인 김부(金溥)이다"라고 한다. 인제에 있는 김부리라는 마을 이름은 경순왕의 이름인 김부에서 따온 것이기 때문에 마을 전설의 주인공은 경순왕이라는 것이다.

김부리에 있는 대왕각 신위를 보면 전설의 주인공은 두말할 것도 없이 경순왕의 아들 마의태자다. 그러나 김부대왕동이라는 지명은 경순왕의 가능성을 의미한다. 과연 경순왕이 인제에 올 가능성이 있었을까?

우선 경순왕이 왕위에 있던 시기의 행적을 살펴보자. 당시 신라의 영역은 지금의 경상도 지역으로 좁혀져 있었다. 따라서 경순왕이 인제 지역까지 올라갈 가능성은 없다. 그렇다면 고려에 항복한 뒤의 경순왕의 행적은 어떤가?

『삼국사기』에는 항복하던 날 경순왕의 모습이 자세히 묘사돼 있다. "왕건에게 항복한 경순왕은 백관을 거느리고 서울을 출발하여 태조에게 갔다." 경순왕은 고려의 수도 개성으로 향한 것이다. 개성에 도착한 뒤 경순왕의 행적은 『고려사』를 통해 알 수 있다. 태조 왕건은 경순왕에게 특별한 대우를 해주었다. 태자보다 높은 자리인 정승으로 봉하고 대궐 동쪽에 신란궁을 마련해주었다. 개성에 정착해 살도록 한 것이다.

그런데 당시 기록 중에는 과연 경순왕이 개성에서 살았는지 의혹을 갖게 하는 부분이 있다. 경순왕을 경주의 사심관(事審官)으로 임명했다는 것이다. 사심관 제도는 두 가지 취지가 있다. 하나는 지방에 대한 중앙의 통치를 원활하게 하기 위해서고, 또 하나는 지방 출신 고급관리를 우대한다는 측면이 있다. 중앙과 지방의 조화라는 취지에서 만든 제도인데, 처음 시작은 고려에 온 경순왕을 경주의 사심관으로 임명하면서부터였다. 경순왕으로 시작된 사심관 제도는 지역 연고자에게 해당 지역의 행정을 책임지게 하는 것이다. 그렇다면 경주 사심관이 된 경순왕이 다시 개성을 떠나 경주로 갔을 가능성은 없을까?

결론은 그럴 가능성은 희박하다는 것이다. 사심관은 원래 중앙에 와 있는 사람이 출신 지역을 관장하게 하는 제도이지, 지방에 상주(常住)하게 하는 제도가 아니다. 경순왕을 사심관으로 임명한 까닭도 수도에 머물게 하려는 데 있었다. 경순왕이 갖는 비중이 워낙 컸기 때문에 인질이라는 측면도 강했다. 경순왕이 원했다 하더라도 경주에 내려갔을 가능성은 거의 없다. 경순왕이 경주로 내려가지 않고 개성에 살았다는 것은 『삼국유사』를 통해서도 확인할 수 있다.

경순왕이 숨을 거둔 곳도 역시 개성으로 추정되는데, 이는 왕릉의 위치 때문이다. 현재 경순왕릉은 경기도 연천에 있다. 신라의 왕들 가운데 유일하게 경주를 벗어나 묻힌 것이다. 그래서인지 오랜 세월 경순왕의 무덤은 세상에 알려지지 않았다. 개성에서 불과 60리 떨어진 왕릉의 위치는 경순왕이 최후를 맞은 곳이 어디였는지 짐작케 한다. 고려의 귀족들은 대부분 개성을 중심으로 살았고, 죽은 다음에도 예외 없이 개성 주변에 묻혔다. 경순왕도 수도 개성을 중심으로 살다가 연천에 묻힌 것으로 볼 수 있다.

그렇다면 이제 한 가지 가능성만 남는다. 경주에서 개성까지 항

경순왕릉. 영조 때 발견되었고, 비석도 그때 세운 것이다.

경순왕과 마의태자의
이동 경로
실선: 경주~개성에 이르
는 경순왕의 행렬이 지나
갔을 길목(①남한강 수로를
이용할 경우 ②육로를 이용
할 경우)
점선: 경주~인제에 이르
는 마의태자가 거쳐 갔을
길목

복하러 가는 길에 인제에 들른 것은 아닐까?

『삼국유사』에 의하면 경순왕의 행렬은 30리에 이를 정도였다고
한다. 그렇게 많은 행렬이 움직이려면 신라의 교통로 가운데 가장
큰길을 택해야 했을 것이다. 당시 경주에서 한강 유역으로 가는
데는 세 가지 중요한 교통로가 있었다. 죽령을 통과하는 길과 계
립령을 지나는 길, 그리고 추풍령길이 그것인데, 그 가운데 가장
큰길이 바로 계립령을 통과하는 길이다.

경주에서 개성으로 가려면 계립령이 있는 문경과 충주를 지난
다. 그리고 남한강 수로를 이용할 경우에는 양평을 지나고 육로를
이용할 경우는 이천을 지나게 된다. 경주에서 개성까지 경순왕의
행렬이 지나간 길에 인제는 없었다. 경순왕이 인제에 왔을 가능성

은 없는 것이다.

김부는 마의태자 김일의 또 다른 이름이다.

김부대왕동의 김부(富)와 경순왕의 김부(溥)는 한자가 다르다. 그
렇다면 김부대왕동의 유래라고 할 수 있는 김부는 누구인가? 위
치와 이름으로 봤을 때 김부대왕동과 대왕각은 분명 관련이 있다.
대왕각의 신위는 마의태자로, 태자의 이름은 김일이다. 김부와 김
일은 어떤 관련이 있을까? 인제군 남면 갑둔리에서 그 의문을 풀
단서가 발견됐다.

갑둔리 어귀엔 5층석탑이 서 있다. 그러나 이 석탑을 볼 수 있
게 된 것은 불과 얼마 전의 일로, 그 이전엔 아무런 흔적도 없었
다. 단지 지역민들 사이에 탑골, 탑두리라는 지명이 전해지고 있었
을 뿐이다. 지명에 대한 의문에서 출발하여 주변 지역을 조사해나

갑둔리 어귀의 5층 석탑. 탑의 모양새
가 전체적으로 매우 홀쭉하다.

가자 예상대로 탑의 조각들
이 곳곳에 흩어져 있었다.

탑 조각들을 모아 원래 형
태대로 맞춰나가는 과정에서
생각지도 않던 흥미로운 사
실을 발견하게 됐다. 탑의 기
단부에 새겨진 명문이 눈에
띈 것이다. 그 명문 가운데

김부리라는 마을 이름과 똑같은 한자의 김부(富)라는 글자가 있었다. 지명의 유래를 밝힐 수 있는 단서였다. 명문을 해석해보면 5층석탑은 스승인 김부가 무병장수하고 그 집안이 평안하기를 비는 뜻에서 제자였던 구(仇)라는 사람이 세웠다고 한다. 그렇다면 김부가 이 지역에서 살던 때는 언제인가?

그 시기는 탑의 형태로 추정할 수 있다. 일반적으로 통일신라의 탑은 아래로 내려가면서 넓게 퍼진 형태인데 반해 갑둔리에서 발견된 탑은 1층 기단부와 5층 탑신을 연결해보면 선이 가파르다. 이것은 고려 초기에 해당하는 양식으로 볼 수 있다.

더 정확한 연대는 탑에 새겨진 명문으로 확인할 수 있다. 태평(太平) 16년은 요나라 연호로, 1036년에 해당한다. 신라가 멸망하고 100여 년이 흐른 뒤다. 따라서 탑에 새겨진 '김부'는 고려 초기 이전에 존재한 인물인 것이다.

탑에 이름을 새기고 기릴 정도라면 제법 영향력 있는 인물이었을 것이다. 그렇다면 『고려사』에서 그 이름을 확인할 수 있지 않을까? 『고려사』에 김부라는 이름은 여섯 번 등장하는데, 모두 명종(明宗, 재위 1170~1197)이후의 인물이다. 이들은 갑둔리 5층석탑에 새겨진 김부보다 후대에 산 사람들이다. 『고려사』로는 김부의 정체를 밝힐 수 없다. 그런데 한 가지 주목할 것이 있다. 김부를 기리기 위해 탑을 세운 시기와 마의태자가 살던 시기가 큰 차이가 없다는 것이다.

마의태자 김일과 석탑에 새겨진 이름 김부 사이에 김부의 정체를 밝힐 수 있는 단서가 숨겨져 있는 것은 아닐까? 당시 표기법인

이두를 이용해서 두 이름의 관계를 살펴보았다. 이두는 뜻으로 한
자를 표기한다. 따라서 익(益)과 부는 '넉넉하다'는, 같은 뜻을 가
진 한자로 쓰인다. 그런데 일과 익은 같은 뜻이다. 따라서 일과 부
도 같은 뜻이 되어 함께 쓸 수 있다. 김부는 바로 김일인 것이다.

『삼국사기』에는 이런 예들이 여러 차례 보이는데, 그 중 지명으
로는 머리라는 뜻의 수(首)와 두(頭)가 함께 쓰여 우수주(牛首州)
를 우두주라고 한다. 고을 또는 마을이라는 뜻의 리(里)와 항(巷)
이 함께 쓰여 월명리(月明里)를 월명항이라고도 한다. 사람 이름
에도 같은 예가 있다. 부(夫)와 종(宗)은 음은 다르지만 마루라는
뜻은 같다. 따라서 이사부(異斯夫)와 태종(苔宗), 거칠부(居柒夫)
와 황종(荒宗)은 동일인이 된다. 그런가 하면 자신의 이름을 숨기
고자 할 때에도 같은 뜻의 다른 한자를 이용한다. 『삼국유사』에
나오는 거득령공(車得令公, 車:수레)이라는 사람은 자신의 이름을
숨기기 위해 단오(端午:수릿날)라고 했다는 기록이 있다.

이렇게 갑둔리 5층석탑에 새겨진 김부라는 이름은 마의태자 김
일의 또 다른 이름으로 추정된다. 마의태자와 인제는 분명 관련이
있는 것이다.

203

개골산 루트의 미스터리

마의태자는 왜 인제에 머물렀을까? 마의태자에 대한 유일한 기록
인 『삼국사기』에는 마의태자가 개골산(皆骨山)으로 들어갔다고
되어있다. 개골산은 금강산의 다른 이름으로, 마의태자의 유적이
남아있는 인제와 그리 멀지 않은 곳이다. 경주와 인제, 금강산은
어떤 관련이 있을까? 그 해답을 알기 위해서는 마의태자가 경주
에서 금강산까지 가기 위해 택한 길을 살펴봐야 한다. 신라시대
경주에서 금강산으로 갈 때 이용했던 가장 쉽고 빠른 길은 동해
안을 따라 올라가는 길이다. 그런데 마의태자는 그 길을 택하지
않았다.

마의태자의 마지막 행적에 관한 기록은 전혀 없다. 그러나 다행
히 경주에서 금강산까지 가는 길목 곳곳에 마의태자의 유적과 전
설이 남아있어 그 행적을 추정해볼 수 있다.

가장 많은 전설이 남아있는 곳은 충주다. 월악산 자락에 자리한
미륵리 절터〔절 이름은 '미륵대원(大院)'이었을 것으로 추정〕는 마의
태자에 의해 세워졌다고 한다. 이 절터와 마주보는 위치에 또 하
나의 절이 있다. 마의태자의 동생인 덕주공주가 창건했다는 덕주
사(德住寺)다. 사찰 입구엔 덕주공주가 조성했다는 마애불이 있다.
마애불이 바라보는 방향은 남쪽이고, 미륵리 절터의 석불 입상은
북쪽을 보고 있다. 두 불상이 서로 마주보고 있는 모양인데, 남매
가 서로를 바라보고 있다는 전설이 전해진다.

충주에 이어 원주, 양평에도 마의태자의 전설이 남아있다. 양평

1 덕주사 마애석불 2 미륵리 절터. 왼쪽은 북쪽을 향한 석불 입상 3 덕주산성

군 용문면의 손꼽히는 사찰인 용문사에는 불상이나 건축물보다 사람들의 시선을 더 많이 모으는 것이 있다. 다름 아닌 사찰 안에 우뚝 서 있는 은행나무다. 수백 년 동안 이 자리를 지키고 있었다는 은행나무의 유래에 마의태자에 관한 전설이 있다. 마의태자가 금강산으로 가는 길에 용문사에 들러 짚고 다니던 지팡이를 꽂아둔 것이 뿌리를 내려서 지금까지 번성하고 있다는 것이다.

인제로 넘어가기 위한 마지막 관문인 홍천에도 마의태자의 전설이 남아있다. 지왕동이라는 지명이 있는데, 이것은 '왕이 마을을 지나갔다'고 해서 붙은 이름이라고 한다. 지왕동에서 조금 올라가면 절터가 있고 다시 고개를 하나 넘으면 왕터라는 곳이 있는데, 그곳으로 왕이 넘어갔다는 전설이 있다. 지왕동과 왕터는 홍천에서 인제로 들어가는 길목이다. 그렇다면 마의태자 전설이 있는 지역들과 신라의 교통로를 접목시켜보면 마의태자의 행적을 추정할 수 있지 않을까?

마의태자와 관련된 중요한 거점은 계립령과 양평, 한계사지 등이다. 이는 마의태자가 동해안 교통로를 이용하지 않고 내륙의 산길로 들어갔다는 얘기가 된다. 경주에서 계립령까지 와서 충주를 거쳐 수로로 양평에 이른 뒤 양평에서 홍천을 거쳐 인제와 한계령을 지나간 것으로 볼 수 있다.

그런데 마의태자가 간 길에는 몇 가지 특징이 있다. 충주와 원주는 통일신라시대 각각 중원경과 북원경으로 불리던 신라 제2의 수도였다. 그리고 마의태자가 지나간 곳은 모두 천혜의 요새들이다. 충주에 있는 미륵리 절터와 덕주사도 덕주산성 안에 둘러싸여 있어 외부 세력과 철저하게 차단된 곳이다.

마의태자가 신라의 주요 도시들, 그 중에서도 천혜의 요새만 택해서 간 까닭은 무엇일까? 그것은 신라의 주요 거점들을 거치면서 뜻을 같이 하는 사람들을 규합하려는 의도로 추정된다.

경주에서 인제까지 마의태자가 택한 길에는 신라 부흥의 의지가 담겨있었다.

왜 인제인가?

『삼국사기』에 의하면 김부(경순왕)가 고려에 항복하기로 하자 태자가 이에 반발하며 "나라의 존망에는 반드시 천명(天命)이 있으니, 오직 충신과 의사(義士)와 더불어 민심을 수습하여 스스로 굳게 하다가 힘이 다한 후에 말 것인데, 어찌 일천 년 사직을 하루 아침에 쉽사리 남에게 내주겠습니까"라고 했으나 왕이 들어주지 않자 통곡하며 물러섰다고 한다. 신라가 고려에 항복하자 마의태자는 아버지의 뜻에 강력하게 반발한 것이다. 그런데 그러한 태자가 아무런 저항 없이 금강산에 들어가 은둔생활을 했을까? 더욱이 신라엔 경순왕의 항복 결정에 반대하는 무리들이 많았다. 당대 유학자 최치원은 해인사에 들어가 평생 운둔했으며, 『고려사절요』에 의하면 신라가 패망하고 200년이 흐른 뒤에도 신라 부흥에 관한 소문이 끊이지 않자 최충헌은 "신라 부흥에 대한 이야기가 각지에 퍼져나가니 처벌하지 않을 수 없다"고 했다. 신라 부흥 운동은 오랜 세월 끈질기게 지속된 것이다.

이렇게 볼 때 인제에 남아있는 전설대로 마의태자가 신라 부흥의 꿈을 꿨을 법도 한데, 그렇다면 인제는 당시 어떤 지역이었을까?

신라 말 인제는 일찍이 고려에 복속된 지역이었다. 그러나 인제는 고려보다 신라와 인연이 깊은 곳이었다. 신라가 북진하는 과정에서 제일 먼저 진출한 지역이 영동지방이었다. 이사부라는 인물이 삼척을 거쳐 강릉까지 진출했는데, 6세기에 이르면 이곳은 완전한 신라의 세력으로 바뀐다. 영동지방은 신라의 땅이나 마찬가지였던 것이다.

더욱이 인제는 군사적 요충지로 외부세력에 대항하기 좋은 조건을 갖추고 있다. 그 중 하나가 바로 한계산성이다. 한계령 고개에 있는 한계산성은 규모는 그리 크지 않지만 뒤로는 높은 산이 있고 앞으로는 계곡이 흐르고 있어 방어하기에 더할 나위 없이 좋은 조건을 갖추고 있다.

그렇다면 한계산성이 마의태자가 있던 고려 초기에 존재하고 있었을까? 현재 정확한 기록은 남아있지 않지만 축성 기법을 통해 연대를 추정할 수 있다. 한계산성은 이중으로 쌓은 흔적이 나타난다. 한쪽 부분의 일부는 13세기 전반인 고려 고종 때 다시 쌓아서 만들었는데, 그 앞부분은 삼국시대나 통일신라시대에도 있던 것으로 보인다. 따라서 마의태자가 인제 지역에 머문 것으로 추정되는 고려초에도 산성은 이 자리에 있었다.

산성에는 실제로 사용되었음을 짐작케 하는 흔적이 있다. 산성 꼭대기에 천제단이 있는데, 적이 쳐들어올 때마다 안전을 기원하며 제사를 올리던 곳이다. 천제단의 기둥에는 명문이 남아있다. 너무 희미해져 해석하기는 어렵지만 산성이 이용됐음을 말해주는 또 하나의 흔적이다. 삼국시대 이래 줄곧 한계산성은 이 지역의

한계산성 천제단 기둥에
새겨진 명문의 일부

한계사지 3층석탑

방어기지였던 것이다.

그런데 인제 지역에서 방어기지 역할을 한 곳은 한계산성만이
아니다. 산성 곳곳에서 기와가 발견됐는데, 이것과 같은 기와가 발
견되는 곳이 또 있다. 백담사의 전신인 한계사지가 그곳이다. 한계
사가 한계산성과 같이 고려초에 이 위치에 있었는지를 확인하기
위해 현장에 유일하게 남아있는 석탑을 통해 창건연대를 추정해
봤다. 한계사의 창건 시기는 8세기 중엽에서 9세기초로 추정할 수
있는데, 이곳에 있는 3층석탑은 전형적인 통일신라시대의 기법을
보여준다. 한계사는 통일신라시대의 사찰인 것이다.

고려초 인제엔 한계산성과 한계사지가 함께 있었다. 그리고 그
곳에서 같은 기와가 발견되었다. 이것은 무엇을 의미하는 것인가?
한계사지는 부처님을 모시고 스님들이 수행하는 단순한 절의 역
할만을 한 것이 아니라 산성의 전초기지 역할을 했다. 저항세력이
정착하기 위해 무엇보다 중요한 것은 사람이 살기 좋은 환경이다.
지금은 군사지역으로 지정돼 마을 사람들이 모두 떠났지만 인제

인제군 부평초등학교에 소장된 도기·토기류 유물들. 김부리, 갑둔리에 살던 학생들이 발견한 고려·조선시대의 것들로, 청자접시를 비롯한 각종 도기(왼쪽)에서 서민들이 썼을 법한 그릇, 단지(오른쪽)에 이르기까지 다양하다.

는 산간오지면서도 넓은 들을 끼고 있어 살기 좋은 곳이었다. 실제 이곳 김부리 일대만 해도 오래 전부터 많은 사람들이 살던 흔적들이 발견되고 있다. 친신라적이면서도 군사적 요충지였던 인제는 마의태자를 비롯한 신라 부흥 운동 세력이 정착하기에 더할 나위 없이 좋은 지역이었다.

신라 부흥의 꿈은 금나라로 이어진다

마의태자의 노력에도 불구하고 신라는 멸망하고 말았다. 그러나 송나라 사람이 금나라에 갔다가 전해들은 이야기를 적은 『송막기문(松漠紀聞)』에 금나라의 시조에 대한 흥미로운 기록이 있다. "금나라가 건국되기 이전 여진 부족 형태일 때 그 추장이 신라인이었다." 이 기록대로라면 금나라의 시조는 신라인이다. 다시 말하면 신라 부흥의 꿈은 좌절된 것이 아니라 만주대륙으로 이어졌다는 얘기가 된다.

중국의 또 다른 기록을 보면, 금나라의 역사서인 『금사(金史)』에도 금나라의 시조가 고려로부터 왔다고 밝히고 있다. "금의 시조의 이름은 함보(函普)이다. 처음에 고려에서 왔는데 이미 60세였다. 그 때 완안부(完顏部)에 나이 60의 시집 안 간 처녀가 있어 그 처녀와 결혼했다." 그런데 『금사』와 『송막기문』의 기록엔 한 가지 차이점이 있다. 『송막기문』은 금나라의 시조가 신라인이라고 적고 있다. 과연 고려인인가 신라인인가? 이 의문을 풀기 위해선 시조 함보가 금나라에 들어간 연대를 확인해봐야 한다.

시조 함보는 금나라를 건설한 아골타의 7대조다. 그런데 아골타가 금나라를 건국한 것은 1115년으로, 한 세대를 30년으로 계산해서 거슬러 올라가면 함보가 만주 대륙으로 넘어간 연대가 나온다. 그것은 900년대 초로, 신라가 멸망하고 고려가 건국하는 격변기였다. 이때 고려인으로도 불리고 신라인으로도 불렸다면 그는 고려에서 간 신라인일 것이다. 실제 『만주원류고』에는 "신라왕의 성을 따라 국호를 금이라고 했다"며 금나라의 시조가 신라인임을 밝히고 있다.

그렇다면 금나라로 간 신라인은 누구인가? 『고려사』에는 그 의문을 풀 수 있는 기록이 있다. 금의 조상이 된 사람은 평주(平州)의 중으로, 이름은 금준(今俊) 혹은 김극수(金克守)이며, 여진 여자와 결혼했다는 것이다. 그런데 금준과 김극수, 그리고 중국 기록에 등장하는 함보 등 기록마다 이름이 다르다. 그 이유는 무엇일까?

현재도 그렇지만 신라시대 역시 이름 외에 자와 호, 아명이 있고 관명이 있었다. 또한 고려 평주의 승려였으니 법명이 있을 것이다. 때문에 이름이 여러 개가 되는 것은 당연하다. 그리고 금나라 시조의 7대조가 두 사람이 될 수 없기 때문에 이름이 몇 개이건 동일인으로 봐야 한다. 따라서 금나라의 시조는 평주의 승려였다.

그렇다면 그는 어떤 사람이었을까? 황해도 평주는 신라 말기에는 고려 땅이지만 통일신라 시대에는 신라 땅이었다. 즉 신라의 문화가 살아있는 곳이다. 또한 신라 멸망 이후 귀족이나 왕족들 가운데 상당수가 속세를 떠났다. 마의태자의 동생도 절에 들어가 승려가 됐으며 최치원도 해인사로 들어갔다. 따라서 평주의 승려도 경순왕의 항복에 불만을 품은 사람일 가능성이 높다. 나라 이름도 금이라고 했고 여러 가지 정황으로 볼 때 신라 세력의 일부가 그곳으로 가서 재건운동을 했을 가능성이 크다.

만주 대륙으로 올라간 평주의 승려 금준은 부족의 지도자가 됐는데, 『금사』에 그 과정이 자세히 묘사돼 있다. 『금사』에 의하면 당시 두 부족간에는 오랫동안 싸움이 벌어지고 있었는데, 함보가 지금의 법규에 해당하는 조항을 만들어서 부족간의 싸움을 끝맺게 했다는 것이다. 이후 함보는 여진족의 신망을 받으며 지도자로서의 역할을 하게 되었다.

이렇게 금준은 부족의 지도자가 되었고, 200여 년이 흐른 뒤 그 후손이 금나라를 세웠다. 훗날 금나라 건국이 가능했던 것은 바로 신라 재건에 대한 의지가 발판이 되었기 때문이다.

마의태자는 신라의 마지막 태자로 고려에 순순히 항복하지 않았다. 그래서인지 마의태자에 대한 기록은 거의 남아있지 않고 그의 최후의 행적을 추적하기는 쉽지 않다. 그러나 인제에 남아있는 유적과 전설을 토대로 쓰러져버린 신라를 재건하고자 했던 마의태자의 의지를 읽을 수 있다. 그리고 이런 신라인들의 부흥의지가 있었기에 그 불씨는 만주대륙으로 이어져 새로운 역사를 만든 것이다.

'미스 고려' 기 황후,
대원제국을 장악하다

몽골초원에서 일어나 세계 역사상 유례가 없는 거대한 제국을 건설한 나라가 있다. 대원제국, 징기스칸이 세운 원나라다. 14세기 초반의 세계 지도를 보면 고려가 있는 동쪽 끝부터 서쪽으로 모스크바를 거쳐 인도 북부, 아프가니스탄의 수도 카불, 이라크의 수도 바그다드에 이르기까지 동아시아와 동유럽을 아우르는 엄청난 영토가 원나라의 영역이었다.

그런데 역사는 대원제국의 마지막 황후인 기(奇) 황후를 고려 여인이라고 적고 있다. 더구나 기 황후는 단순히 황후의 자리에만 올랐던 게 아니라 황제에 버금가는 권력을 쥐고 원나라 전체를 휘두르는 실권을 행사했다. 황후가 실권을 장악하고 대륙을 뒤흔드는 경우는 중국 역사에도 드문 일이라고 한다.

원의 황후는 고려 여인이었다

북경에서 서남쪽으로 75km 떨어진 곳에 운거사가 있다. 1300여년 전에 세워진 절로, 경내에서 오래된 불교 관련 자료들이 많이 발견돼 '북경의 돈황'이라고도 불린다.

운거사는 사찰 뒤 병풍처럼 펼쳐진 석경산으로 더욱 유명하다. 전체가 거대한 돌산인 석경산에는 수나라에서 명나라에 이르는 천 년 동안 승려들이 직접 산에 올라 새긴 석경들이 남아 있다. 석경이란 법난을 피해서 경전을 영원히 보전하기 위해 돌에 새긴 경전을 말한다. 현재 석경산에서 석경이 보관되어있는 굴은 모두

1 석경산. 윗부분에 보이는 하얀 난간 안쪽으로 석굴들이 있다.
2 화엄당 내부. 정면은 물론 사진에 보이지 않는 좌·우 벽면에도 경전을 새긴 석판이 빼곡이 차 있다.
3 석판 군데군데 보이는 깨지고 보수한 흔적
4 석판 가운데 '高麗'라 새겨진 부분. 옆에는 승려 혜월(여기서는 '慧' 자만 보인다)의 이름이 새겨져 있다.(부분 CG)

7개다. 그 가운데 화엄당만이 유일하게 일반인에게 개방된다. 석경산의 여러 굴 가운데 가장 앞선 시기인 수나라 때 새겨진 석경들이 보관된 곳이다. 3면을 가득 메운 경판은 화엄경과 법화경, 금강경 등의 대승경전이다. 7개의 석굴 가운데 가장 이른 시기의 경판이어서인지 화엄당의 석경은 곳곳에 깨지고 보수한 흔적이 보인다.

이곳의 석판 가운데 낯익은 글자를 발견할 수 있다. 고려라는 나라 이름과 승려 혜월(慧月)의 이름이다. 고려 승려의 이름이 왜 이곳에 있는 것일까? 원나라 말기에 화엄당이 많이 파손되었는데, 그것을 혜월스님이 발견하고 안타까운 마음에 보수작업에 필요한 재원을 모으러 다녔다고 한다. 북경에 있는 거대한 석경의 보수작업에 어떻게 고려의 승려가 참가하게 됐을까?

석경의 중수를 끝내고 세웠다는 비석에 새긴 「중수 화엄당 본기」를 보면 답을 얻을 수 있다. 고려 승려 혜월의 주도 하에 보수를 하는데, "자정원사 고용보가 백만 냥을 시주했다"고 기록하고 있다. 자정원사 고용보는 누구이며 왜 백만 냥이나 시주를 했을까?

자정원은 기 황후가 사용하는 자금을 관리하던 곳이다. 기 황후가 원나라 말기에 실질적인 세력자로 떠오를 수 있는 경제적 뒷받침을 했는데, 고려의 환관들이 활동했고 고용보가 초대 원사를 지냈다.

그렇다면 고려 승려 혜월의 청을 받아들여 석경산 화엄당의 보수를 후원한 원나라 기 황후는 누구일까? 원나라의 역사를 기록한 『원사(元史)』의 「후비열전(后妃列傳)」에는 10명의 황후에 대한 기록이 있다. 그 가운데 '완자홀도(完者忽都)'라는 몽고식 이름의 주인공이 바로 기 황후다. 『원사』는 그를 고려인이라고 적고 있다.

기 황후의 본관은 행주(幸州)다. 행주 기씨의 족보에는 행주 기씨 집안의 72대손 기자오(奇子敖)에게 다섯 명의 아들과 세 명의

딸이 있다고 기록되어 있
다. 그 가운데 원나라 순
제(順帝, 재위 1332~1370)
의 황후가 된 사람은 기
자오의 막내딸이다. 그녀
는 원의 황태자까지 낳았
다고 기록되어 있다.

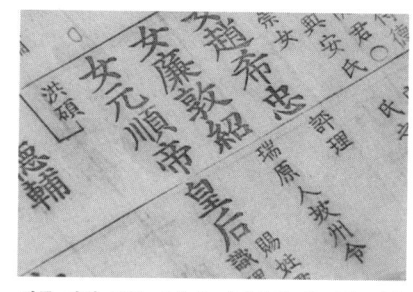

행주 기씨 족보 가운데 기자오의 세 딸을 적은
부분. 원나라 순제의 황후가 된 막내딸이 맨
왼쪽에 보인다.

기씨 여인은 어떻게 원나라로 건너갔나

몽고가 고려를 처음 침입한 것은 고종 18년(1231)이다. 그 후 몽
고는 30여 년에 걸쳐 무려 일곱 차례나 침입했다. 그때마다 고려
는 치열한 항전을 벌였다. 당시 중국, 러시아를 비롯해 중동지방까
지 세력을 뻗어가던 몽고족에게 고려의 항몽 의지는 결코 만만한
것이 아니었다.

그러나 30여 년에 걸쳐 계속되는 몽고의 침입을 견디다 못해
고려는 결국 몽고에 무릎을 꿇고 만다. 오랜 기간 저항했기 때문
에 몽고에 복속된 다른 나라들과 달리 자체적인 국호와 정권을
인정받는 형태이긴 했지만, 이때부터 고려에는 원나라의 공주가
왕비로 오는 것을 비롯해서 다양한 형태의 내정간섭이 시작된다.

원의 가장 야만적인 요구 가운데 하나가 공녀(貢女)다. 공녀란
'공물로 바치는 여자'라는 뜻으로, 원나라는 고려에 처녀들을 징

원나라 시대 벽화의 일부. 허
드렛일을 하는 궁녀들의 모
습이 그려져 있다.

발해줄 것을 요구했다. 수많은 고려 여인들이 원으로 끌려가게 되
는데, 행주 기씨 집안의 막내딸도 시대의 희생양이 되어 공녀의
신분으로 가게 된 것이다.

　기록에 의하면 기자오의 딸 기씨는 공녀로 징발돼 원나라에 끌
려간 뒤 제일 먼저 궁중에서 차 따르는 궁녀가 되었다고 한다. 실
제로 끌려간 고려 여인들은 기자오의 딸처럼 궁녀로 일하거나 신
분에 따라 각기 다른 곳에 배치되었다. 고려에서의 출신 신분에
따라 원의 제왕이나 고위 관직의 처첩이 되기도 했고, 일반 양인
출신인 경우 주점으로 끌려가 노래하는 기생으로 비극적인 생을

마치는 경우도 많았다.

원나라의 기록을 보면 공녀로 징발돼 온 고려 여인이 노역에 시달리거나 술집에서 시중드는 모습이 많다.

"성 안 30여 술집의 모든 사람들은 취한 신선인 듯 누웠는데… 풍만하고 아름다운 고려 기생이 환영하지도 않고…"

그렇다면 고려 여인들은 왜 공녀로 뽑혀 머나먼 타국 땅으로 오게 된 것일까?『고려사』를 보면 공녀에 대해 좀 더 자세히 알 수 있다. "원이 고려에 여자를 요구할 때는 동녀(童女), 즉 어린 여자라는 조건을 내세웠다." 기록으로도 원이 여러 차례 고려에 공녀 징발을 요구했음을 알 수 있다.

공녀에 관한 기록 가운데 눈에 띄는 단어가 있다. '과부처녀 추고별감(推考別監)'. 이것은 무엇일까? 중국과 우리나라 역사책 곳 곳에 흩어져 있는 고려 관련 기록들을 연구하는 장동익 교수(경북대 · 역사학)는 공녀제도에 관심이 많다. 그에 따르면 몽고는 투항한 사람들에게 가정을 꾸려주기 위해 고려에 여인들을 요구했다. 고려는 이 요구에 따라 각지의 과부와 처녀를 구하기 위해 관료를 파견했는데, 이 관료들을 과부처녀추고별감이라고 했다는 것이다.

공녀 요구가 갈수록 심해지자 충렬왕 5년에는 전국에 금혼령이 내려졌다. 혼인할 때는 반드시 관에 신고하게 했고, 이를 어길 때는 엄한 처벌을 내렸다. 이렇게 되자 공녀를 피하기 위한 여러 가지 방법이 모색됐다. 고려 전기 대표적인 귀족 가문의 홍규(洪奎, ?~1316)란 사람은 딸이 공녀로 선발되자 딸을 출가시켜 승려로 만들었다. 이에 대한 처벌로 홍규는 섬으로 유배됐고 결국 딸은 원으로 끌려갔다. 원의 공녀 징발은 귀족 가문의 딸도 피해갈 수 없었던 것이다.

원은 비단 공녀뿐 아니라 고려 출신의 환관들도 상당수 요구했다. 원나라가 이렇게 고려 사람들의 징발을 요구한 까닭은 무엇일까? 몽고인들은 몽고인 지상주의 원칙 아래 색목인[色目人, 서역(西域) 사람들]과 한인(漢人)들을 어느 정도 등용하긴 했지만 최상 신분층은 몽고인이 차지하고, 중상층은 색목인, 하층 부류는 한인이 대다수였다. 강남 출신 남인은 정치 참여가 거의 배제되었다. 이러한 상황에서 제국을 이끌어갈 재목으로 학문적 소양과 정치적 경륜을 겸비한 고려인을 등용하려고 한 것이다.

몽고인들의 민족 분류에 의하면 몽고에 끝까지 저항한 고려인은 3등급의 민족이었다. 그러나 원을 건설한 세조는 고려인을 평한 글에서 우수한 민족이라고 적고 있다. 이런 시대 분위기 속에서 고려인은 실제로 3등급 이상의 대우를 받았다. 뿐만 아니라 한족의 진출을 배제한 상태였기에 사회의 중추적인 부분에서 실질적으로 일한 이들은 상당수가 고려인이었다. 특히 원은 한자를 알고 기본적인 학문의 소양을 갖춘 고려인을 황궁에 두기 위해 끊임없이 환관과 공녀를 요구한 것이다.

원으로 끌려간 기자오의 딸 역시 차 시중을 드는 궁녀로 원나라 생활을 시작했다.

원나라는 처음 고려 처녀의 징발을 요구한 1275년 이래 80여 년에 걸쳐 계속 공녀를 요구하게 된다. 나중에는 원나라 대신들 사이에 고려 여인을 아내로 삼는 것이 일종의 유행처럼 퍼져 원나라 조정의 공식적인 요구뿐 아니라 원의 관료들이 개인적으로 공녀를 요구하기까지 이른다. 뿐만 아니라 때로는 국왕과 왕비가 원나라에 행차할 때 원나라가 요구하지 않아도 스스로 양가의 처녀를 징발해서 공녀를 바치는 경우까지 생겨나 공녀 징발로 인한 피해는 갈수록 커지게 된다.

이 때문에 뜻있는 학자들이 이에 반대하는 상소를 여러 차례 올리기도 하는데, 그 가운데 고려 말의 유학자 이곡(李穀, 1298~1351)이 쓴 「공녀 반대 상소문」이 있다. "공녀의 선발이 시작되면 금혼령이 내려져 온 나라가 소연(疏然)하고 닭이나 개조차 편하지 못하다. 여자아기가 태어나면 이웃조차 알지 못하게 하고…공녀로 선발되면 우물에 빠져 죽거나 목매 죽고 피눈물을 흘려 실명하는 자도 많았다." 당시 고려인들이 공녀로 징발되는 것을 얼마나 두려워했는지 그 참혹한 상황이 생생하게 드러난다.

기씨 여인, 원의 황후가 되다

인천에서 배를 타고 4시간을 가야 하는 대청도는 고려시대 원나라의 유배지로, 곳곳에 원나라와 관련된 전설이 남아있다. 지금의 내동 초등학교 자리는 옛날 궁궐터였는데, 현재 학교의 계단도 원래 궁궐 앞에 있던 계단으로 만든 것이라고 한다. 몇 년 전만 해도 궁궐지 주변에서는 기와 조각들이 많이 발견됐다. 이 주변을

내동초등학교

대궐이 있는 동네라고 해서 대궐터라고 부르고 주변 마을을 장안이라고 했는데, 이는 서울이라는 뜻이다. 유배지이던 섬에 궁궐까지 짓고 마을 이름을 장안이라고 부른 까닭은 무엇일까?

그 의문에 대한 해답은 『고려사』에 나타난다. 기록에 의하면 원나라 명종의 태자인 토곤데무르가 11세이던 충혜왕 원년(1331), 대청도로 유배를 왔다고 한다. 대청도에서 일 년 남짓 머문 그는 원나라로 돌아가 황제의 자리에 오른다. 그가 바로 순제(順帝)다.

그런데 황제의 자리에 오른 순제는 또 한 번 고려와 인연을 맺게 된다. 차 따르는 궁녀 기씨와의 만남이다. 기록에 의하면 순제는 총명하고 지혜로운 궁녀 기씨를 매우 총애했다고 한다. 한낱 차 시중 드는 궁녀가 황제의 사랑을 받자 제1황후 타나시리는 기씨를 매우 질투했다. 기씨를 여러 차례 채찍으로 때릴 정도였다. 야사의 기록에는 그뿐 아니라 인두로 몸을 지지기까지 했다고 한다.

당시 황후 타나시리는 순제의 아버지를 죽인 문종(순제의 삼촌)의 측근 신하 당채시의 딸로, 순제는 타나시리와 사이가 매우 나빴다. 순제는 어린 나이에 고려로 유배를 갔고, 많은 상처를 안고 유년시절을 보냈다. 정치적 억압과 아버지의 죽음에 타나시리의 집안이 관여했기 때문에 황후와 사이가 좋지 않았던 것이다.

1335년 원 황실에 커다란 정변이 일어났다. 타나시리 황후의 형제들이 순제에 대한 모반사건을 일으킨 것이다. 모반은 실패로 끝났고 타나시리 황후도 이 사건에 연루됐다는 이유로 사약을 받고 세상을 뜨게 됐다. 그러자 순제는 궁녀 기씨의 황후 책봉을 시도했다. 그러나 이는 신하들의 반대로 무산되고 말았다. 원의 경우 왕비족이 정해져 있다. 왕비족이 아닌 인물이 왕비로 책봉될 경우 견제와 모함, 질시가 대단하다.

이런 분위기 속에서 이민족인 기씨가 어떻게 황후가 될 수 있었을까? 이와 관련된 전설을 간직한 탑이 제주도에 남아있다. 원당사 5층석탑은 아들 낳기를 원하는 기 황후의 청을 들어 순제가 세워준 것이라고 한다. 1337년 궁녀 기씨는 실제로 아들을 낳았다.

상황은 궁녀 기씨에게 매우 유리하게 돌아가고 있었다. 이즈음 원 궁중을 장악하고 있던 고려 환관들도 발빠르게 움직였다. 『원사』「환관전」엔 단 두 명의 환관이 입전돼 있다. 그 중 한 명인 박불화(朴不花)는 고려 출신으로 기 황후의 측근인데, 기 황후와 같은 고향 출신이다. 고려인 환관을 비롯하여 고려를 없애고 원나라의 직속 성으로 만들자는 입성론 논의를 막기 위해 고려 정부까지 기 황후의 황후 책봉에 발빠르게 움직인 것이다.

원당사 5층석탑

이 무렵 기씨의 황후 책

봉을 반대하던 세력이 축출되고, 1339년 궁녀 기씨는 마침내 원 제국의 황후가 됐다.

기 황후는 이후 25년 간 제2황후의 자리에 있다가, 1365년 제1 황후가 세상을 뜨자 제1황후의 자리에 오르게 된다. 그러나 제1황 후를 제치고 실질적으로 권력을 장악한 것은 제2황후의 자리에 있을 때부터였다고 한다.

기황후가 원에 미친 영향

30년이 넘는 동안 고려 여인이 원나라 황실의 주인으로 머물자 그 영향은 단순히 정치에 국한되지 않았다. 원나라 무덤에서 나온 흙인형 토용을 자세히 보면 치마저고리 차림이다. 몽고의 전통적 인 차림새는 치마저고리 형태가 아닌, 위아래가 하나로 붙은 원피 스 형태다. 원나라의 무덤에서 나온 토용은 왜 고려식의 치마저고 리를 입고 있는 것일까?

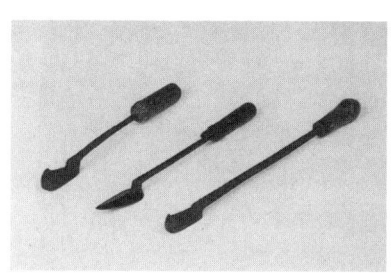

인두(조선시대)

현재 몽고의 수도 울란 바토르에 있는 국립박물 관에 특이한 유물이 보관 돼 있다. 몽골의 전통 유 물 한 켠에 자리잡은 인 두다. 몽고식 명칭도 우 리말 인두와 비슷한 '일

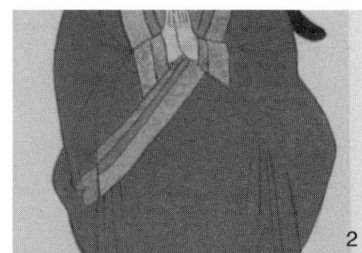

1,2 「원내 황실도」에 나타난 복식.
3,4 원 후기 무덤 속 흙인형에서 아래위가 나뉜 치마저고리의 모양새를 볼 수 있다.
5 고려 불화 「수월관음도」에 나타난 인물의 복식. 저고리가 허리선까지 내려온다.

루르'는 기 황후로부터 전해졌다고 한다. 인두는 정말 고려에서 전해진 것일까?

몽고는 유목 민족으로 짐승의 털가죽을 주로 입었고, 쇠에 불을 담아 옷을 다려 입는 문화가 없었다.

복식 측면에서도 고려가 원에 미친 영향은 적지 않다. 원대 벽

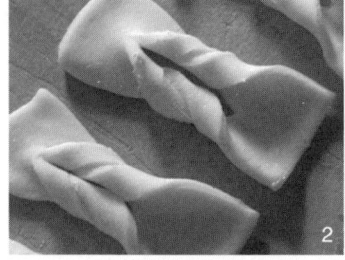

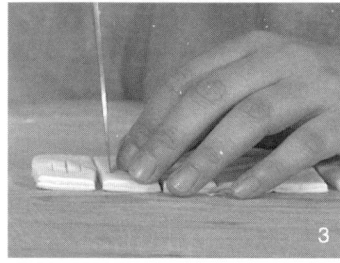

1 뮈시카
2 매잠과
3 매잠과는 반죽을 납작하게 한 뒤 네모로 자른 것에다가 이렇게 칼집을 내고, 칼집이 난 부분을 꼬아서 만든다.

화에 나타나는 몽고의 전통 복식을 보면 모든 옷이 아래위가 하나로 붙은 양식이다. 그런데 원의 후기가 되면 전통적인 복식에 변화가 나타난다. 당시 벽화와 무덤 속 흙인형은 아래위가 나뉜 치마저고리를 입고 있다. 특히 저고리의 선이 길게 허리선까지 내려와 있다.

고려시대의 불화를 보면 그 의문이 풀린다. 사람들이 저고리가 허리선까지 내려오는 치마 저고리를 입고 있다. 원의 벽화와 토용의 복장은 고려의 복식이다. 고려인들이 원으로 가서 황실의 일원이 되면서 복식에 영향을 미친 것이다. 중국에서는 이것을 '고려양(樣)'이라고 부른다. 고려양에 대한 기록은 원나라 기록에서도 볼 수 있다.

"궁중에서 제일 유행하는

것은 고려식 옷이라네. 정방형 목선과 짧은 허리, 반소매…궁중여인들이 모두 다투어 구경하려 하네…이는 고려 여인이 황제 앞에서 이 옷을 입기 때문이라네…"(장욱의 『궁중사』)

　고려양은 비단 복식에만 나타나는 것이 아니다. 고려의 음악을 비롯해 생활풍속, 음식에 이르기까지 다양하게 퍼져갔다. 밀가루에 설탕을 넣고 반죽한 것을 기름에 튀겨내는 '뮈시카'는 전통 음식 '버브'의 한 종류다. 가운데 칼집을 내고 꼬아서 만드는 과정이 우리 전통 한과인 매잡과(梅雜菓)와 흡사하다. 매잡과와 뮈시카는 어떤 관련이 있을까? 매잡과는 신라시대부터 즐겨온 한과다. 기록에 의하면 고려의 여러 음식이 원으로 전해졌다고 하는데 고려병(餠), 고려다식, 고려조청 등이 원으로 전해졌다.

　고려 여인이 황후로 있고 수많은 고려 여인이 원나라로 건너간 시기, 고려의 문화는 '고려양' 혹은 '고려국양'이란 이름으로 원나라 곳곳에 퍼져갔다.

기 황후는 여장부였다

칭기즈칸이 몽고족을 완전 장악하면서 중국 통일과업을 시작한 것은 1206년이다. 그러나 통일이 완성된 것은 그의 손자 쿠빌라이칸 때인 1271년이다. 쿠빌라이칸이 대원제국을 건설한 때로부터 본다면 원 제국이 존속한 것은 100여 년에 불과하다. 그래서 실질적으로 대원제국의 황제와 황후였던 인물은 그리 많지 않다.

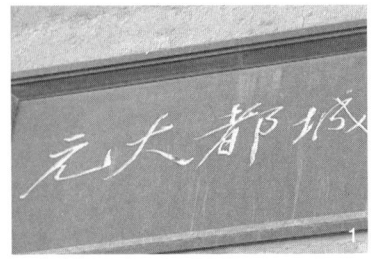

1 원대도성 터임을 알리는 표석
2 성곽터의 일부
3 황궁 주변의 하천
4 경산 공원
5 중남해 지구

이 가운데 기 황후가 황후에 오르고 실권을 행사한 기간이 30년 정도로, 대원제국 전체를 놓고 볼 때는 상당한 기간이다.

고려의 공녀로 끌려와서 갖은 고난을 헤치고 황후의 자리에까지 오른 기 황후는 어떤 황후였을까?

중국 역사상 베이징을 처음 수도로 정한 것은 원이었다. 원은 베이징에 도읍을 정하고 대도(大都)라고 불렀다. 그러나 시민공원으로 보호되고 있는 천여 m의 성곽 터 외에는 베이징에 원나라 유적이 남아있지 않다. 명나라가 들어서면서 원나라 유적을 철저히 파괴했기 때문이다. 현재 자금성 건청문(乾淸門) 자리가 옛 원나라 황궁의 본당인 대명전이 있던 자리다. 명은 옛 원의 황궁 자리에 새롭게 궁을 건설하면서 황궁의 보호를 위해 주변의 흙을 파내고 하천을 만들었다. 그렇게 파낸 흙을 연춘각에 매립하여 만든 인공 산이 지금의 경산(景山)이다. 원나라의 정기를 말살하기 위해 의도적으로 원의 흔적을 없애버린 것이다. 중국 고위관료들의 거주지인 중남해지구는 원래 기 황후의 거처인 흥성궁 자리지만 지금은 흔적도 찾을 수 없다.

기 황후가 제2황후의 자리에 오른 것은 1339년이다. 황후에 오른 뒤 기 황후는 주로 흥성궁에서 살았다. 내부 기록에 의하면 원나라의 새 주인이 된 기 황후는 미모가 뛰어날 뿐 아니라 매우 똑똑하고 총명했다고 한다. 『원사』「후비열전」은 기 황후에 관해 "시간이 나면 『여효경(女孝經)』과 역사서를 보며 역대 황후들의 좋은 덕행에 대해 공부하고, 전국 각지에서 올라온 진상품 중에서도 진귀한 것들은 먼저 태묘에 제사지낸 뒤 먹었다"고 기록하고 있다. 기 황후는 순제와 비교할 수 없을 정도의 식견이 있었다. 어떻게 하면 사회를 안정시킬 수 있을까 고민하고 인사에도 깊이 관여했다.

기 황후는 대규모의 구호사업도 펼쳤다. 원나라 말년에 큰 기근이 들어 대도 안에서만 20만 명이 굶어죽고 시체가 나뒹굴었다. 이때 기 황후는 자금내원인 자정원에서 자신의 명의로 돈을 풀어 시체를 경도 11문 밖에 묻었다. 막대한 재정이 필요한 이런 사업을 기 황후가 추진할 수 있었던 것은 자정원이 있었기에 가능했다. 자정원의 원래 이름은 '휘정원'인데 기 황후가 황후로 책봉되면서 이름을 바꿨다. 기 황후는 자신의 정치적 뒷받침이 되는 자정원에 환관들을 집중 배치했다. 인적·물적 자원을 확보한 것이다. 뿐만 아니라 순제로 하여금 박불화에게 영록대부의 벼슬을 내리게 했다. 박불화는 2품인 영록대부에 제수되는데, 원대 제상 가운데 영록대부가 되는 사람은 매우 드물었다. 더욱이 환관 출신이 영록대부에 임명됐다는 것은 그만큼 기 황후의 영향력이 컸음을 의미한다.

기 황후의 권력이 날로 강해지자 황궁 내에서는 자정원파가 생겨나고 황제의 측근들과 대립하기에 이른다. 그러나 이 무렵 순제는 방탕한 생활에 빠져 국정을 돌보지 않았다. 그러자 기 황후를 중심으로 한 자정원파는 중대한 계획을 세운다. 이른바 '순제 양위 사건'이 그것이다. 고려인 환관 박불화가 앞장서서 순제가 장성한 황태자에게 왕위를 넘길 것을 요구한 것이다. 일종의 쿠데타 모의인 셈이다. 순제의 반발로 양위는 이뤄지지 않았고 오히려 순제 편에 서서 기 황후의 모의를 거부했던 재상이 귀양가는 것으로 사태는 마무리되었다.

기 황후의 최후

이 시기 원제국은 양자강 유역을 비롯해 강남, 황하 유역 등 전국 각지에서 반란이 일어나고 있었다. 가장 대표적인 것이 황하 유역에서 일어난 홍건적의 난이다. 머리에 빨간 두건을 둘렀다고 해서 이름 붙여진 홍건적은 몽고인들이 가장 멸시한 한족들로 구성돼 결국 원을 멸망시키는 주요 세력이 됐다.

원을 멸망시키고 명나라를 세운 주원장도 홍건적의 일원이었다. 황하 유역에서 일어나 강남의 거점인 남경을 점령한 주원장은 북경으로 밀고 들어온다. 이 소식을 들은 순제와 기 황후는 북경을 버리고 피난길을 떠나게 된다. 수도를 버리고 황급히 떠난 순제와 기 황후는 어떻게 됐을까?

경기도 연천군 연천읍에 기 황후와 관련된 이야기가 전해진다. 황후가 죽고 300년 뒤에 만든 『동국여지』에 의하면 지금은 밭으로 변해버린 조그만 야산에 기 황후의 능이 있다고 한다. 주변에서 고려 양식의 어굴무늬 기와가 많이 발견됐는데, 묘를 둘러싼 곡담의 기와라는 것이다. 기 황후의 최후가 어땠기에 원이 아닌 국내에 그녀의 무덤이 있다고 전해지는 것일까?

기 황후의 최후에 관한 기록을 찾기 위해 베이징 도서관을 찾

기 황후의 능이 있었던 곳으로 추정되는 곳 부근. 이곳에서 발견되는 기와 조각은 묘를 둘러싼 담의 기와였다고 한다.

왔다. 이곳 희귀본실에서 기 황후와 원 순제의 최후를 적은 『북순사기(北巡私記)』를 발견했다. 신하 유길이 도피하는 원 순제를 수행하며 17개월 동안 쓴 책이다.

이 책에 의하면 원 순제와 황후, 황태자 일행이 대도를 떠난 것은 1368년 7월이다. 도피 행로는 상도, 응창을 거쳐 초원으로 이어진다. 도피하는 가운데 기 황후는 원병을 보내지 않는 고려를 원망했다고 한다. 1년 6개월의 도피 끝에 몽골의 깊숙한 초원 카라코룸(마지막 수도)에 이르러 순제는 나라에 관한 모든 권한을 황태자에게 넘겨준 뒤 세상을 떠났다. 기 황후가 낳은 '아유시다리' 황태자는 북원의 황제가 됐지만 기 황후의 최후에 관한 기록은 없다.

원나라가 망하고 6개월 뒤 명나라에서 쓴 『원사』는 기 황후에 대해 부정적으로 묘사하고 있다. 봉건적인 유학의 관점에서 저술한 『원사』와 『고려사』는 모두 기 황후에 대해 부정적이다. 기 황후는 여성이고, 여성의 정치 참여는 유학의 입장으로 볼 때 용납할 수 없는 것이기 때문이다.

기 황후가 그렇게 기록된
데는 기 황후의 오빠 기철(奇
轍)도 한 몫을 했다. 원 황후
의 세력을 등에 업은 그는 고
려에서 왕에 버금가는 권력을
누리며 심한 횡포를 부렸다.
충목왕의 개혁정치를 좌절시

카라코룸

키기도 했고, 각지에 농장을 개설해서 수탈했으며, 충혜왕이 원으
로 연행될 때 앞장서기도 했다. 결국 기철은 원나라의 세력이 약
해진 후기에 공민왕에 의해 비밀리에 처형당했다.

기 황후도 고려의 왕을 책봉하는 과정에 개입해 자신이 부리기
쉬운 사람을 세우는 등 고려의 입장에서 볼 때 부정적인 일들을
자행하기도 했다. 그러나 긍정적인 면들도 없지 않다. 충렬왕 이후
80여 년 간 계속되던 공녀 징발을 금한 것도 순제 때다. 뿐만 아
니라 원 내부에서 종종 제기되던 입성론, 즉 국호를 비롯해 고려
에 부여한 자주성을 빼앗고 고려를 원에 속한 하나의 성으로 만
들자는 입성론 논의도 원 순제 때에 이르러 완전히 사라졌다.

행주 기씨 집안에서조차 기 황후의 부정적인 평가에 밀려 영정
봉안이 최근에야 이뤄졌다. 기씨 집안 막내딸로 태어나 대륙으로
끌려간 13세 고려 여인 기씨는 사후 600여 년 만에야 집으로 돌
아온 것이다.

원나라의 지배를 받은 고려 후기의 역사는 자랑스럽게 내보일
만한 것은 아니다. 기 황후는 그 자랑스럽지 못한 역사 한가운데

2001년 8월 고양시 덕양구에 있는 행주 기씨 제각에서 거행된 기 황후 영정 봉안식(왼쪽)과 영정(오른쪽)

있다. 그러나 한 개인으로 보면 기 황후는 공녀로 끌려가 황후가 되기까지, 힘없는 나라에서 혼란한 시기에 태어나 파란만장한 삶을 산 여인이다. 그녀의 행동이 개인적인 문제에 그친 것이 아니라 당시 몽고와 고려의 관계 전반에 큰 영향을 미쳤기 때문에 기 황후의 평가에 논란거리가 많은 것도 사실이다.

그러나 기 황후의 삶을 지나치게 부정적으로 평가하는 것은 한 번쯤 생각해볼 여지가 있다. 황후가 살던 시대가 자랑스럽지 못한 역사라는 것이 부정적인 평가의 배경을 이루기 때문이다. 기 황후를 좀 더 객관적이고 종합적으로 평가할 필요가 있다. 그것은 자랑스러운 역사뿐만 아니라 부끄럽고 감추고 싶은 역사에도 역사가 주는 교훈은 분명히 있기 때문이다.

고려 부인 염경애 –
12세기의 접시꽃 당신

850여년 전 한 여인에게 죽음이 찾아들었다. 그녀의 마흔 일곱 해 삶은 깊은 어둠 속으로 사그라진다. 오랜 시간이 흐른 뒤 발견된 한 장의 낡은 돌판, 그것은 한 고려 여인의 삶이 어둠을 뚫고 되살아나는 순간이었다.

"믿음으로 맹세하노니, 그대를 감히 잊지 못하리라. 무덤에 함께 묻히지 못하는 일 애통하고 또 애통하도다. 아들과 딸들이 있어 날으는 기러기 떼와 같으니 부귀가 세세로 창성할 것이로다." 묘지석엔 아내의 죽음을 안타까와 하는 한 남자의 심정이 고스란히 새겨져 있다. 이 묘지석은 고려 때 사망한 여인의 무덤 속에 있던 것이다. 무덤 앞에 세워두는 묘비와 달리 묘지석은 죽은 이와 함께 묻어두는 것인데, 일반적으로 죽은 이의 일생과 성품, 가족에 관한 이야기들이 적혀 있다.

그런데 이 묘지석이 특히 주목을 끄는 것은 글쓴 이가 죽은 이의 남편이기 때문이다. 현재 전하는 고려시대 묘지석은 모두 220여 개다. 그 가운데 여성의 것은 34개가 있다. 이 가운데 남편이 직접 글을 쓴 경우는 두 개에 불과해서 극히 드문 예임을 알 수 있다. 그렇기 때문에 다른 묘지석과 달리 부부관계, 가족관계 등 고려시대 사람들의 삶을 더 자세하게 엿볼 수 있다.

묘지석의 주인공은 누구인가?

묘지석의 내용은 주인공을 알 수 있는 유일한 단서가 된다. 다행히 국립 중앙박물관에 남아있는 묘지석은 훼손이 심하지 않아 대

(왼쪽)염경애의 묘지석   (오른쪽)염경애의 묘지석 탁본 일부. 맨 앞쪽이다. '황통(皇統, 금나라 희종 때의 연호) 6년(1146)'이란 연대와 남편의 이름, 여섯 명의 자녀를 두었다는 것 등을 나타낸 부분이 보인다.

부분의 글씨를 알아볼 수 있다. 고려시대 금석문을 연구하는 김용선 교수(한림대·사학)의 도움으로 묘지석을 해석할 수 있었다. 확인 결과 묘지석의 주인은 염경애(廉瓊愛)라는 이름의 여인으로, 1145년 병을 얻어 이듬해 정월 47세의 나이로 세상을 떠났음을 알 수 있었다. 묘지석에서 가장 눈길을 끄는 것은 이름이다. 조선도 마찬가지지만 고려 역시 여성은 이름을 갖지 않는 것이 일반적이다. 결혼을 한 뒤에는 남편의 관료적인 지위에 따라 군, 대부인, 현과 같은 봉작명(封爵名)을 갖게 되는데, 유독 염경애는 이름을 사용한다.

묘지석을 통해 염경애의 가족관계도 확인할 수 있다. 염경애는 최루백(崔婁伯)이라는 사람의 아내다. 그녀의 아버지는 종4품에 해당하는 대부소경(大府少卿)의 벼슬을 지낸 염덕방(廉德方)이고 어머니는 의령군 부인 심씨다. 또한 염경애는 최루백과의 사이에 4남 2녀를 두었는데 그들의 이름도 확인할 수 있다.

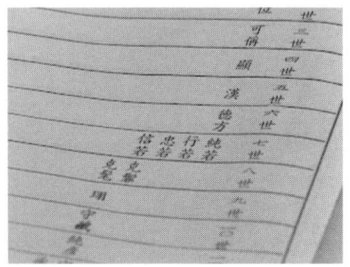

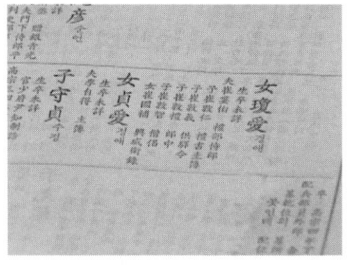

『파주 염씨 대동보(大同譜)』의 일부
(위)염경애 조상들의 가계도 가운데 6대
조 '덕방'의 이름이 보인다.
(아래)염경애를 소개한 부분. 생몰연대
(미상), 남편과 자녀들의 이름 및 관직
등이 함께 적혀 있다.

이런 내용을 근거로 염경애의 가계를 찾아보았다. 우리나라에서 염씨 성인 사람들의 본관은 하나뿐이다. 파주(坡州) 염씨 가문의 족보에는 고려시대의 조상들도 일부 기록돼 있다고 한다. 만약 염경애가 이 가문의 일원이었다면 족보에 그 흔적이 남아있을 가능성이 있다. 족보를 살피는 과정에서 눈길을 끄는 이름이 있다. 파주 염씨 6대조 덕방. 이 사람이 염경애의 아버지가 아닐까? 염덕방의 자녀를 확인하는 과정에 경애라는 이름이 있었다. 묘지석의 주인 염경애가 분명했다. 파주 염씨 족보에 실려있는 염경애의 가족과 관련된 기록은 어머니 심씨의 묘지석을 통해 확인한 내용이라고 한다. 이 묘지석을 통해 염경애와 그녀의 형제들 이름까지도 모두 밝혀낼 수 있었던 것이다.

고려 사회에서 염경애 집안은 어느 정도 위치였을까? 가족의 사회적 지위는 그것을 밝히는 중요한 단서가 된다. 염덕방은 대부 소경을 지낸 것으로 알려져 있고 염덕방의 장인 심후(沈候)는 정3

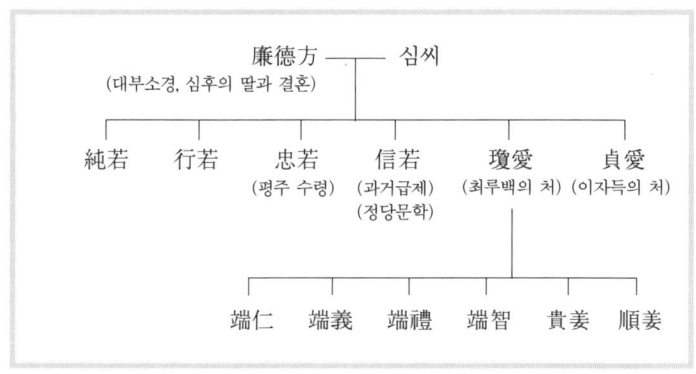

廉德方 ——— 심씨
(대부소경, 심후의 딸과 결혼)

純若　行若　忠若　信若　瓊愛　貞愛
　　　　　　(평주 수령)　(과거급제)　(최루백의 처)　(이자득의 처)
　　　　　　　　　　(정당문학)

端仁　端義　端禮　端智　貴姜　順姜

염경애의 가계도

품 승선(承宣, 왕명의 출납을 관장)을 지냈다. 염경애는 염덕방의 6
남매 가운데 한 명이다. 염경애와 형제인 충약(忠若)은 평주(平
州) 수령을 지냈고, 신약(信若)은 과거에 급제해 이부상서(吏部尙
書)를 거쳐 정당문학(政堂文學)이라는 종2품의 재상 벼슬까지 올
랐다. 이런 집안 내력으로 볼 때 염경애의 집안은 문벌귀족이라
고까지 할 수는 없어도 귀족 가문의 위치를 이어간 집안임을 알
수 있다.

　염경애는 권세 있는 귀족 가문의 여인이다. 남편이 쓴 묘지석의
내용을 통해 그녀의 성품을 짐작해볼 수 있다. "아내는 사람됨이
조심스럽고 정숙했으며, 문자를 알아 대의에 밝았고, 말씨, 용모,
일 솜씨가 여느 여인보다 뛰어났다. 부녀자의 도리에 부지런히 힘
써 돌아가신 내 어머님을 효성껏 봉양했고 친척들의 경조사를 힘
써 살피니, 훌륭하다고 하지 않는 사람이 없었다." 최루백은 23년

간을 살아온 부인에 대해 못잊을 이야기들을 회고한다. 특히 시부
모에 대한 얘기가 많은데, 결혼 전에 이미 돌아가신 시아버지를
위해 몸소 제사를 지내기도 하고, 스스로 길쌈한 옷으로 제단에
바치기도 했으며, 제(祭)에 참여한 승려들에게 양말을 나눠주는
등 헌신적인 효성을 다한 것으로 기록되어 있다.

정숙하고 현명한 아내가 먼저 세상을 떠나자 최루백은 매우 상
심했다. 그는 슬픔을 글로 남겼는데 이것이 묘지석에 새겨져 오늘
까지 전해지고 있다.

염경애의 남편 최루백은 누구인가?

아내의 죽음 앞에서 함께 묻히지 못함을 통탄한 남편 최루백은
어떤 사람일까? 염경애의 묘지석에서 몇 가지 단서를 찾을 수 있
다. 최루백은 염경애가 죽기 한 해 전, 정6품에 해당하는 우사간
(右司諫), 좌사간의 지위에 오른다. 그리고 아내가 죽은 해에 시어
사(侍御使, 어사대의 관직)로 진급했는데, 이듬해에 예부원외랑(禮
部員外郎)으로 다시 한 단계 좌천했다고 한다. 아내의 빈 자리가
어떤 영향을 미친 것은 아닐까?

최루백의 본관으로 보이는 한남(漢南)이 그의 실체를 찾는 중
요한 단서가 된다. 한남이라는 지명은 현재 사용하지 않으나 수원
최씨의 옛 본관 가운데 하나이다. 수원 최씨 집성촌이 있는 경기
도 화성군 봉담읍은 사도세자의 무덤에서 불과 1km가량 떨어진

곳으로, 일명 효자문골로 불린다. 뜻밖에도 수원 최씨 후손들은 최루백에 대해 잘 알고 있었다. 수원 최씨의 시조가 바로 최루백의 아버지로부터 시작된 것이다.

최루백은 『고려사』 「열전」에 실릴 만큼 효자로 널리 알려진 인물이다. 그가 열다섯 살 되던 해, 아버지 최상저가 호랑이에게 잡혀가 죽임을 당했다. 아버지의 원수를 갚겠다며 호랑이를 찾아 나선 최루백은 드디어 마을 뒷산에서 쉬고 있던 호랑이를 발견했다. 그는 가지고 있던 도끼로 호랑이를 죽인 후 아버지의 시신을 되찾아 묻었다. 마치 전설처럼 여겨지기도 하지만 실제 이 마을 뒷산에는 최루백이 호랑이를 죽인 곳이라고 알려진 장소가 있다. 15m 남짓한 바위는 효암이라고 불린다.

1 『오륜행실도』에는 「루백포호(婁伯捕虎)」란 제목의 그림과 이야기가 실려 있다.
2 효암에 파인 구멍. 효자 낳기를 기원하는 부녀자들이 오가며 판 것이라고 한다.
3 마을 어귀에 세워진 효자각. 안에 있는 비석에는 '高麗孝子翰林院學士崔婁伯之閭(고려효자 한림원학사 최루백지려)'라고 새겨져 있다.

이곳을 효암으로 명명한 것은 조선후기 정조 때의 일이다. 사도 세자의 무덤을 방문하기 위해 이곳에 온 정조가 최루백의 효행에 감복해 이름을 내렸다고 한다. 마을 어귀에 세워진 효자비는 연산 군 때 만든 것으로 역시 최루백의 효행을 기리고 있다. 조선시대 의 교과서에 해당하는 「삼강오륜도」, 「오륜행실도」 등에도 최루백 의 이야기는 빠지지 않는다. 이런 흔적을 통해 최루백은 젊었을 때 이미 효행으로 이름을 떨친 인물이었음을 알 수 있다.

최루백의 성품에 대해서는 염경애의 묘지석을 통해 몇 가지 단 서를 얻을 수 있다. 그가 거친 관직은 대부분 명예를 매우 중시하 는 청요직(淸要職)이었다. 정언, 사간, 시어사 등의 벼슬을 지냈는 데, 그것은 왕에게 정책을 건의하고 왕을 보조하는 벼슬이다. 또한 교육관의 지위에 있었으며 예를 다루는 일에 있었다. 이것은 최루 백이 예절 바르고 충성스러우면서도 청렴한 생활을 한 중견 관료 였음을 짐작하게 한다.

염경애와 최루백의 사랑

염경애는 개경의 권세 있는 귀족 집안의 딸이고, 남편 최루백은 수원 향리의 아들이다. 염경애는 자기보다 못한 집안의 아들에게 시집간 셈인데, 엄격한 신분질서가 유지되고 있던 고려시대에 이 런 경우는 드문 일이다. 염경애와 최루백은 어떻게 만나 결혼하게 된 것일까?

고려시대 지방 출신이 귀족 집안과 혼인을 맺는 것은 아주 특별한 경우에 한해서였다. 한 가지 추정해볼 수 있는 단서는 최루백이 과거에 합격했다는 사실이다. 과거 급제자의 경우, 장래가 유망하기 때문에 자신보다 권세 있는 집안의 사위가 되는 것이 가능했다. 이렇게 본다면 최루백은 과거에 급제한 후 염경애와 결혼한 것으로 짐작할 수 있다.

고려시대 유학자 이색의 사례를 통해서도 이 같은 사실을 확인할 수 있다. 13세의 나이로 과거에 합격하자 개성의 권문세족들이 그를 사위로 삼기 위해 결혼 전날까지도 쟁탈전을 벌였다고 한다. 과거 급제자에 대한 선호를 짐작할 수 있는 것이다.

출세를 위해서는 자신의 능력뿐 아니라 혈연이 매우 중요했던 사회, 그것이 바로 고려의 귀족사회였다. 때문에 능력 있는 남성의 경우, 자신보다 좋은 가문의 딸을 배필로 맞는 일도 잦았다. 『고려사』「열전」에 나오는 송유인(宋有仁)은 원래 돈 많은 상인의 딸에게 장가가서 그 덕에 벼슬을 한 인물이다. 그런데 무신집권기가 되자 권력이 정중부의 딸과 결혼하기 위해 아내를 버린다. 자신의 출세를 위해 결혼을 이용한 것이다.

고려시대에는 출세하는 데 있어 남자의 가문뿐 아니라 아내의 가문도 매우 중요했다. 때문에 족보에서도 여성쪽의 기록이 남성과 동등한 비중을 차지했다. 남과 여의 구분의식이 생겨난 것은 성리학이 도입되면서부터인데, 그전까지는 사회, 친족 조직 내에서 동등한 자격을 가지고 있었다. 아들과 딸의 구별이 없는 만큼 딸과 결혼한 사위도 아들과 마찬가지로 그 가문의 일원으로서 권리를 누릴 수 있었다. 최루백의 경우도 귀족의 딸인 염경애와의 결혼이 출세에 상당한 영향을 미쳤을 것으로 짐작할 수 있다.

염경애와 최루백의 결혼 생활은 어땠을까? 묘지석의 내용을 통해 그들의 살림살이가 그다지 넉넉지 않았음을 짐작할 수 있다. 관료로서 받는 녹봉과 토지만으로는 생활하기 힘들었던 것이다. 토지의 경우는 성인 3.6명이 1년 먹을 수 있는 식량을 받고, 녹봉으로는 2명 몫이 조금 넘는 양을 받았다. 결과적으로 성인 5명 정도가 1년 간 먹을 수 있는 식량이 되는 셈이니, 생활이 어려웠음은 당연한 일이다.

묘지석에 따르면 의복과 식량을 구하는 일은 전적으로 염경애가 맡아 하고 있다. 이를 통해 가계를 책임지는 것은 염경애의 몫이었음을 알 수 있다. 그렇다면 그녀는 모자라는 생활비를 어떻게 충당할 수 있었을까? 길쌈 등의 일이 있었겠지만, 여성들의 경제 활동으로 얻는 수입은 많지 않았다. 현재 알려진 바에 따르면 고려시대는 남녀 균분 상속제를 시행했다. 여자들이 친정의 재산을 상속해서 살림에 보탠 예는 얼마든지 찾을 수 있다. 최루백의 경우도 아내 염경애의 친정에서 도움을 받았을 가능성이 높다.

이 같은 아내의 내조를 바탕으로 최루백은 청렴한 관직생활을 할 수 있었을 것이다. 이것이 바로 850여년 전 최루백 염경애 부부의 모습이었던 것이다.

최루백에겐 또 다른 부인이 있었다

최루백의 묘지석에는 눈에 띄는 내용이 있다. '재취유○○ 삼남 ○
녀'. 염경애 외에 유(柳)씨라는 여자와 또 결혼해서 세 명의 아들
과 딸 하나를 두었다는 것이다. 염경애가 죽고 난 뒤 유씨와 재혼
한 것인지, 아니면 두 명의 아내가 있었다는 것인지 명확하지 않
다. 이와 관련된 기록이 남아있지 않기 때문이다. 다만 고려시대의
다른 사례를 통해 재혼한 것인지 아니면 다처의 경우인지 추정할
수 있을 것이다.

혼인제도를 연구하는 권순형 교수(이화여대·사학)를 통해 고려
시대 재혼 사례를 알아보았다. 고려 의종 때의 관료인 김존중(金
存中)의 묘지(墓誌)에도 두 아내에 대한 기록이 있다. 그런데 이
경우 역시 재혼인지 다처(多妻)인지 명확하지 않다. 한 가지 단서
는 자녀들의 연령이다. 첫 번째 부인과의 사이에서 태어난 자녀들
은 모두 장성한 반면, 두 번째 부인의 자녀는 모두 어리다고 기록
되어 있다. 두 부인이 낳은 아이의 나이가 비슷하면 같은 시기에
결혼한 것이지만, 자녀들의 연령에 차이가 있다면 재혼한 것으로
볼 수 있다. 고려시대엔 재혼으로 확인할 수 있는 예들이 꽤 많다.

이규보의 『이상국집』에는 고려시대 결혼 풍습과 관련해 눈길을
끄는 대목이 있다. 결혼 후 남자가 여자의 집에 들어가서 사는 것,
즉 서류부가혼(壻留婦家婚), 남귀여가혼(男歸女家婚)이 일반적이
었다는 것이다. 이것은 친정에서 결혼해 친정에서 살다가 시댁으
로 가는 것을 말한다. 무남독녀의 경우는 계속 친정부모를 모시기

도 하는 등 대부분 친정과 가까운 관계에 있다. 이런 상황에 다처
를 취한다는 것은 상당히 어려운 일이었다.

예외는 있었다. 대표적인 것이 바로 왕의 경우다. 태조 왕건을
비롯해 대부분의 왕들이 여러 명의 왕비를 거느리고 있었음을 확
인할 수 있다. 이 같은 특별한 경우를 제외하고는 일부일처제가
일반적이었다. 최루백의 경우도 동시에 두 부인과 산 것이 아니라
재혼한 것임을 짐작할 수 있다.

그런데 『고려사』에 흥미를 끄는 사례가 있다. 왕비의 재혼에 관
한 것이다. 충선왕(忠宣王, 재위 1298, 1308∼1313)의 후실 순비(順妃
許氏)는 결혼해 자식까지 낳았으나 38세의 나이에 다시 왕비가
되었다. 재혼을 통해 왕비가 된 사례는 그밖에도 성종과 충렬왕의
후비 등이 있다. 그렇다면 조선과 달리 고려는 여성의 재혼을 허
용한 것일까?

우리나라 초기 족보의 하나인 문화 류씨의 가정보를 통해 여성
들의 재혼 사례를 확인해보았다. 범례에 '전남편과 후남편을 모두
기록하고 은폐하지 말라'고 적고 있다. 이것은 고려 시대 여성들
의 재혼이 드물지 않았음을 보여주는 것이다.

여성의 재혼은 남편이 없는 경우, 즉 사별하거나 이혼하는 경우
에만 허용되었다. 그렇다면 여성측에서 먼저 이혼을 제기할 수도
있었을까? 이와 관련해 재미있는 기록이 전해진다. 충숙왕(忠肅王,
재위 1313∼1330, 복위 1332∼1339)의 후비인 수비 권씨는 원래 전신
의 아들에게 시집갔으나 전씨의 집안이 좋지 않아 이혼하고자 하
였다. 그러나 일이 뜻대로 되지 않자 왕명에 의탁해 이혼했고 그

후 충숙왕의 비가 되었다. 이혼하기 위해 왕명에 의지해야 했다는 것은 여성측에서 이혼을 제기하여 성사되는 일이 쉽지 않았음을 보여주는 것이다. 고려시대에 이혼은 남편이 아내를 일방적으로 버리는 경우가 대부분이었다. 또한 사위나 외손주가 처가·외가의 상벌에 연루되었다. 때문에 정치적 격변기에는 목숨을 부지하기 위해 아내를 버리고 새로 결혼하는 예가 빈번했다.

일부일처제와 재혼의 전통에 비춰보면 고려시대 여성들의 지위는 매우 높은 것처럼 보이기도 한다. 하지만 이혼당할 가능성도 높아 지위가 확고하지 못한 측면도 있었다.

이러한 일부일처제의 전통은 원의 간섭기에 다처제의 풍습이 들어오면서 위기를 맞게 된다. 이와 관련해 충렬왕 때의 재상 박유(생몰 연대 미상)는 다음과 같은 상소를 올렸다. "몽고인이 다처제 풍습으로 고려 여인들을 데려가니, 우리도 다처제를 시행하여 인재가 흘러가는 것을 막아야 한다." 당시 박유의 상소는 여성들의 대대적인 반발을 불러 일으켰다. 이때까지도 일부일처제가 확고했음을 입증하는 것이다. 다처제가 나타난 것은 최루백과 염경애 부부가 살던 시대에서 200년 뒤의 일이다.

넷째 아들의 출가와 환속에 얽힌 의문

묘지석에 따르면 최루백과 염경애 사이에는 두 딸과 네 명의 아들이 있었다. 첫째부터 셋째 아들까지는 유학에 뜻이 있어 공부를 한다고 했다. 그런데 특이하게도 넷째 아들 단지(端智)는 출가해 승려의 길을 걷는 것으로 되어 있다. 반면 아버지 최루백의 묘지에는 단지가 벼슬을 한 것으로 기록되어 있다. '인부음(因父蔭)', 즉 아버지의 음덕으로 벼슬에 나아갔다는 것이다. 그렇다면 출가를 했다가 다시 환속해서 벼슬을 했다는 뜻인데, 단지는 귀족의 아들이면서 왜 출가를 했으며 그 뒤에 다시 환속한 것일까?

고려시대 귀족 자녀 가운데 승려로 출가한 사례를 조사해 봤다. 확인 가능한 아들의 숫자는 731명으로, 그 중 74명이 출가한 것으로 나타났다. 당시에는 귀족 가문의 자제가 출가하는 일이 드문 일이 아니었음을 알 수 있다. 승려의 숫자와 관련해 중국 『송사』에는 재미있는 기록이 전해진다. "고려에는 군인, 백성, 승려가 1/3씩 있다." 실제보다 과장된 기록이지만 고려시대 불교의 번성을 짐작할 수 있다. 여러 아들 가운데 한두 명 정도의 출가는 일반적인 일이었던 것이다. 왕자 출신으로 국사의 지위까지 오른 의천을 비롯해서 승려 가운데 상당수가 귀족의 자제였다는 사실을 통해 고려시대 승려의 지위를 짐작할 수 있다.

고려 사회에서 불교는 단순한 신앙 이상의 의미가 있었다. 사회를 통합하는 정신적 구심점이자 고려 사회를 통치하는 지배 이념의 하나였다. 때문에 승려가 된다는 것은 사회적 지위와 명예를 동시에 얻는 일이었다. 귀족 자제는 물론 일반인 중에서도 출가하려는 사람이 많았던 것은 이런 이유에서다. "한 집에 세 아들이 있으면 한 명은 중이 되는 것을 허락했다"는 『고려사』의 기록을 통해 고려시대에는 출가하는 데 큰 제약이 없었음을 알 수 있다.

하지만 승려가 됐다고 해서 모두 같은 대우를 받는 것은 아니다. 높은 지위에 올라가려면 반드시 승과를 거쳐야 했다. 고려시대 승과는 스님들이 치르는 과거 시험과 같은 것으로, 합격한 사람에게 승적을 주는 제도였다. 승과의 응시 자격은 과거 응시와 같은 것으로 보인다. 양인(良人)까지 과거에 응시할 수 있었지만 실제로 과거에 응시해서 관직을 받은 사람은 적어도 귀족의 자제이거나 지방 향리 이상이었다.

승과에 합격한 승려들은 승계와 승직을 받아 불교 조직을 운영하게 된다. 즉 불교 교단 내에서 지배층을 이루는 것이다. 고려시대 불교 조직은 관료 조직과 매우 흡사했다. 왕이 임명권을 가진 것도 두 조직의 공통점이다. 이것은 고려 왕실에서 관료 조직과 마찬가지로 불교 교단을 통제하려 했음을 의미한다. 신진세력을 양성하기 위한 제도가 과거제의 실시였는데, 그와 같은 시기에 신진 승려를 양성해서 교단체제를 구성하려는 목적에서 승과를 실시한 것이다.

고려 왕실은 한쪽으로는 행정 조직을, 다른 한쪽으로는 불교 교단을 이용해 중앙집권 통치를 꾀한 것이다. 이 때문에 과거 합격자에게 관직과 토지를 주듯, 승과 합격자에게도 승직과 토지를 부여한다. 승려 신분이라는 점을 제외하면 과거 합격자와 다를 바가 없었던 것이다. 따라서 본래 의도 외에 세속적 출세를 위해 출가하는 경우도 있었다. 또한 정치 권력 싸움에 불교 교단이 개입하기도 하는데, 정략적으로 아들을 출가시켜 교단을 장악, 정치적으로 이용하는 사례도 있었다.

이렇듯 출가의 목적이 종교적인 이유보다 개인적 입신이나 가문의 세력 확장을 위한 성격이 강했던 만큼 환속하는 사례도 드문 일이 아니었다. 최충헌 가문의 경우도 대를 이어 출가했지만, 나중에 모두 환속해 정치권력을 계승했다. 결국 귀족 자제들의 출가는 출세를 위한 또 하나의 선택이었던 것이다.

최루백의 넷째 아들 단지도 이런 경우로 추정할 수 있다. 단지는 당시 귀족사회의 관습에 따라 승려가 됐고, 어머니의 묘지명에도 출가한 것으로 기록됐을 것이다. 그러나 이후 어느 시점엔 환속해서 아버지의 음서를 통해 관직으로 나아갔다. 승려로서 출세하는 대신 관료의 길을 택한 것이다.

묘지석은 감춰진 역사의 비밀을 푸는 열쇠다

사라진 왕국에 대한 대부분의 역사가 그렇듯 고려시대와 관련된 기록 역시 빈약하다. 그만큼 정확하지 않은 부분이 많고 잘못 전해지는 역사도 있기 마련이다. 그래서 고려시대 묘지석은 아직까지 밝혀지지 않은 역사를 알려주거나 잘못 기록된 역사를 바로잡는 중요한 단서가 되기도 한다.

현재까지 발견된 고려시대의 무덤은 그리 많지 않다. 민통선 안에 있는 청주 한씨 문중 소유의 무덤 역시 몇 안 되는 고려시대 무덤이다. 이 무덤은 1991년 문화재 연구소에 의해 발굴 조사된 바 있다. 발굴 도중 무덤 안에 벽화가 있는 것으로 밝혀져 사람들

1 파주시 장단면 서곡리에 있는 청주 한씨 문중의 무덤
2 1991년 발굴 당시의 모습 3 무덤 안쪽에 벽화가 보인다.(CG)
4 무덤에서 발굴된 묘지석

의 관심을 끌었다.

그런데 묘지석이 발견되면서 더욱 놀라운 사실이 밝혀졌다. 무덤의 주인이 청주 한씨가 아니라 권씨로 밝혀진 것이다. 권씨의 묘소에 한씨가 외손의 자격으로 묘지석을 쓴 것이다. 이와 같은 예는 용인에 있는 포은 정몽주의 묘도 마찬가지다. 연안 이씨가 외손의 자격으로 묘를 조성한 것이다. 만약 묘지석이 발견되지 않았다면 무덤의 주인을 결코 밝혀내지 못했을 것이다.

경기도 파주에 있는 윤관 장군의 묘 역시 묘지석 때문에 무덤의 주인을 확인할 수 있었던 경우다. 고려 초기에 만든 이 무덤은 세월이 흐르는 동안 봉분도 허물어지고 잊혀진 채 남겨져 있었다. 그런데 조선 영조 때 파평 윤씨 가문에서 묘소를 찾기 위해 이 일대의 땅을 파는 과정에서 깨진 묘지석을 찾아낸 것이다.

조선 후기에 들어서면 조상을 모시는 일이 매우 중요한 일로 대두된다. 때문에 시조의 무덤을 찾는 데 열중하게 되는데, 윤관의 묘도 이런 과정에서 발견된 것이다. 18, 19세기에는 가족사회에서 엄청난 변혁기를 맞았는데, 구체적으로는 각 가문별로 족보 제작, 시조(始祖) 찾기 등 성리학적인 정통의식이 확산되면서 족보, 현조(顯祖, 유명한 조상)가 있어야 행세할 수 있는 분위기가 됐다.

땅에 묘지석을 묻는 것은 우리나라의 전통이 아니다. 이것은 3~4세기 무렵 중국에서 시작됐다. 무덤을 사치스럽게 장식하는 것을 막기 위해 비석을 금지시키자 대신 땅 속에 묘지석을 묻는 전통이 생겨난 것이다. 우리나라의 경우 11세기 이전까지는 묘지석이 전혀 나타나지 않는다. 그렇다면 왜 이 시기에 갑자기 출현한 것일까? 이 시기 많은 사람들이 중국 송나라에서 고려로 귀화해 왔는데, 그들에 의해 묘지명 문화가 고려에 들어온 것으로 추정된다.

그런데 한 가지 재미있는 사실은 고려시대 묘지석 대부분이 개성과 경기 지방에서 출토됐다는 점이다. 무덤의 소재를 파악할 수 있는 무신 정권기 이전의 묘지석 100여 개를 조사한 결과, 이 같은 내용을 확인할 수 있었다. 최시윤(崔時允, 1084~1145)과 그의 처는 부임지에서 사망했지만 경기 지방 장단현에 합장됐다. 전기의 처 고씨의 경우도 마찬가지다. 지방에서 사망했음에도 최종 매장지는 개경 근처로 나타난다. 이것은 최루백과 염경애도 예외가 아니다. 이들의 무덤 역시 개성 근처에 있음을 확인할 수 있었다. 대부분의 묘지석이 수도 개경 근처에서 발견되는 것은 무엇을 의미할까?

고려의 지배계층은 중앙에 거주함으로써 귀족적 특권을 누릴 수 있었고, 중앙을 떠나 지방(혹은 고향)으로 가는 것은 형벌로 여겼다. 이런 사회적 요인 때문에 고려 귀족들은 살아서도 개성에 살았고 죽어서도 개성 주변을 떠나지 않았던 것이다.

결국 묘지석은 귀족의 전유물로, 죽어서도 자신의 신분을 나타내고자 했던 고려 귀족들의 특권의식이 반영된 징표였다.

고려시대의 장례제도

묘지석에는 무덤의 주인공을 기리는 글뿐 아니라 그림을 그려 장식하기도 한다. 이렇게 묘지석의 내용을 정리하고 그것을 돌판에 새기려면 많은 시간이 걸렸을 것이다. 묘지석이 무덤에서 출토되었다는 것은 시신과 함께 묻었다는 얘기가 된다. 그렇다면 묘지석이 완성될 때까지 시신을 땅에 묻지 않았을 수도 있다는 뜻이 되는데, 고려시대의 장례제도는 지금과 달랐던 것일까?

염경애의 묘지석에서 장례와 관련된 단서를 찾아보았다. 묘지석에 의하면 죽은 지 5일 만에 화장을 했는데, 3년이 지난 후 다시 매장을 했다고 한다. 일반적으로 화장이란 시신을 불태운 후 남은 뼈를 가루 내어 뿌리는 것을 말하는데, 염경애의 경우는 화장 후 다시 땅에 묻었다는 것이다.

뼈를 가루 내어 뿌리는 것은 한 가지 방법만을 이용하므로 단장(單葬)이라고 한다. 반면 화장한 뼈를 다시 땅에 묻는 것은 화장과 매장의 두 가지 방법을 사용하므로 복장(復葬)이라고 한다. 그런데 복장의 경우 뼈를 땅에 바로 묻는 것이 아니라 '권안'이라고 해서 일정 기간 동안 사찰 등에 모셔두게 된다. 이 기간 동안 후손들은 살아생전 못다한 봉양을 올리며 매장 준비를 하는 것이다. 보통 부모가 사망하면 자식이 3년상을 치르는데, 이것은 부모가 자식을 낳고서 3년 간 품에서 애지중지 기르기 때문에 그 은혜에 보답하기 위해서이다. 이 기간에는 정월 초하루와 보름 두 차례에 걸쳐 후손들이 제사를 지내고, 명당을 찾아 묘지를 물색하며 부장품도 마련한다.

화장에 대한 현존하는 가장 오랜 기록은 삼국시대 자장법사의 다비식(茶毘式)이다. 이를 통해 화장제도가 도입된 것은 불교의 영향으로 추정할 수 있다. 화장제도가 본격적으로 유행하게 된 것은 통일신라 문무왕 때부터다. 문무왕은 자신이 죽으면 화장해서

다비식(茶毘式) 광경

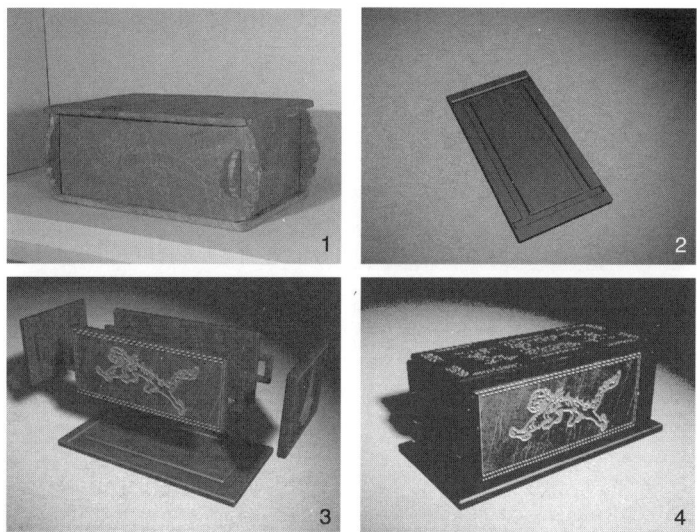

1 국립중앙박물관에 소장된 고려시대 석관 2~4 석관은 이렇게 만들었을 것이
다.(CG) 2 홈을 새긴 바닥돌 3 사신도를 각각 새긴 옆면의 네 판을 바닥돌 홈에
끼우고 모서리를 서로 맞물린다. 4 뚜껑돌을 씌운다.

동해 바다에 수장(水葬)하도록 유언했다. 동해의 용이 되어 바다
로 들어오는 왜구를 무찌르겠다는 것이다. 하지만 문무왕이 화장
을 실천한 참뜻은 다른 데 있었다. 그는 당시 귀족이나 왕족들이
지나치게 화려한 무덤을 조성한다고 생각했다. 이 때문에 왕인 자
신이 모범을 보여 검소한 장례제도를 정착시키려고 한 것이다.

　이후 화장은 귀족적인 장례제도로 고려시대까지 이어진다. 화장
한 유골을 담았을 것으로 추정되는 고려시대 석관이 있다. 길이가
60~70cm에 불과해 직접 시신을 넣은 것이 아님을 확인할 수 있

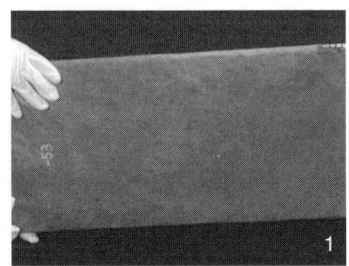

염경애 묘지석 뒤편. 백호(1)와 '上'(2), '西'(3)자가 새겨져 있다.

다. 아마도 화장한 유골과 부장품을 넣었을 것이다. 석관은 6개의 돌판을 조립해서 만든다. 대개의 경우 석관 표면에는 화려한 선각화를 그리고, 네 면에는 하늘의 동서남북을 지킨다고 알려진 사신도를 각각 그린다. 뚜껑돌의 표면에는 비천상을, 안쪽에는 성수도(星宿圖)를 새겨놓았다. 하늘에는 사방에 신이 있어서 영혼을 보호한다고 생각했다. 소우주(小宇宙)의 의미를 갖는 작은 관에서 사후에도 안락한 생활을 누리기를 기원하며 석관에 그림을 그린 것이다.

그런데 염경애의 경우 묘지석 뒤편에도 그림이 그려져 있다. 방향을 나타내는 듯한 서(西)와 상(上)이라는 한자를 토대로 확인한 결과, 백호였다. 사신도 가운데 서쪽 하늘을 수호한다는 백호는 무엇을 의미하는 것일까? 만약 백호 그림이 석관의 일부라면 염경애의 경우 석관의 내부를 묘지석으로 이용한 것임을 알 수 있다.

한 장의 묘지석으로 우리는 12세기를 살았던 고려 귀족의 전형적인 삶과 죽음의 통과의례를 볼 수 있다. 귀족 가문의 일원인 염경애와 최루백 부부의 가족관계를 복원함은 물론, 그들의 사랑과 결혼, 죽음에 이르기까지의 과정을 모두 만날 수 있는 것이다. 기록에조차 남겨져 있지 않은 고려 시대 사람들의 삶을 엿볼 수 있는 비밀의 문, 바로 그것이 고려시대 묘지석이다.

기생 홍랑의 지독한 사랑

　경기도 파주시 교하면 다율리에 있는 해주 최씨의 선산에 뜻밖에도 조선 선조대의 기생 홍랑(생몰 연대 미상)이 묻혀있다. 홍랑의 무덤 바로 위에 있는 또 하나의 무덤은 한 사대부와 부인의 합장묘다. 엄격한 신분제도가 존재한 조선시대, 기생은 노비나 다름없는 천민 신분이었다. 그런데 이런 상황에서 기생 홍랑은 어떻게 명문 사대부 집안의 선산에, 그것도 부부의 합장묘 바로 아래 묻힐 수 있었던 것일까?

　그 사연을 밝히게 된 단서는 무덤 근처 비석에 새겨져 있는 한 편의 시조다.

　묏버들 가려 꺾어 보내노라 임에게/ 주무시는 창밖에 심어두고 보소서/ 밤비에 새잎 나거든 나인가도 여기소서

　임에게 보내는 간곡한 사모의 정을 버드나무 가지를 빌어 표현한 이 시조는 얼마 전까지 고등학교 국어 교과서에 실려 있었다. 바로 이 시조를 무덤의 주인공인 홍랑이 지었다고 알려져 있는데, 과연 홍랑은 누구를 위해 이 시를 쓴 것일까?

연시에 담긴 사연을 찾다

2000년 11월, 조선시대 중엽의 대표적인 연시(戀詩)로 꼽히는 홍랑의 시 원본이 공개됐다. 홍랑의 시가 실린 서첩은 근대 한국 최고의 서화 감식안으로 꼽히는 위창(葦滄) 오세창(吳世昌, 1864~

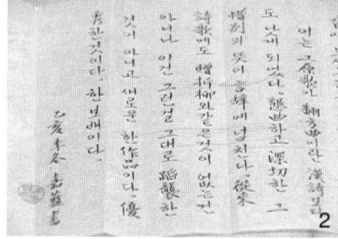

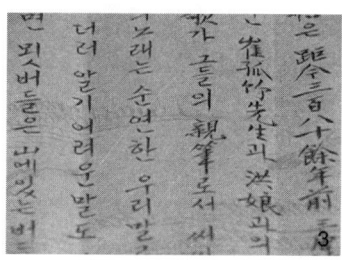

홍랑의 시가 실린 시첩
1 홍랑의 시조 '묏버들 가려~'의 친필
2, 3 가람 이병기가 쓴 발문의 일부.
홍랑의 친필임을 밝힌 부분과 '한 보배'
라고 평한 구절이 보인다.

1953)의 집안에 내려오던 것이다. 서첩에는 1936년 가람 이병기가 썼다는 발문도 수록돼 있다. 여기서 가람은 홍랑의 시가 친필임을 확인하는 한편, 이 시의 내용과 표현이 '한 보배'와 같다고 평가했다. 이 같은 내용은 1956년 편찬된 가람의 저서 『국문학 전사(全史)』에도 그대로 담겨졌다. 이를 계기로 홍랑의 시조는 고등학교 국어 교과서에까지 실렸고, 지금까지도 여전히 우리 문학사에서 가장 아름다운 연시 가운데 하나로 꼽힌다.

그렇다면 가람 이병기를 비롯한 국문학자들이 홍랑의 시를 높이 평가한 까닭은 무엇일까? 이별과 관련된 시는 많지만 이만큼 멋이 살아있고 낭만적인 작품은 흔치 않기 때문이다.

그렇다면 홍랑이 그처럼 사랑한 사람은 과연 누구일까? 조선시

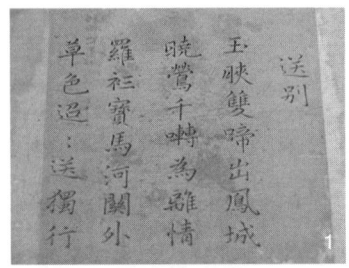

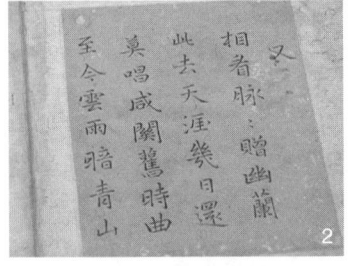

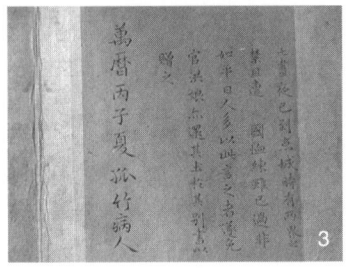

1, 2 최경창의 시. '송별(送別)'(1), '우
(又)'(2)
3 최경창이 쓴 홍랑과의 만남과 이별
이야기(끝부분)

대 기생들의 이야기를 담고 있는 『조선 해어화사(解語花史)』에는 홍랑의 사랑에 관한 짧은 일화가 소개돼 있다. 책의 내용에 의하면 선조 때의 시인 고죽(孤竹) 최경창(崔慶昌, 1539~1583)이 바로 홍랑의 연인이다. 생몰 연대가 확실치 않은 홍랑의 시가 조선 중기의 것으로 알려질 수 있었던 것은 최경창과의 사랑 이야기가 전해지기 때문이다.

이번에 공개된 서첩에는 그동안 알려져 있던 홍랑의 시뿐 아니라 최경창이 홍랑과의 사랑을 통해 남겼다는 세 편의 시도 함께 수록돼 있다. 게다가 고죽은 이 서첩의 말미에 홍랑과 나눈 만남과 이별의 이야기를 직접 기록해 놓았다. 두 사람의 사랑을 자신의 손으로 분명하게 확인해준 것이다. 400년 전 간곡한 사모의 마음을 담아 연인에게 보낸 홍랑의 시에 담긴 애틋한 사연이 되살아나고 있다.

발견된 서첩에는 홍랑의 시를 최경창이 직접 한문으로 옮겨놓은 '번방곡(飜方曲)'이 실려있다. 홍랑에 대한 최경창의 각별한 마음을 짐작할 수 있는 부분이다. 그리고 홍랑의 시에 화답해서 최경창이 보냈다는 두 편의 시('又', '送別')가 있다.

말없이 마주보며 유란(幽蘭)을 주노라/ 오늘 하늘 끝으로 떠나고 나면 언제 돌아오랴/ 함관령의 옛 노래를 부르지 마라/ 지금까지도 비구름에 청산이 어둡나니('又'의 우리말 전문)

버드나무 가지를 꺾어 보내며 자신으로 여겨달라 했던 홍랑의 시에 고죽은 난초 한 포기를 건네는 것으로 위로의 마음을 전하고 있다.

홍랑과 최경창의 만남, 그리고 첫 번째 이별

서첩에는 최경창과 홍랑이 주고 받은 사랑과 이별의 정한이 깊게 배어있다. 그 가운데 특히 눈길을 끄는 부분이 있다. 홍랑과의 만남과 사랑, 그리고 이별에 이르기까지의 사연을 최경창 자신이 직접 서문 형식으로 써놓은 부분이다.

고죽은 전라남도 영암군 군서면 동구림리에서 어린 시절을 보냈다. 당대 이름난 학자였던 박순(朴淳, 1523~1589)의 문하에서 백광훈 등과 함께 공부하면서 일찍부터 탁월한 문장을 보였고, 악기를 다루는 재주도 뛰어났다고 전한다. 그의 악기 다루는 솜씨에 대해 전해지는 일화가 있다. 임진왜란이 나자 고죽이 배를 타고 서호강을 건너는데, 왜군이 쫓아왔다. 그 때 고죽이 가지고 있던 옥피리를 불자 그 소리를 들은 왜군이 "저 배에는 귀신 신(神)자에 사람 인(人)자, 신인(神人)이 있다"며 쫓아가기를 포기했다는 것이다.

최경창이 과거에 합격한 것은 1568년, 홍랑을 만나 사랑한 것은 그로부터 5년이 지났을 때였다. 최경창이 남긴 기록은 바로 이때부터 시작된다. 1573년 가을 최경창이 북도평사(北道評事)로 부임했다. 그가 부임한 곳은 함경북도 경성(鏡城), 서울에서 천리길이 훨씬 넘는 변방이다. 고려시대부터 여진족을 비롯해 수많은 이민족의 침입을 받은 경성은 국방의 요지였고 예부터 많은 군대를 두고 있었다. 최경창은 이곳에 북도평사, 즉 병마절도사(兵馬節度使)의 보좌관으로 부임한 것이다. 당시 서른넷의 최경창에겐 이미 처자가 있었지만 경성에 부임할 때는 혼자였다.

조선시대 기녀와 양반의 관계를 연구해온 조광국 박사에 의하면, 당시 변방에 부임한 관리가 가족을 데려가지 않고 혼자 간 것은 군사활동에 전념하기 위해서였다. 대신 변방 사졸들에게 배치되는 기녀가 있는데, 그 기녀를 '방직기(房直妓)'라고 했다.

「춘향가」에는 변사또가 남원에 부임하자마자 기생들을 모두 집합시키는 대목이 나온다. 이것은 '점고(點考)'라는 풍습이다. 당시의 기생들은 모두 '관물(官物)'이라고 해서 관아에 속해있는 노비나 다름없었다. '점고'는 이같은 기생들이 모두 제구실을 하고 있는지 철저하게 관리하기 위한 제도였다. 이 자리는 기생들은 물론 그 지방의 관리들도 모두 참석하는 게 관례여서, 기생과 관리가 자연스럽게 얼굴을 마주할 수 있는 기회였다.

최경창의 후손들이 모여 살고 있는 경기도 파주시 교하면 서패리에는 두 사람의 만남에 관한 또 다른 이야기가 전해오기도 한다. 변방에 군사활동을 나갔다가 그 지역 관리가 마련한 술자리에 참석했는데 그 자리에 홍랑이 있었다. 주거니 받거니 하면서 시를 읊는데 홍랑이 함께 있는 사람이 고죽인지 모르고 그의 시를 읊었다. 이에 고죽이 누구의 시를 좋아하냐고 묻자 홍랑이 고죽 선생의 시를 좋아한다고 대답했고, 그때서야 최경창이 자신의 신분을 밝혔다는 것이다. 사실 고죽 최경창은 당대의 문인인 송강(松江) 정철(鄭澈, 1536~1593) 등과 교류하면서 조선 중기 8문장으로 불렸다. 특히 당시(唐詩)에 뛰어난 평가를 받았는데, 율곡 이이는 그의 시를 가리켜 '청신준일(淸新俊逸)하다'고까지 평했을 정도였다.

시와 풍류를 아는 젊은 관리 최경창과 재색을 겸비한 경성의 이름난 기생 홍랑은 곧 사랑하는 사이가 된다. 고죽은 당시를 이렇게 적고 있다. 홍랑이 자신의 처소인 경성 병영에 따라와 함께 지냈다는 것이다. 관기(官妓)의 신분인 홍랑이 최경창과 함께 사는 일이 과연 가능했을까?

이에 관해 실록에 조선시대 변방에서의 기녀 풍속을 보여주는 대목이 있다. 세종 18년의 일이다. "군사들이 가정을 멀리 떠나서 추위와 더위를 두 번씩이나 지나므로 일상의 사소한 일도 어려울 것이니, 기녀를 두는 게 합당하다." 당시 변방의 부대에 기녀가 사는 게 일반적이었음을 보여주는 것이다. 기생들이 제일 많은 곳은 군사기지, 두 번째가 관아였다. 변방에 배치된 방직기는 바느질, 빨래 등 군사들의 수발을 맡았고 심지어는 잠자리 시중까지 들었다. 변방 군대의 방직기는 현지에 있는 처의 역할을 했다고도 할 수 있다.

변방에서 겨울을 보내야 했던 최경창에게 홍랑은 어떤 존재였을까? 비록 기생 신분이지만 문학적인 교양과 미모를 겸비한 홍랑이었다. 두 사람이 단순한 연인 사이를 넘어 서로의 마음을 이해하고 시와 풍류를 나눌 수 있는 관계로까지 발전한 것은 어쩌면 당연한 일이었다.

조선시대 기생은 공물 혹은 관물로 불렸다. 공동의 물건, 관아에 속해있는 존재란 뜻이다. 이것을 증명하는 사료 가운데 하나가 기생들의 명부인 기안(妓案)이다. 조선 후기 전라 감영의 기안을 보면 '백로향 43세, 초산옥 36세, 초궁월, 월궁아…' 등 40대부터 10대까지 관아에서 관리하는 기생들의 이름과 나이가 세세하게 기록돼 있다. 이들 기생은 관아에 속해있으면서 연회는 물론 각종 접대에 동원되는 관노비였다. 때문에 이들의 삶은 그 지방의 관리와 뗄래야 뗄 수 없는 관계였다.

지방 관리와 기생의 사랑에는 애초부터 한계가 있었다. 관리의 임기가 끝나면 사랑도 지속되기 어려웠던 것이다. 조선시대 기생은 노비였기 때문에 해당 지역을 벗어나 다른 지역으로 갈 수 없었다. 소유권이 해당 관청에 있기 때문이다. 기생과 관리의 사랑은 많았지만 지방을 벗어나면 사랑도 계속될 수 없는 게 현실이었다. 경성에서의 임기를 마친 최경창이 서울로 돌아가게 되면서 두 사람도 헤어질 수밖에 없었다. 고죽의 기록에 의하면 당시 홍랑은 경성에서 쌍성(雙城)까지 며칠 길을 마다 않고 따라온다. 그러나 이별을 피할 수는 없는 일이었다.

최경창은 당시의 상황을 이렇게 적고 있다. "나와 이별한 뒤, 홍랑이 함관령(咸關嶺)에 이르렀을 때 날이 저물고 비가 내렸다. 이곳에서 홍랑이 내게 시를 지어 보내왔다." 이별의 슬픔 속에 혼자 경성으로 돌아가면서 홍랑은 마음이나마 고죽 곁에 머물기를 원했을 것이다. 서울로 떠나간 고죽에게 적어 보낸 시 한 수에 홍랑이 담은 것은 간절하고도 지극한 사랑이었다.

묏버들 가려 꺾어 보내노라 님에게/ 주무시는 창밖에 심어두고 보소서/ 밤비에 새잎 나거든 나인가도 여기소서

사랑은 파직을 불렀다

조선시대 여염집 여성들에게는 '일부종사(一夫從事)'가 절대적인 도덕관념이었지만 기생만은 예외였고, 누구도 기생에게 의리나 절개를 요구하지 않았다. 부임해온 관리가 머물다가 떠나면 또 다

른 사람이 찾아들기 마련이고, 그러면 또다시 새로운 사랑을 시작하는 게 기생들의 보편적인 삶이었다. 그렇다면 경성에서 함께 겨울을 보낸 최경창이 서울로 떠난 뒤에 홀로 남겨진 홍랑의 경우는 어떠했을까?

선조 9년인 1576년 봄, 사헌부는 최경창의 파직을 청하는 상소를 올렸다. "최경창은 식견있는 문관으로서 몸가짐을 삼가지 않고 북방의 관비(官婢)를 불시에 데리고 와 사니 이는 너무도 기탄 없는 일입니다. 파직을 명하소서." 이때는 최경창이 경성을 떠나온 지 2년이 지난 무렵이다. 그런데 이미 이별한 두 사람이 함께 살고 있다는 상소의 내용은 무엇을 의미하는 것일까?

최경창은 당시의 상황을 이렇게 적고 있다. "을해년에 내가 병이 들어 봄부터 겨울까지 자리에서 일어나지 못했다. 홍랑이 이 소식을 듣고 7일 밤낮을 걸어 한양에 도착했다." 단지 병석에 누운 고죽을 걱정해 찾아온 홍랑의 행동이 최경창의 파직으로까지 비화된 까닭은 당시의 시대 상황에 있었다. 최경창은 자신의 기록에서 "그때 양계(兩界)의 금(禁)이 있었고 국상 때였다"고 적고 있다. '양계의 금'은 함경도와 평안도 사람들의 도성 출입을 제한하는 제도를 말한다. 양계는 중국과 국경을 맞댄 변방이고, 국방을 튼튼히 하기 위해서는 이 지역을 번성하게 할 필요가 있었다. 때문에 조선시대에는 양계인들이 밖으로 나가는 것을 엄격하게 막았다. 다른 지방 사람들과 결혼하는 것조차 금할 정도였다.

더구나 당시는 명종비 인순(仁順) 왕후가 죽은 지 1년이 채 안 됐을 때였고 사회의 분위기도 평소와는 달랐다. 허균은 국상 기간에 기녀와의 관계 때문에 파직을 당했다. 강상(綱常)을 어지럽히는 일이고 삼강오륜을 무너뜨리는 일이라고 여겨진 것이다. 홍랑의 경우도 마침 국상 기간이었고 게다가 동인과 서인간의 당쟁이 한창이었기 때문에 정적(政敵)이 표적으로 삼기에 좋았다. 이 같은 상황 속에서 최경창을 찾아 서울로 온 홍랑의 일은 결국 최경창이 홍랑을 첩으로 삼았다고까지 비화되고 만 것이다.

조선시대 문헌에는 '관리들이 아름다운 기녀를 모두 빼가서 관아에는 못생긴 기녀만 남았다'는 내용이 여러 차례 나온다. 당시 성행한 '대비정속(代婢定屬, 관노비나 공노비를 빼낼 때 같은 성(性), 같은 연령의 사람을 그 자리에 넣고 노비를 빼내는 것을 말함)'이란 풍습을 풍자한 것이다. 관아의 사유물인 기녀를 빼내려면 다른 여자를 대신 채워넣어야 했다. 이것이 바로 대비정속인데, 조선시대에는 이에 얽힌 문제가 끊이질 않았다. 그러나 실제로 기녀의 대비정속에 관련된 양반이 벌을 받는 경우는 많지 않았다.

기녀의 대비정속은 법으로 금지돼 있었지만 실제로는 흔한 일이었고 경우에 따라 벌을 받을 수도, 받지 아니할 수도 있었다. 문제는 당쟁이었다. 최경창은 당쟁의 중심인물은 아니었지만 당대 서인의 막후 실력자인 구봉(龜峰) 송익필(宋翼弼, 1534~1599)과 교분이 두터웠다. 때문에 동인과 서인의 세력다툼이 치열했던 당시의 상황에서 자유로울 수 없었고, 홍랑의 일은 좋은 표적이 됐던 것이다. 『선조실록』은 최경창의 파직을 이렇게 적고 있다. "최경창은 원래 당인(黨人)으로 지목된 인물이 아니었으나 조정의 요직에 있는 관리들 가운데 선배들이 많아 그에 대한 논란이 특히 심했던 것이다."

결국 최경창은 파직당했고 홍랑도 고향으로 돌아갈 수밖에 없었다. 경성에서 이별한 뒤 2년 만에 병석에 누운 최경창과 홍랑의 짧은 재회는 파직과 이별로 막을 내리고 말았다.

최경창은 당대 가장 뛰어난 문장가로 꼽혔지만 벼슬길은 순탄하지 못했다. 그러나 숙종 대에 이르러 이조판서로 추서됨으로써 인정을 받는다.

세 번째 이별 "죽음, 그 후의 이야기"

최경창의 사후 출간된 『고죽집』의 서문은 우암 송시열이 썼다. "내가 젊었을 때 고죽의 시사를 듣고 보니 과연 근세에 뛰어난 가락이었다"는 말로 시작한다. 이 서문에서 우암은 고죽의 시뿐 아니라 사람됨까지도 크게 평가하면서 율곡 이이의 표현을 인용하고 있다. "율곡선생이 말하기를 고죽은 그 성품이 깨끗하고 하는 일마다 선이 되는 사람이니 그 청고(淸高)한 절조는 사람마다 실천하기 어려운 일이다." 또 송시열 자신은 "사람 때문에 시가 가려진다더니 오히려 시 때문에 사람이 가려졌구나"라는 말로 고죽의 문장과 성품을 칭송하고 있다.

고죽 최경창은 이렇게 당대의 학자·문인들로부터 인정받을 정도로 고고한 성품을 지녔고, 파직을 감수하면서까지 한 여인을 사랑했다. 최경창과 홍랑의 사랑은 파직과 이별, 죽음으로 이어지는

시련 속에서 오히려 더 꿋
꿋했던 것이다.

홍랑의 일로 파직당한
뒤, 최경창은 평생을 변방
의 한직으로 떠돌다가 선
조 9년(1583) 마흔 다섯의
젊은 나이로 객사하고 만
다. 명문가에 태어나 당대

전남 영암군 군서면 동구림리에 있는 동계
사(최경창의 신주를 모신 사당)와 고죽시비.

에 이름을 날린 문장가로서는 쓸쓸하기 이를 데 없는 죽음이다.
그것은 홍랑과 최경창의 사랑 역시 이승에선 계속될 수 없다는
의미이기도 했다. 그렇다면 홍랑은 고죽과의 마지막 이별을 어떻
게 받아들였을까?

조선 중기의 학자 남학명(南鶴鳴, 1654~?)은 문집 『회은집(晦
隱集)』에서 최경창이 죽은 후 홍랑의 행동을 이렇게 적고 있다.
즉 "고죽이 죽은 뒤 홍랑은 스스로 얼굴을 상하게 하고(自毁其
容), 그의 무덤에서 시묘(侍墓)살이를 했다"는 것이다. 3년의 세
월 동안 움막을 짓고 씻지도 않고 꾸미지도 않으며 묘를 지켰다
고 한다.

『춘향전』에는 변사또의 수청을 거절한 춘향이 옥에 갇히는 대
목이 있다. 노류장화(路柳墻花)와 같이 누구나 꺾을 수 있다고 여
겨진 기생이 주위의 협박과 유혹을 물리치고 수절한다는 것은 이
처럼 어려운 일이었다. 이런 상황에서 고죽의 무덤을 지키기 위해
홍랑은 스스로 얼굴에 상처를 냄으로써 다른 남자의 접근을 막은

것이다. 홍랑이 신분의 한계 속에서도 절개를 지킬 수 있었던 것은 이처럼 지극한 사랑이 있었기 때문이다.

『회은집』은 계속해서 이런 기록을 남기고 있다. "난리가 일어나자 홍랑은 고죽의 시를 지고 피난하여 병화(兵火)를 면하게 했다". 3년상을 마치고도 무덤을 지키던 홍랑은 전쟁이 일어나자 어쩔 수 없이 피난길에 오른다. 고죽이 남긴 시를 모두 정리해 고향으로 돌아간 것이다. 조선시대 뛰어난 시인인 고죽의 시가 지금까지 전해지게 된 것은 이 같은 홍랑의 사랑이 있었기 때문이다. 『고죽집』에는 홍랑이 수집한 시가 대부분 실려있다.

홍랑이 죽고 난 뒤, 해주 최씨 문중은 그녀를 한 집안 사람으로 여겨 장사를 지냈다. 그리고 최경창 부부의 합장묘 바로 아래 홍랑의 무덤을 만들어주었다. 두 사람의 사랑 이야기도 대를 이어 전해왔고, 후손들은 지금까지도 예를 갖춰 홍랑의 묘를 돌보고 있다. 기생 홍랑이 신분의 차이와 죽음의 이별을 극복하고 고죽의 곁에 머물게 된 것은 후세의 마음까지도 감동시킨 지극한 사랑 때문이다.

최경창 부부의 합장묘
(뒤)와 홍랑의 무덤(앞)

홍랑은 누구인가? - 조선시대 기생의 생활

조선시대 대표적인 풍속화가 혜원 신윤복의 풍속화에는 당시 기생의 모습이 잘 나타나 있다. 당시 흔하게 벌어진 술자리에서 담배를 물고 있는 앳된 기생이 양반의 품에 안겨있는 모습을 볼 수 있다. 사대부의 노리개처럼 여겨진 기생의 이미지가 드러난다. 신윤복의 또 다른 풍속화 「봄나들이」에 등장하는 기생은 양반가 젊은이들에 둘러싸여 말을 타고 가고 있다. 조선시대 사대부들의 향락적인 생활과 그 한 축을 이루던 기생의 모습이 그대로 담겨 있다. 또 다른 그림에는 몸단장에 열중하는 기생이 있다. 아름답지만 그만큼 사치스러웠던 기생의 일면을 엿볼 수 있다.

규방에 숨어 외출조차 자유롭지 못했던 여염집 여인들과 달리, 기생들은 비교적 자유롭고 미색을 갖췄기 때문에 여인을 소재로 한 풍속화의 모델이 됐다. 하지만 그림에 나타난 기생의 모습은 지금까지 살펴본 홍랑의 삶과는 다른 부분이 많다.

당대 문장가 최경창의 사랑을 받을 만큼 재능이 풍부하고 사랑을 지키기 위해 자신의 얼굴은 물론 일생을 희생함으로써 어느 열녀 못지 않은 절개를 보여준 기생 홍랑은 어떤 인물이었을까?

조선시대 기생의 풍속이나 일화를 다룬 책에는 홍랑과 최경창의 사랑 이야기가 어김없이 실려있다. 그러나 책의 어디에도 홍랑에 대한 구체적인 설명은 눈에 띄지 않는다. 그저 홍원(洪原) 태생 기생이란 한 마디뿐이다. 홍랑과 최경창의 이야기를 비교적 자세히 적은 『회은집』에도 홍랑에 대한 설명은 "홍원 기(妓) 홍랑은

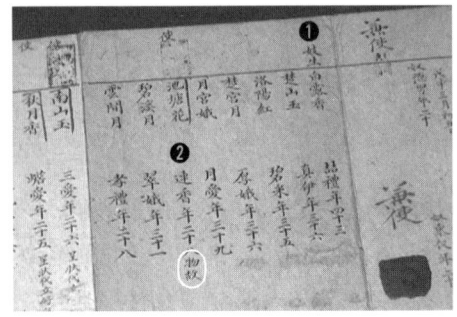

전라감영 노비안 가운데 기안의 일부. ①'妓生'이라고 표시된 부분부터 기생들의 이름과 나이가 적혀 있다.
②연향(連香)이라는 한 기생은 나이(年二十八) 밑에 '물고(物故, 기생이 죽은 것을 뜻함)'라고 적혀 있다(표시부분).

절개를 사랑하고 자색(姿色)이 아름다웠다"는 한 구절에 불과하다. 사실 조선시대의 기록에서 기생 개인에 관한 구체적인 내용을 발견하기란 쉽지 않다. 그 생활이나 풍속에 관한 자료도 극히 드물다. 그것은 사대부들의 유교적인 윤리의식 때문으로 짐작된다.

규장각에는 조선시대 노비들의 명부인 「노비안(案)」이 일부 남아있다. 이 가운데 전라 감영의 노비안에 기녀들의 명부인 '기안(妓案)'이 일부 포함돼 있다. 관아에 속한 신분이던 기생은 누구나 이 기안에 의해 철저한 관리를 받았다. 함경도 지방의 관기였던 홍랑 역시 기안에 이름이 올라있을 것이다. 그러나 현재 규장각에 남아있는 기안은 조선후기, 그것도 몇몇 지방의 것에 불과하다. 홍랑의 이름은 결국 찾을 수 없었다.

그렇다면 최경창과 만난 당시 홍랑의 나이는 몇이었을까? 이를 가늠하려면 당시 기생들의 일반적인 나이를 알 필요가 있다. 전라 감영의 기안 일부에 12~13세 정도의 어린 기녀들이 상당수 기록돼 있다. 이들을 가리켜 '동기(童妓)'라고 불렀다. 그러나 기안에 올랐다고 해서 바로 기녀의 역할을 하지는 않았다. 이들은 우선 관아에서 각종 잔심부름을 하는 한편 기생을 관리하는 기관인 교방(教坊)에서 소리나 접대법 등 기생으로서의 기본 소양을 배웠다.

기녀로서 본격적인 역할을 하게 되는 것은 보통 열여섯 살 정도부터다. 이때부터 관아에서 열리는 각종 행사나 연회에 불려나가야 했고, 때로는 양반의 수청도 들어야 했다. 30세가 넘으면 기녀에서 물러나는데, 이를 퇴기(退妓)라고 한다. 50이 되면 기역(妓役)에서 면제된다. 기생이 소싯적에 사랑을 받았다고 하면 20세

1 김홍도의 「평양감사환영도」(부분) 2 김희겸의 「석권한유도」(부분). 지방 관원의 후원이 배경이다. 3 연회에서 춤을 추는 기녀의 모습 4 나이 어린 기생

이전의 나이로, 아마도 16세 안팎으로 추정할 수 있을 것이다.

비록 많지 않은 나이였지만 당대의 문장가 최경창과 시를 나눌 수 있었던 홍랑은 어떻게 이 같은 교양을 갖출 수 있었을까? 조선 시대 기생은 '여악'이라고도 불렸다. 이것은 기생의 본래 역할에서 나온 말인데, 공중이나 관아의 연회에서 흥을 돋우는 사람을 뜻한다. 때문에 서울의 기생들은 장악원(掌樂院)에서, 지방 관아의 기생들은 교방을 통해 각종 악기와 가무를 배웠다. 주로 양반 계층과 어울려야 했던 만큼 문장과 서화(書畵)를 익히는 것도 중요했다. 기녀들의 교육은 엄격해서 해마다 2월에서 4월 사이에 격일로 진행되는데, 가무와 당비파 연주는 필수였다. 이밖에 가야금이나 해금 등 전공 악기도 한 가지 이상 습득하게 해서 전문성을 강조하는 교육을 실시했다.

이 같은 소양을 바탕으로 사대부와 어울린 기생들은 우리 문학사에 중요한 자취를 남겼다. 현재까지 전해오는 조선시대 시조 3천 수 가운데 여성이 지은 것은 90여 편인데, 그 가운데 대부분이 기생의 작품이다. 조선시대 남성의 시는 임금을 사랑하는 연군가(戀君歌)나 백성을 가르치려는 훈민가 일색이다. 하지만 기생의 시는 비극적인 사랑을 노래한다. 때문에 격조 높은 아름다움이 있고 탁월한 문학성을 지닌다고 할 수 있다.

당대 최고의 풍운아 허균이 부안 기생 매창을 사랑한 것이나, 개성 명기 황진이가 수많은 문인들과 교류한 일은 기생들의 문학적 소양이 어느 정도였는가를 보여준다. 양반가의 남자만이 유일한 문학계층이었던 조선시대에 기생들은 웬만한 시인 가객 못지 않은 뛰어난 재주를 지닌 것이다. 관동지방 기녀들은 송강 정철의 「관동별곡」을 잘 불렀고, 함흥 지역 기녀들은 「용비어천가」를 잘 읊었다. 이런 문학작품들이 오늘날까지 전승돼왔음을 볼 때 기녀들의 예술 보존과 전수자로서의 역할은 재평가되어야 한다.

비록 천민 신분이지만 재색과 지혜를 갖춘 조선시대 기생들은 사대부 문화의 한 축을 이루면서 양반과 풍류를 나눴고, 이들과의 사랑을 통해 수많은 애정시가를 남기기도 했다. 사랑과 이별의 정한을 진솔하게 읊은 기생의 시는 우리 여류 문학사에 중요한 의미로 남아있다. 사대부와 당당하게 풍류를 나누고 자유롭게 사랑한 조선시대의 기생은 선비의 말을 알아듣는 꽃이라 해서 '해어화(解語花)'라 불려왔다. 해어화란 표현을 처음 사용한 것은 당나라 현종이라고 한다. 천하제일의 미색으로 손꼽히는 양귀비와 함께 정원을 거닐면서 "오른쪽에는 백련화 즉 하얀 연꽃이요, 왼쪽에는 바로 말을 알아듣는 꽃 해어화로구나"라고 양귀비를 가리켜 읊었다는 일화가 전해온다.

선비의 말을 알아듣는 꽃, 그래서 꽃 중의 꽃으로 불린 조선시대의 기생. 최경창의 연인 홍랑 역시 해어화의 한 사람이었던 것이다. 해어화의 진정한 아름다움이 어떤 것인가를 홍랑의 삶은 보여주고 있다. 죽은 고죽을 위해 무덤을 지키고 일생을 수절한 홍랑이 해주 최씨 집안에 받아들여진 것은 어쩌면 당연한 보상이었는지도 모른다.

홍랑의 후손

홍랑의 삶을 되짚어보면서 그녀가 고죽과의 사랑을 통해 세상에 남긴 또 하나의 흔적이 있다는 기록을 발견할 수 있다. 두 사람 사이에 아들이 있었다는 것이다. 이것이 사실이라면 그는 대체 누구일까?

홍랑과 최경창의 사랑 이야기를 비교적 소상하게 적은 『회은집』 가운데 눈길을 끄는 부분이 있다. 『회은집』의 마지막 대목에는 홍랑과 최경창이 '유일자(有一子)' 즉 아들 한 명을 두었다는 얘기가 있다. 이 기록을 확인하려면 해주 최씨 대종회의 도움이 필요했다. 1990년 만들었다는 해주 최씨 대동보에는 최경창이 장남 '집(濮)'과 차남 '즙' 두 아들을 둔 것으로 되어 있다. 그러나 이 가운데 어느 쪽이 홍랑의 아들인지는 확인하기 어려웠다.

그렇다면 최경창의 무덤 근방에 살고 있는 후손들은 이 사실을

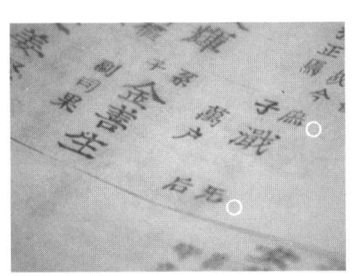

1867년 만든 족보의 일부. 최경창의 아들 '즙'의 이름 위 아래에 각각 '庶子', '무후(无后, 자손이 없음)'라고 적혀 있다(표시부분).

알고 있을까? 기대를 가져봤지만 결과는 역시 마찬가지였다.

그래서 해주 최씨 종친회의 홈페이지에 도움을 요청하는 글을 올려봤다. 며칠 만에 최경창의 직계 후손이라는 사람에게서 전화가 걸려왔다. 최경창의 13대 종손은

1867년 고죽의 5세손이 만들어 대물렸다는 족보를 가지고 있었다. 이 족보에는 최경창의 둘째 아들 '즙'이 '서자'라고 표시돼 있어 그가 홍랑의 아들임을 짐작하게 했다. 또 다른 족보에서도 둘째 아들 즙이 서자임을 확인할 수 있었지만 그 후손에 대해서는 아무런 기록이 없다. 1961년 족보에서부터 비로소 즙의 후손이 나타나기 시작한다. 마지막으로 꺼내놓은 족보에는 즙의 후손이 1975년생까지 나타나 있었다. 홍랑의 아들이 즙이라는 이름을 가졌고 그 후손이 현재까지 이어지고 있음은 분명했다. 그러나 그들에 관해 더 이상은 알 수 없었다.

기생 홍랑은 재색을 겸비한 기녀였고 평생 한 사람에 대한 절개를 잃지 않은 열녀이기도 했다. 한 사람을 진정으로 사랑하고 그 사랑을 위해 일생을 걸 줄 안 여인이었다. 짧은 만남과 오랜 헤어짐, 끝없는 기다림과 혹독한 시련 속에서도 서로를 저버리지 않았던 홍랑과 최경창이 시에 담아 보낸 지극한 사랑은 400년의 세월이 흐른 지금까지도 여전히 빛나고 있다.

매창이 사랑한 남자,
천민 유희경

이화우 흩뿌릴 제/ 울며 잡고 이별한 님/ 추풍낙엽에 저도 날 생각
는가/ 천리에 외로운 꿈만 오락가락하여라

이 시조의 지은이는 조선시대 대표적인 여류 시인의 한 사람인 이
매창(李梅窓, 1573~1611?)이다. 매창은 부안 출신의 기생으로 한시에 능
했을 뿐 아니라 거문고 연주 또한 뛰어났던 것으로 전해진다. 그 명성
이 전국에 퍼져 당시의 사대부들 중에 그녀를 만나기 위해 부안으로
찾아오는 이들도 적지 않았다고 한다. 매창과 친분을 맺은 사람 중에
는 전라도 일대의 현감을 지낸 이귀(李貴), 『홍길동전』을 지은 허균 같
은 인물들도 있었다.

그런데 정작 매창이 사랑한 인물은 지위가 높은 관료도 이름난 학
자도 아니었다. 그녀가 사랑한 단 한 사람의 연인은 유희경(劉希慶,
1545~1636)으로, 그의 신분은 조선시대에 가장 업신여김을 받던 천민
이었다. 당대 최고의 명성을 얻은 기생이 사랑한 남자가 천민이었다는
것은 놀라운 사실이다. 그런데 더욱 놀라운 것은 두 사람의 사랑이 양
반의 전유물처럼 여겨진 한시를 통해 이어지고 있었다는 사실이다.

조선의 여류시인 매창은 어떤 인물이었을까?

부안 시내 한가운데 위치한 서림(西林)공원 입구에 매창의 시비
가 있다. 1974년 세운 이 시비는 매창을 좋아하는 사람들이 사재
(私財)를 털어 세운 것으로, 그녀에 대한 이곳 사람들의 애정을

1 서림공원 입구에 있는 매창의 시비. 뒤로 보이는 커다란 바위가 '금대'다.
2, 3 매창공원. 매창의 무덤이 있는 공동묘지에서 다른 무덤들을 이장하고 2001년 공원으로 조성한 곳이다. 입구 한쪽에는 명창 이중선(李中仙)의 묘도 있다. 매창의 시를 새긴 돌들이 군데군데 세워져 있다. 오른쪽에 보이는 계단 위로 매창의 무덤(3)이 있다.

짐작케 해준다.

시내에서 좀 떨어진 매창공원에는 매창의 무덤이 있다. 변변한 비석 하나 갖추지 못한 다른 기생들과 달리 그녀의 무덤은 단정히 손질돼 있다. 부안 사람들에게 매창은 시와 거문고에 능했던 이 고장의 대표적인 예술인으로 기억되고 있다. 매창의 시는 그녀가 죽은 뒤 아전들의 입을 통해 전해 내려왔다고 한다. 구전되던 매창의 시를 개암사에서 목판본으로 만들었는데, 원하는 이가 너무 많아 절의 재정이 바닥날 지경이었다고 한다. 그래서 목판을 불살랐다는 이야기가 전해올 만큼, 부안 사람들은 그녀의 시를 아끼고 사랑한다.

매창은 1573년, 부안현의 아전 이탕종(李湯從)의 첩에게서 태어났다. 본래 이름은 계생(桂生)이고, 어린 시절부터 한문 공부와 거문고 연주를 즐겼다고 한다. 기생이 된 후에는 이름을 계랑으로 바꾸고 직접 자신의 호를 지어 매창이라고 했다. 오래지 않아 그녀의 명성은 인근 양반들 사이에 알려지게 됐는데, 서림공원 입구의 시비 뒤에는 그 시절 매창이 즐겨 찾아 거문고를 연주했다는 '금대(琴臺)'가 지금도 남아있다.

매창의 명성은 전국으로 퍼져나갔고, 수많은 시인과 문장가들이 그녀를 보기 위해 부안을 찾았다고 한다. 그들 가운데는 이귀와 허균 등도 포함되어 있었다. 허균은 매창과의 첫 만남을 이렇게 적고 있다. "얼굴은 비록 뛰어나지 못하지만 재주와 정취가 있어 함께 얘기를 나눌 만했다. 하루종일 술을 나누어 마시고 서로 시를 주고받았는데, 저녁이 되자 조카딸을 침실로 보내주었다." 여행하는 곳곳마다 기생들과 염문을 뿌리고 다닌 허균이지만 매창과는 남녀의 사랑으로 발전하지 않았다. 이후 두 사람은 평생 우정을 나누는 친구 사이로 이어지게 된다. 이것은 10년 뒤 허균이 매창에게 보낸 편지에서 확인할 수 있다. "만일 그때 조금이라도 다른 생각이 들었더라면 우리가 이렇게 10년씩이나 가깝게 지낼 수 있었겠는가?"

기생의 신분이라고는 하나 매창은 행동거지가 바르고 절개가 곧은 여인이었다. 손님 중에는 그녀를 유혹해보려는 이들도 많았지만 모두 허사였다고 한다. 매창은 기생이면서도 기생의 삶을 살지 않았다. 많은 사람들이 매창을 사랑한 까닭은 그가 끝까지 절개를 지켰기 때문이다. 매창의 절개는 그녀의 시에서도 드러난다. 후세 사람들이 매창의 문학을 높이 평가하는 것도 그런 까닭이다.

이런 매창에게 사랑이 찾아온 것은 그녀의 나이 스무 살 때의 일이다. 스물여덟 살이나 연상인 촌은(村隱) 유희경과의 만남이다.

매창과 유희경의 만남

시인 신석정은 '개성에 송도 3절(松都三絶)이 있듯이 부안에도 부안 3절(扶安三絶)이 있다'고 했다. 박연폭포와 황진이, 서경덕이 송도 3절이라면 부안의 명물 인 직소폭포, 그리고 매창과 유희경을 일컬어 부안 3절이 라고 하여, 결국 매창과 유희 경을 황진이와 서경덕에 비유 한 것이다. 그러나 화담 서경 덕이 당대의 내로라 하는 학 자였던 데 비해 유희경의 처 지는 그렇지 못했다. 매창의 나이 스물에 찾아온 사랑은 이름난 사대부의 관심을 한몸 에 받는 기생과 내세울 것 하 나 없는 천민 출신 사내의 사

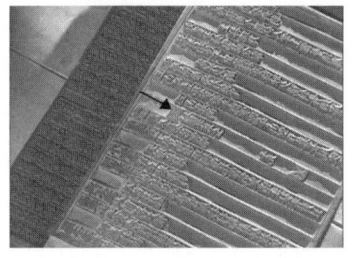

남해 용문사에 보관된 목판. 표시부분에 '村隱集(촌은집)'이라 새겨져 있다.

랑이었기에 더욱 드라마틱하다.

남해 용문사에 유희경과 관련된 유물이 있다는 얘기를 듣고 찾아갔다. 주지스님의 안내를 받고 들어간 곳은 대웅전 불상 좌대의 뒤편. 300년이 넘도록 이곳에서 보관해 온 것은 52장의 목판으로, 유희경의 문집을 새긴 것이다. 유희경의 손자가 고성(固城)에서 관직에 있을 때 용문사의 도움을 받아 책을 제작한 뒤 목판을 이곳에서 보관하고 있었던 것이다.

이들 목판 가운데 매창과 유희경, 두 사람의 만남을 확인할 수 있는 시 한 수를 발견하게 되었다.

남국의 계랑/ 이름 일찍이 알려져서/ 글 재주 노래 솜씨/ 서울까지 울렸어라/ 오늘에서 참모습을 대하고 보니/ 선녀가 떨쳐입고 내려온 듯하여라

시에 등장하는 계랑은 매창의 이름이다. 이 시는 유희경이 처음 매창을 만나서 읊은 시다. 매창의 글 재주와 노래 솜씨가 뛰어나기로 서울 장안에 소문이 났는데, 부안으로 내려와 만나 보니 선녀에 비할 만큼 훌륭한 기생이라는 칭찬의 시다. 결국 이 시는 매창을 위해 지은 것임을 알 수 있다.

두 사람이 처음 만난 것은 1591년 봄날의 일이다. 남도를 여행하던 유희경이 그녀를 찾아온 것이다. 이 때 매창은 '유, 백' 중 누구냐고 묻는데, 유, 백이란 당시 천민 시인으로 유명했던 유희경과 백대붕(白大鵬)을 뜻하는 것이다. 매창은 유희경의 이름을 알

고 있었다. 그것은 두 사람이 서로 만나기 전부터 시를 통해 이름을 알고 있었다는 얘기다. 당시 매창은 20세가 채 안 되었는데, 나이 차이가 많음에도 불구하고 서로를 이해하고 사랑하는

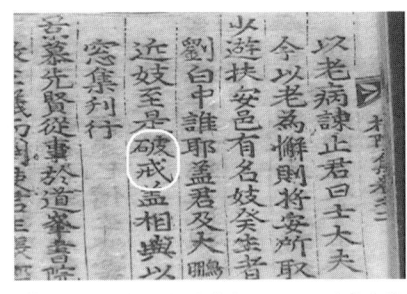

『촌은집』의 일부. 유희경이 '스스로 파계했다' (표시부분)고 말한 대목이다.

사이가 되었다. 유희경의 문집인 『촌은집(村隱集)』에는 유희경이 그때까지 뭇여성을 가까이 하지 않았는데, 이 때 비로소 파계했다고 적고 있다. 그 어느 남자에게도 정을 주지 않던 매창과 뭇여성을 가까이 하지 않던 유희경, 그런 두 사람이 첫 만남에서 맺어진 것이다. 매창과 유희경이 서로에게 강하게 끌린 것은 천민과 기생이라는 신분의 한계에 대한 공감대가 컸을 것이다. 여기에 더불어 문학이라는 공통의 언어가 있었기에 두 시인의 운명적 만남이 가능했던 것이다.

이듬해 찾아온 임진왜란은 두 사람을 갈라놓았다. 전 국토를 휩쓴 전화(戰火)의 불길 속에서 유희경은 의병활동을 결심하게 되고 두 연인은 이별을 맞게 됐다. 짧은 만남이었지만 매창은 유희경과의 사랑을 잊지 못하고 그리움 속에 세월을 보내야 했다. 손님들 중엔 짓궂은 이들도 있기 마련, 그럴 때면 그녀는 재치로 위기를 넘겼다고 한다.

취한 손님이 명주 저고리의 옷자락을 잡으니/ 그 손길 따라 명주 저고리 소리내며 찢어졌군요/ 저고리 하나쯤이야 아까울 게 없지만/ 임이 주신 온정까지도 찢어졌을까/ 그것이 두려워요

독수공방의 나날을 이어갔지만 임의 소식은 오지 않고 그리움만이 깊어질 뿐이었다.

유희경은 누구인가?

규장각에 보관된 『촌은집』은 유희경에 대해 많은 정보를 전해준다. 족보가 전해지지 않는 탓에 『촌은집』은 유희경의 행적을 파악할 수 있는 거의 유일한 단서다. 이 문집은 두 권의 책으로 되어 있다. 앞쪽에는 유희경이 지은 시가, 그 뒤로는 다른 사람들이 유희경에 대해 적은 기록들이 다양하게 실려 있다. 『촌은집』엔 통정대부[정3품], 가의대부[종2품], 한성부윤[정2품] 등의 벼슬이 기록돼 있다. 유희경에게 내려진 벼슬이다. 일대기를 요약한 행록에 따르면 유희경은 살아생전에는 종2품 가의대부를 지냈고 사후에는 정2품 한성부 판윤으로까지 추존되었다고 한다. 엄격한 신분사회인 조선시대에, 천민 유희경이 어떻게 정2품의 벼슬인 한성부윤으로까지 추존될 수 있었을까?

유희경은 임진왜란 이후 천민 신분을 벗어났고 그 후 벼슬을 받게 된 것이다.

　그가 천민 출신이란 사실은 조상의 이름을 통해서도 짐작할 수 있다. 도치(道致)와 업동(業소) 등의 이름은 당시 양반들은 쓰지 않던 이름이다. 이처럼 낮은 신분에도 불구하고 많은 사람들이 유희경에 대해 높이 평가했음을 알 수 있는 기록들이 여러 곳에 남아 있다. 우리나라 역대 위인 천여 명을 기록한 『동국시화휘성(東國詩話彙成)』에 단군, 왕건, 이성계 등과 나란히 그의 이름이 올라 있다.

　취재 과정에서 발굴해 낸 또 하나의 자료는 유희경의 행적을 기록한 『유촌은 구적첩(舊蹟帖)』이다. 그가 죽고 100년이 지난 뒤 씌어진 이 책은 후대의 이름난 학자들이 유희경의 업적을 기리기 위해 지은 것이다. 규장각 서고 깊숙이 잠들어 있던 유희경에 대한 평가가 세상에 공개된 순간이다.

　그렇다면 천민 출신 유희경이 어떻게 한시를 짓고 이처럼 세간에 명성을 얻을 수 있었을까? 『촌은집』에 따르면 유희경은 열세 살 되던 해 아버지를 여의었다. 어린 유희경은 혼자 3년상을 치렀

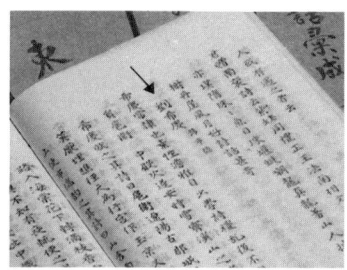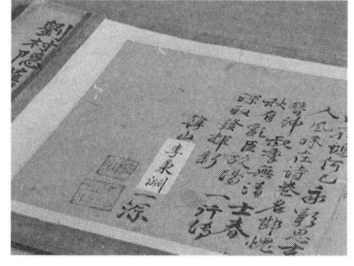

(왼쪽) 『동국시화휘성』 가운데 유희경을 소개한 대목(표시부분 이하)
(오른쪽) 『구적첩』 가운데 이병연(李秉淵)이 쓴 부분

는데, 이것이 당대 이름난 학자 남언경(南彦經)의 귀에까지 들어가게 된다.

남언경에게 정통 예법을 배운 유희경은 천민의 신분으로는 드물게 당대 손꼽히는 상·장례(喪葬禮) 전문가로 성장하게 된다. 장례 절차를 모르는 일반인들을 대신해 상·장례 전반의 예법을 조언하고 장례를 도맡아 하는 일을 한 것이다. 오래지 않아 그의 명성은 널리 알려졌고, 사대부들의 초상은 물론 국상 때도 그에게 자문했다고 한다. 당시 항간에는 유희경의 명성을 짐작할 수 있는 소문이 떠돌았다. '허준의 스승이었던 어의 양예수는 뒷문으로 나가고 유희경은 앞문으로 들어온다'는 것이었다. 이 말은 사람이 죽었기 때문에 의사인 양예수는 뒷문으로 나가고 유희경은 장례를 치르기 위해 대접을 받으며 앞문으로 들어온다는 뜻으로, 그만큼 유희경이 상·장례에 있어 유명했음을 알 수 있다.

유희경에게는 남언경 외에 또 한 사람의 스승이 있었는데, 그가 바로 영의정을 지낸 박순(朴淳)이다. 남언경에게 예법을 배웠다면 박순은 시를 배운 스승이다. 박순은 당대의 화려하기만 한 시 경향을 비판하고 담백한 시를 추구한 그 시대 최고의 시인이었다. 바로 그가 유희경에게 시를 가르친 것이다. 유희경이 박순을 만난 것은 독서당을 드나들면서였다. 상

독서당터 표석. 독서당은 '동호당(東湖堂)'이라고도 불렸다.

가집에 불려 다니는 틈틈이 시 짓기를 즐긴 유희경은 이곳의 젊은 학자들과 곧잘 시를 주고 받았다고 한다. 유희경의 시를 본 박순은 그의 자질을 높이 평가했고, 이후 그에게 시를 가르치게 된 것이다. 이를 계기로 유희경은 더 많은 양반 사대부들과 교류를 갖게 됐다. 그래서 그는 천민 신분임에도 글을 배울 수 있었고, 시인으로 이름을 날릴 수 있었다.

그대의 집은 부안에 있고/ 나의 집은 서울에 있어/ 그리움 사무쳐도 서로 못 보고/ 오동나무에 비 뿌릴 젠 애가 끊겨라

유희경이 매창과 이별한 뒤 그녀를 그리워하며 지은 시다. 『촌은집』에는 이 같은 연서가 여러 편 등장하는데, 이를 통해 매창이 유희경을 그리워했듯이 유희경 또한 그녀를 그리워했음을 알 수 있다.

그러나 두 사람이 다시 만나게 된 것은 첫 만남이 있은 지 15년이 지나서였다. 그 오랜 시간 동안 유희경은 왜 매창을 만나러 가지 않았을까? 아직은 그 까닭을 알 만한 단서를 찾을 수 없다. 다만 한 가지 추정해본다면 그는 양반 사대부보다 훨씬 더 예학에 밝은 사람이었다는 것이다. 정통 성리학적인 가치관으로 보면 뭇여성을 가까이 하는 것은 부끄러운 일이었다. 더욱이 아내가 있는 몸으로 부안까지 기생을 만나러 간다는 것은 도리에 어긋나는 일이었을 터, 유희경으로서는 마음에 있다 하더라도 실행에 옮기기가 그리 쉬운 일은 아니었을 것이다.

사대부들의 사랑방 - 침류대

두 사람의 이별이 계속되는 동안 유희경은 한문학 공부와 시 쓰기에만 열중했다. 자신의 집을 '침류대'라고 이름짓고 이곳에서 시 쓰기를 즐겼는데, 임진왜란 이후 이곳에는 내로라 하는 문인들과 고관 대작들이 제집처럼 드나들었다. 왕실의 일원인 완평부원군 이원익을 비롯해 장유, 김상헌, 이수광, 신흠 등 당대의 손꼽히는 학자와 관료들이 침류대를 찾아와 그와 함께 시를 나누고 풍류를 즐겼다.

이수광은 침류대에 관해 언급하면서 무릉도원이 따로 없다고 했다. "대, 즉 너른 바위 주위에는 복숭아나무 여러 그루가 둘러있고 시냇물 양쪽으로는 꽃비가 흩뿌리니 비단물결이 춤추는 것 같다. 옛날의 무릉도원이 이보다 더 좋지는 못했을 것이다."

이렇게 아름다운 침류대가 어디 있었을까? 유희경의 책 『행록』에 보면 집은 정업원(淨業院) 아래쪽의 하류, 속칭 원동(院洞)이라고 하는 곳에 있다고 기록돼 있다. 기록 속에서, 단서가 된 정업원이 현재의 창덕궁 서편 원동 부근에 있었음을 알 수 있다. 이밖에 침류대의 위치를 추정해 볼 수 있는 기록을 중심으로 그 위치를 찾아보기로 했다.

또 하나의 단서는 이수광의 기록이다. 그가 쓴 「침류대기」에는 '내(유희경)가 거처하는 곳은 금천의 상류'라고 했다. 이 금천교를 따라 상류로 올라간 곳에 침류대가 있었다는 사실을 확인시켜 주는 기록이다. 금천교는 궁궐 입구 쪽에 위치한 다리의 이름이다.

기록대로라면 금천의 물줄기를 따라 오르면 침류대가 있던 자리에 이르게 된다.

두 기록을 종합해서 위치를 추정해 보면 침류대는 정업원의 아래쪽 계곡 하류에 있었다. 계곡을 따라 내려오다 보면 그 물길은 금천교와 만난다. 이곳에서 다시 상류 쪽으로 백여 보를 올라간 지점이 침류대의 위치임을 알 수 있다. 그런데 이곳이 맞다면 침류대가 궁궐 안에 있었다는 얘기가 된다.

이 의문의 해답은 궁궐 확장 공사에 있다. 이 같은 사실은 후대의 기록으로도 알 수 있다. 효종 때 효종의 계비를 위한 만수전(萬壽殿)을 지으면서 침류대는 완평부원군 이원익의 집과 함께 궐 안으로 편입됐다고 한다. 창덕궁의 돌담에서 이를 확인할 수 있는 단서를 찾았다. 서편 담장에서 ㄱ자로 꺾인 확장 흔적을 발견한 것이다. 결국 우리가 찾는 침류대는 현재의 창덕궁 서편, 담장 안쪽임을 확인할 수 있었다.

유희경이 살던 당시의 침류대 위치를 추정해보면 궁궐의 경계는 지금과 달리 금천 동쪽에 있었을 것이다. 이렇게 볼 때 대궐의 출입문에서 침류대까지는 아주 가까운 거리임을 알 수 있다.

당시 침류대는 조선 상류사회에서도 널리 알려진 곳이었는데, 인목대비가 궁궐 너머로 침류대를 거니는 유희경을 보았다는 기록이 전해지기도 한다. 침류대가 있던 곳은 계곡이 깊어 맑은 물이 흘러내리고 경치가 좋은 곳이다. 침류대는 당시의 명사들이 모여 학문을 논하고 교우 관계를 갖기도 하던, 17세기 후반 조선의 '문화 사랑방'이라 할 수 있다.

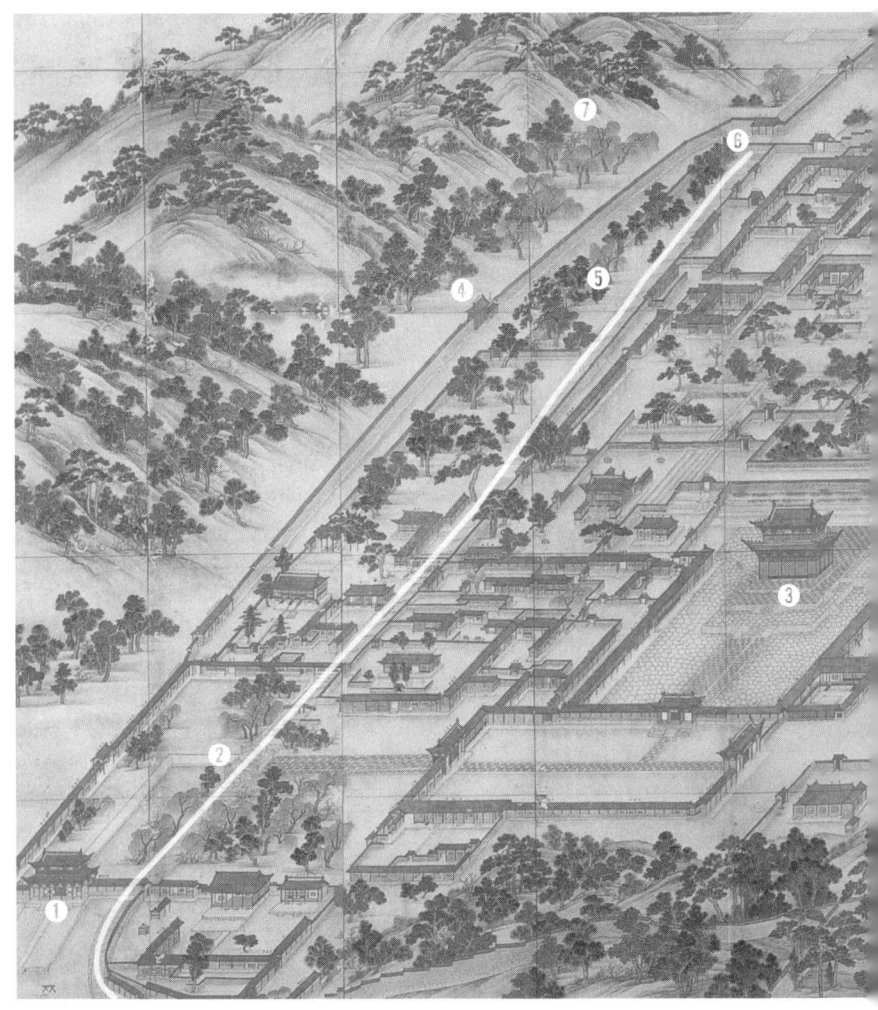

「동궐도」의 일부. 희게 표시한 부분이 금천의 물줄기다.
①돈화문 ②금천교 ③인정전(仁政殿) ④경추문(景秋門). 예전에는 금천의 동쪽에 있었을 것
으로 본다. ⑤서편 담장 안쪽. 침류대 위치로 추정되는 곳이 이 부근이다. ⑥서편 담장이 꺾
인 부분(295쪽 사진 참조) ⑦정업원 터는 이곳에서 좀더 북쪽에 있었다.

창덕궁 서편 담장 안쪽의 일부. 확장된 터임을 알 수 있는 곳이다.

침류대를 드나들던 수많은 문인들은 이곳의 아름다움을 시로 남기기도 했다.

도원 속으로 걸어 들어가니/ 봄바람 속에 꽃도 많은 것이/ 친한 친구 술 권하는데/ 석양이 기우는 줄 몰랐소(임숙영, 「침류대기」)

수많은 양반들이 침류대를 찾게 된 데는 유희경의 신분 상승이 가장 큰 역할을 했다. 그가 천민의 신분을 벗어난 것은 임진왜란의 의병 활동을 인정받아서였다. 임진왜란과 병자호란, 두 차례의 전쟁은 조선시대에서 신분 이동이 가장 활발했던 시기였다. 전쟁 비용이나 군사를 충당하기 어려웠던 조정은 전쟁에서 공을 세우거나 군량미를 헌납한 노비들에게 면천(免賤) 증서를 주었다. 『선조실록』에 따르면 노비가 적군의 목을 벨 경우 그 많고 적음에 따라 면천, 혹은 벼슬길을 열어줬다고 한다.

1609년 유희경은 또 한 차례의 공을 세운다. 조정의 고민거리인 중국 사신들의 접대 비용 마련에 해결책을 제시한 것이다. 이에 조정은 그에게 정3품 당상관의 벼슬을 내리게 된다. 결국 유희경은 천민에서 양인으로, 다시 명목상이기는 하지만 사대부 당상관으로 신분 상승을 이루게 된 것이다.

양반이 된 후에도 유희경은 겸손함을 잃지 않았다. 바로 이 때문에 많은 사대부들이 그의 집을 찾아와 함께 즐기기를 마다하지 않은 것이다. 침류대를 드나들던 사대부의 면면을 살펴보면 차천로, 이수광, 신흠, 조우인 등 당대의 내로라 하는 문인들이 포함돼 있다. 면천이 됐다고는 하지만 유희경은 엄연한 천민 출신이었다. 침류대를 드나들던 당시의 사대부들은 어떤 생각으로 천민 출신 유희경과 격의 없이 함께 할 수 있었던 것일까?

한영우 교수(서울대·국사학)는 이들이 당시 서울을 중심으로 활동한 개방적 성향의 학자란 점에 주목한다. 침류대 학자들은 대부분 화담의 영향을 받은 사람들이다. 화담은 개성 사람이다. 개성은 고려시대부터 상업이 발달한 지역이고 중국 문화가 들어오는 통로이기 때문에 사람들의 성향이 개방적이고 실용적이다. 화담학파의 사상적 경향은 율곡 이이와 퇴계학파 등 조선의 정통 성리학파와 달리 당시 이단으로 여기던 양명학과 도교 등을 받아들이는 개방적인 학풍을 이었다. 이러한 사상적 토대에서 천민인 유희경과도 어울릴 수 있었던 것이다.

이 같은 배경 속에서 침류대는 당대 학자들의 토론의 장이자 문학 활동의 공간으로 자리매김하게 된다. 무엇보다 주변의 뛰어난 풍광과 궁궐이 한눈에 내려다 보이는 백악산 자락 등 지리적인 위치 때문에 침류대는 많은 사대부 학자들의 발길을 끌기에 충분했던 것이다.

위항문학의 시발

유희경이 양반 사대부들과 본격적으로 교류를 시작한 것은 그가
면천한 이후의 일이다. 하지만 글을 배우고 시를 읊은 것은 천민
시절부터였다. 유희경은 어떻게 글을 배울 수 있었을까?

조선왕조는 문치주의 국가였다. 중인 이하의 계층도 글을 통해
자신의 존재 의의를 부각시키고 세습직을 수행했다. 신분이 낮다
고 해서 글을 배우는 것이 원칙적으로 금지되지는 않았다. 오히려
하층민들에게 글은 신분상승의 동력이 되었다. 실제로 전국에 서
당이 있었고, 글을 배우려는 사람이라면 신분 고하를 막론하고 누
구든지 글을 익힐 수 있었다. 선조때 서기라는 인물은 노비의 신
분임에도 양반 자제들까지 자신의 문하에 두고 가르쳤다. 또한 어
무적, 이달과 같은 이는 사대부들과 어깨를 나란히 하며 문학 활
동을 펼쳤다고 한다.

유희경이 살았던 조선 중기는 아직 신분제가 확고해지기 전이
어서 양반이 아니더라도 자신의 능력이 뛰어나면 사대부들에게
인정받을 수 있었고 그들과 교류를 갖기도 했다. 이런 과정을 통
해 조선시대 중인 이하 계층도 자신들만의 문학 세계를 만들어갔
는데, 바로 그 중심에 유희경이 있었다.

젊은 시절 유희경과 친하게 지낸 사람 중에 백대붕이란 사람이

있었다. 배를 만들고 수리하는 전함사(典艦司)의 노비로, 그 역시 한문에 조예가 깊었다고 한다. 유희경은 백대붕과 더불어 시작을 즐겼는데, 두 사람의 명성은 양반들 사이에서도 널리 알려진 것이었다. 사대부들은 두 사람을 가리켜 '풍월향도(風月香徒)'라고 일컬었다. 풍월향도는 임진왜란 전에 백대붕과 유희경을 중심으로 천민들과 평민들이 모여서 만든 문학 모임이다. 풍월향도는 임진왜란 이전까지 전성기를 누렸다.

전쟁 중에 백대붕이 사망하고 유희경 마저 신분이 상승된 후 서민 출신들의 시 모임인 풍월향도는 '삼청시사(三淸詩社)'로 그 전통이 이어졌다. 삼청시사는 주로 삼청동에 모여 활동했다고 해서 붙은 이름이다. 유희경의 제자격인 최기남을 중심으로 아전, 서리, 역관 등 중인 이하 신분들이 모여 시와 문장을 지으며 자신들의 문학세계를 만들어갔다. 이들은 서로 주고받은 시를 모아서 1658년 『육가잡영(六歌雜詠)』이란 시집을 냈다. 육가잡영은 위항문학 최초의 시집이다. 위항(委巷)이란 대저택이 있는 부촌이 아니라 꼬불꼬불 길이 나 있는 달동네를 뜻하는 것으로, 위항문학은 중인 이하 계층 사람들의 문학을 일컫는 말이다.

풍월향도에서 시작된 위항문학인들의 모임은 인왕산을 중심으로 점차 확대되었다. 인왕산이 그 중심지가 된 까닭은 양반들이 많이 살던 안국동이나 종로 등의 중심가와 가까우면서도 비교적 땅값이 싸고 경치가 좋았기 때문이다. 가장 왕성하게 활동한 것은 옥계시사(玉溪詩社)였다. 이들은 주로 우두머리격인 천수경의 집 근처 '송석원(松石園)'에서 모였다.

김홍도, 「송석원시사 야연도(松石園詩社夜宴圖)」 1791년경, 종이에 담채, 25.6×31.8cm, 한독의약박물관 소장.

　현재 옥인동 47번지가 바로 송석원이 있던 자리다. 이곳에는 옛 모습을 기억할 수 있는 그 어떤 흔적조차 남아있지 않다. 도시 개발로 인왕산 자락에서 옛 풍류의 현장을 찾아보기란 쉬운 일이 아니다. 옥계 상류에 다다라서야 위항 시인들이 모였을 것으로 추정되는 자리를 발견할 수 있다. 주로 한 달에 한 차례 냇가 옆에 모여서 시를 외고 그림을 그렸다. 그 작품을 묶은 시집이 『옥계사』이고, 남아있는 그림 네 폭은 인왕산의 사계절을 배경으로 한 작품이다. 위항문학은 이 옥계 시사에서 본격적인 전성기를 맞이하게 된다.

　조선 중기 이전까지 한문학은 양반들만의 전유물이었다. 그 외의 사람들은 업무상의 필요나 출세를 위해 글을 배울

시집 『옥계사』

뿐이었다. 그러나 중기로 접어들면서 이전과 달리 자신들의 생각이나 느낌을 글로 표현하기 시작한다. 이들의 모임에 대해 조선왕조에서도 후원하는 입장이었다고 한다. 문치주의인 조선의 이념과도 맞아떨어지고 무엇보다 중요한 원인은 신분체제에 반발하는 천민들의 위협을 누그러뜨리는 의미가 있었기 때문이다.

인왕산을 중심으로 활동한 위항문학 모임은 후대로 내려가면서 조금씩 그 성격이 변하게 된다. 처음엔 순수한 문학적 동기에서 출발했지만 점차 신분 상승 운동의 한 흐름으로 발전했고, 조선말에 이르면 근대화 운동의 한 축을 이루게 된다. 바로 이 거대한 흐름의 꼭대기에 유희경과 풍월향도가 있었다. 유희경 자신은 면천이라는 과정을 통해 사대부 지향적인 삶을 살았지만 그로부터 비롯된 풍월향도의 정신은 후배 문인들에게 계승되어 위항문학인들의 역사와 전통으로 이어진 것이다.

매창과 유희경의 사랑

매창과 유희경이 다시 만난 것은 이별 후 15년 만이었다. 그러나 기나긴 세월의 공백도 두 사람의 사랑을 퇴색시키진 못했다.

예부터 님 찾는 것은 때가 있다는데/ 시인께선 무슨 일로 이리도 늦으셨는가/ 내 온 것은 님 찾으려는 뜻만이 아니라/ 시를 논하라는 열흘 기약 있었기 때문이오

 뭇남성을 상대해야 하는 기생과 처자식이 있는 유부남의 이룰 수 없는 사랑, 그러나 두 연인에게는 시라는 공통의 언어가 있었다. 매창과 유희경은 부안의 명소를 돌아다니며 함께 시를 읊고 사랑을 노래했다.

 버들꽃 붉은 몸매도 잠시 동안만 봄이라서/ 고운 얼굴에 주름이 지면 고치기 어렵다오/ 선녀인들 독수공방 어이 참겠소/ 무산에 운우의 정 자주 내리세

 외로운 산비둘기 물가로 돌아오고/ 날 저문 모래밭엔 안개까지 내리는데/ 술잔을 맞들고서 마음을 주고받지만/ 날이 밝으면 이 몸이야 하늘 끝에 가 있으리

 이별을 예감한 매창의 시구처럼 짧은 재회의 시간이 지나고 유희경은 다시 서울로 돌아갔다. 두 번째 이별은 매창에게 더욱 깊은 그리움을 남겼다. 매창은 유희경과 함께 다니던 장소를 홀로 헤매거나 늦은 밤 거문고를 타는 것으로 외로움을 달랬다. 매창의 생애 전체를 통틀어 유희경과 떨어져서는 존재의 의미를 느끼지 못할 정도로 깊은 관계를 맺고 있었던 것이다.
 매창의 죽음은 이별 뒤 3년 만의 일이었다. 그러나 매창은 유희경에게 자신의 죽음이 알려지는 것을 원치 않았다. 그것이 유희경에 대한 그녀의 마지막 사랑이었던 것이다.

맑은 눈 하얀 이에 푸른 눈썹 계랑아/ 홀연히 뜬 구름 따라 너의 간 곳 아득하다/ 꽃다운 넋 죽어서 저승으로 갔는가/ 그 누가 너의 옥골 고향 땅에 묻어주리/ 정미(丁未)년에 다행히도 다시 만나 즐겼는데/ 이제는 슬픈 눈물 옷을 함빡 적시누나

짧은 만남이었지만 평생을 이어가던 두 사람의 사랑은 이렇게 끝이 났다. 유희경은 말년에 지은 시들을 통해 여전히 매창을 그리워했음을 보여준다. 유희경의 연시를 통해 죽음도 이들의 사랑을 갈라놓지 못했음을 알 수 있다. 유희경의 삶에서 다른 여인에 대한 언급이 전혀 없는 점에 비춰볼 때, 그에게 매창은 단 한 사람의 연인이었던 것이다.

매창이 사랑한 남자, 천민 유희경. 400년 전 신분의 구별이 엄연히 존재하던 그 시대에 천민으로 태어나서 침류대의 주인으로 생을 마치기까지 유희경의 일생은 그가 살던 시대를 엿볼 수 있는 스펙트럼인지도 모른다. 양반이 아니어도 글을 배울 수 있고 시를 짓고 풍류를 즐길 수 있었던 사회, 더 나아가 양반과 천민이 함께 풍류를 나누던 시대. 이처럼 조선 중기는 아직 신분의 벽이 완고하지 않은, 가능성과 유동성을 지닌 열린 사회였다.

이몽룡은 실존인물이었다

춘향의 고향 전라도 남원. 이곳에서 임권택 감독은 새 천년을 시작하는 2000년 초 개봉을 목표로 새 영화 「춘향전」을 준비중이었다. 『춘향전』이 처음 영화로 만들어진 것은 1932년이다. 임권택 감독이 찍는 춘향전은 우리나라에서 열여섯 번째로 만들어지는 작품이다. 춘향전은 비단 영화뿐 아니라 연극, 오페라로 수없이 무대에 오른 작품이다. 춘향전이 이토록 사랑받는 까닭은 한두 가지가 아니겠지만, 신분을 뛰어넘는 사랑도 하나의 원인이 될 것이다. 또한 힘없는 백성을 괴롭히는 악덕 수령을 벌하는 암행어사 출두 장면도 한몫을 했다.

그런데 춘향전 속의 통쾌한 장면인 암행어사 출두가 단지 소설 속의 이야기가 아니라 실제 있었던 일이라는 기록이 있다. 영·정조 때 사람인 성섭의 문집이다. 이 책은 원본은 아니고 옛 책을 복사해서 만든 것이다. 바로 이 책에 춘향전의 하일라이트인 어사출두 부분이 춘향전과 똑같이 묘사돼 있다. 뿐만 아니라 저자는 '우리 고조(高祖)의 일'이라고 적고 있다. 이 기록이 맞다면 춘향전의 이몽룡은 성섭의 고조 성이성(成以性, 1595~1664)이 되는 것이다.

춘향전의 배경 남원에 남아있는 성이성과 이몽룡의 흔적

성섭의 책에 등장하는 성이성이 과연 이몽룡의 실제 모델일까? 경북 봉화에는 성이성의 종택이 남아있다. 성이성이 벼슬을 그만둔 뒤부터 세상을 떠날 때까지 살던 작은 집터에 후손이 다시 크게 집을 지은 것이라고 한다. 이 집을 지키며 살고 있는 11대 후손 성원기씨는 성이성을 매우 자랑스러워 했다. 청백리는 조선시대 청렴한 관리에게 국가가 내린 녹이다. 조선시대를 통틀어 청백리로 선정된 사람은 215명에 불과하다. 청백리로 선정돼 받는 녹은 조상이 정승을 한 것보다 더 대단하게 여겨지기도 했다.

종택의 뒤에는 사당이 있다. 이곳에 성이성의 유품이 보관돼 있다고 한다. 성원기씨가 조심스럽게 펼쳐놓은 것은 어사화(御賜花)였다. 이것이 바로 성이성의 어사화라는 것이다. 성이성도 이몽룡처럼 과거에 급제했다는 얘기가 된다.

혹시 단서가 될 만한 다른 내용은 없을까? 영주에 있는 산소의 비석에는 청백리를 했다는 기록과 함께 성이성의 행적이 적혀있다. 그리고 암행어사가 돼서 남원으로 가 귀신이 많이 나오는 문

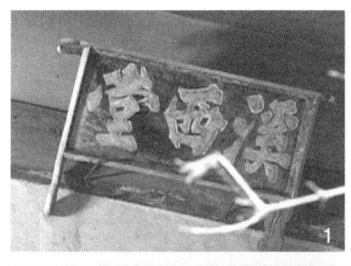

1 성이성 종택의 계서당(溪西堂) 현판
2, 3 성이성의 사당에 보관된 유품 중 어사화

(위)춘향묘. 사진에는 보이지 않지만, 봉분 오른쪽엔 '만고열녀성춘향지묘(萬古烈女成春香之墓)'라 새긴 커다란 비석이 있다.
(아래)전주~남원 간 국도변에 세운 '이도령고개' 표석

제를 해결하는 데 기여했다는 기록이 있다. 성이성 역시 남원과 관련이 있다는 얘기가 된다.

그렇다면 남원에는 성이성에 관한 또 다른 단서가 남아 있지 않을까? 춘향전의 배경인 남원에는 춘향묘를 비롯해 시내 곳곳에 춘향전과 관련한 기념물들이 있다. 때문에 남원에 오면 춘향전은 실제 있었던 일처럼 느껴진다. 그래서 춘향전의 무대를 보려고 일년 내내 많은 관광객들이 찾는다.

광한루 한켠에는 옛날 비석들을 한자리에 모아 놓은 곳이 있다. 남원 지역에서 부사(府使)를 지낸 이들의 사적비다. 이 비석들에서 약간 외떨어져 서 있는 비석이 있다. 부사 성안의(成安義)의 비석이다. 남원 부사 성안의는 바로 성이성의 아버지다. 성안의가 남원 지역의 부사를 지낸 것은 선조 40년(1606)부터 광해 3년(1610)까지 5년 동안이다. 그러니까 그 4년 동안 그의 아들 성이성도 아버지와 함께 남원에 머물렀다.

307

1 성안의의 선정(善政) 공덕비
2 성안의의 초상
3 성안의가 1610년 광주목사로 승진할
때의 임명 교지

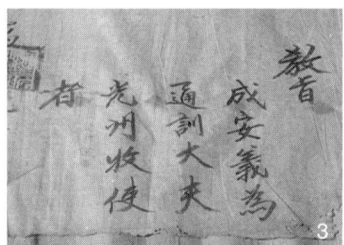

그런데 이 무렵의 기록을 보면 한 가지 재미있는 사실을 발견할 수 있다. 성안의를 전후한 당시 남원 부사들 대부분이 불과 몇 달을 채우지 못하고 파직돼 남원을 떠난 것이다. 유독 성안의만이 5년 동안 남원 부사를 지낸 것을 보면 그가 정치를 매우 잘 했음을 알 수 있다.

성안의가 남원을 떠난 것은 광해군 3년의 일이다. 그러니까 그의 아들 성이성은 13세부터 17세까지 아버지와 함께 이곳 남원에 머물다가 떠난 것이 된다.

남원을 떠난 성이성과 이몽룡의 행적

춘향전 속의 이몽룡 역시 17세가 되던 해 승진한 아버지를 따라 남원을 떠난다. 소설 속 인물과 역사 속 인물의 공통점은 우연히 만들어진 것일까? 하지만 이 정도만으로 성이성이 이몽룡이라고 단정할 수는 없다. 남원을 떠난 이후 이몽룡과 성이성의 행적은 어떤 유사점과 차이점이 있을까?

이팔청춘의 나이에 춘향을 만나 사랑을 나누던 이몽룡은 이듬해 아버지가 동부승지로 임명돼 남원을 떠나게 된다. 어쩔 수 없이 춘향과 헤어진 이몽룡은 밤낮으로 공부하여 과거에 응시, 장원급제한다. 그리고 곧바로 암행어사가 돼 남원으로 내려오는 것으로 묘사되어 있다. 그렇다면 성이성은 어떨까?

13대 종손 성기호씨의 집에는 선조들의 문서가 많이 보관돼 있다. 그 중에 성이성에 관한 자료를 찾아보았다. 문서를 살펴가던 중 교지 하나가 눈에 띄었다. 성이성의 생원시 합격교지였다. 성이성은 22세 되던 해에 과거의 예비 시험인 생원시에 합격했다. 대과(大科)인 과거의 문과시험 답안지도 남아 있다.

성이성의 과거 합격에 대한 좀 더 정확한 내용을 알기 위해 규장각을 찾았다. 과거 합격자들의 명단을 기록한 「국조방목」을 보면 성이성은 식년시(式年試)에 응시, 전체 33명 가운데 11등으로 급제했다고 되어있다. 식년시는 3년에 한 번씩 실시하는 정기 과거시험이다. 그렇다면 성이성이 과거에 급제한 것은 33세 때가 된다. 춘향전의 이도령에 비해 무척 늦은 나이다. 당시 과거시험의

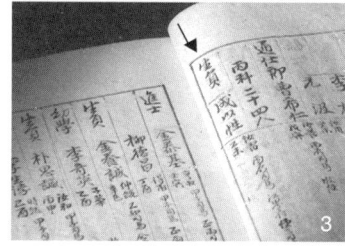

1 성이성의 생원시 합격 교지. '3등 제 27인 입격자(入格者)'라고 적혀 있다. 1616년.
2 성이성의 문과시험 답안지. 표시 부분에 각각 『논어』, 『서전(書傳)』 등의 구절을 적었음을 알 수 있다. 1627년.
3 「국조방목」에 보이는 성이성의 이름 (표시부분)

평균 합격 연령은 어떻게 될까? 공부를 시작해서 과거에 합격하기까지는 평균 30~40년 가량 걸렸다고 한다. 일반적으로 다섯 살에 공부를 시작해서 40대에 합격한 사람이 가장 많았다는 것이다.

그에 비해 이몽룡은 생원이나 진사 등의 예비시험을 거치지 않고 바로 과거에 응시한 것으로 묘사돼 있다. 이것은 가능한 일이었을까? 춘향전은 판본에 따라 차이가 나긴 하지만 이몽룡이 치른 시험이 알성시(謁聖試)라고 기록된 것이 있는데, 알성시의 경우 예비시험 없이 바로 과거시험을 치른 '특별시'였다.

춘향전의 과거 장면은 임금이 직접 출제하고 당일로 장원급제자를 발표했으며, 이몽룡이 장원급제하자 임금께서 친히 석 잔 술을 권하신 후 장원급제 휘장을 내린 것으로 돼 있다. 이것이 알성

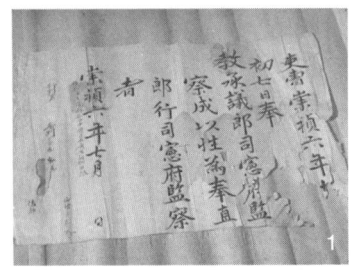

1 성이성의 사헌부 감찰 임명 교지 (1629)
2 성이성이 쓰던 얼굴 가리개
3 성이성의 친필 암행일지 원본. 표지 안쪽에 해당하는 오른쪽 면에 '계서유사(溪西遺事)', '호서록(湖西錄)'이라 적혀 있다.

시에 대한 묘사다. 이 시험에서 장원한 이몽룡은 곧바로 암행어사가 돼 남원으로 내려간다.

그렇다면 성이성은 어떻게 됐을까? 성이성은 과거에 합격한 후 사헌부, 홍문관 등 주로 삼사(三司)의 요직을 거친다. 하지만 강직하고 직언을 잘 해 벼슬길이 순조롭지 못했다고 한다. 때에 따라서는 낙향을 하기도 했다가 임금이 부르면 다시 한양으로 올라가 벼슬을 하기도 했다.

이렇게 곧은 성품 덕분에 성이성은 네 차례나 암행어사를 한다. 성기호씨는 성이성의 유품이라며 사선(紗扇), 즉 어사들이 얼굴을 가릴 때 쓰던 얼굴가리개를 보여주었다.

혹시 또 다른 자료는 없는지 살펴보던 중 매우 중요한 것을 발견했다. 바로 성이성이 친필로 적은 암행일지의 원본이다.

원래 암행어사들은 암행을 다니는 동안 자신의 행적에 대해 일지로 적게 돼 있다. 성이성이 암행어사를 한 것은 모두 4번. 그 가운데 인조 25년(1647) 때의 암행을 기록해 놓은 한 권만이 전한다. 조선시대 암행일지는 영·정조 이후의 것은 많이 전하지만 조선 중기의 암행일지는 매우 드물다. 이 책을 자세히 보면 암행어사가 실제 어떤 일을 했는지, 춘향전에서 그리는 어사 이몽룡의 묘사가 사실적인지 아닌지 알 수 있다.

암행어사가 된 성이성

춘향전에 보면 이몽룡은 어사로 갈 때 걸인처럼 변장을 하고 다닌다. 실제 암행어사도 그렇게 하고 다녔을까? 성이성은 암행일지의 한 대목에 "길가 집에서 묵는데 주인이 노하여 뺨을 때리겠다 하니까 대신 맞았다. 밤에 불이 없어 멍석을 깔고 마당에 앉았는데 떠돌이 행상 네 명과 함께 묵기로 했다. 이들은 나의 배고픔을 민망히 여겨 주인에게 청하자 그제야 주인이 밥을 주었다. 이날은 추워서 잠을 자지 못했다"고 적고 있다. 만약 변장을 하지 않았다면 암행어사가 이런 수모를 겪고 떠돌이 행상들과 함께 마당에 멍석을 깔고 밤을 샐 이유가 없을 것이다. 이 부분을 보면 암행어사들은 춘향전의 이몽룡처럼 실제로 변장을 하고 다녔음을 알 수 있다.

춘향전에서 이몽룡은 변장을 하고서 두고 온 사랑 춘향이가 있

는 전라도 남원 땅으로 내려간다. 성이성은 어땠을까? 어떻게 암
행어사가 됐으며, 암행어사가 돼서는 어떤 지방으로 갔을까?

성이성의 암행어사 파견 기록은 『인조실록』에도 나타난다. 성이
성은 그의 「암행일지」에서 11월 5일 모두 9명이 암행 채비를 갖추
라는 명을 받았지만 사흘 뒤에는 이해창과 자신 두 명만 봉서(封
書)를 받아 떠났다고 적고 있다. 암행어사로는 국왕의 통치철학을
충분히 익힌 사람을 국왕이 특별히 선발해서 내보내는데, 이런 사
람을 시종신(侍宗臣)이라고
한다.

암행어사로 임명된 사람은
국왕으로부터 세 가지를 받게
된다. 역마다 말을 바꿔 탈 수
있는 마패와 형구(形具)의 크
기를 재는 자의 일종인 유척
(鍮尺), 그리고 암행어사로서
해야 할 일을 적어놓은 봉서
가 그것이다. 봉서 겉봉에는
반드시 동대문이나 남대문 밖
에서 열어보라는 글귀가 적혀
있었다. 주로 동관왕묘(東關王
廟, 관운장을 모신 사당)나 남관
왕묘에서 봉서를 열게 되는데,
봉서를 여는 즉시 암행 지역

(위)옛지도상의 남관왕묘. 현재는 없지
만, 남대문 밖 남산자락으로 추정된다.
(아래)동관왕묘. 지하철 6호선 동묘역에
서 신설동 로터리 쪽으로 향하는 대로
변에 있다. 건물 정면보다 옆면이 길며
중국식 특징이 보인다. 1601년 건립.

으로 떠나야 한다. 암행 지역과 암행 사실이 주위에 알려지는 것을 막기 위해서였다.

성이성은 암행일지에 자신은 남관왕묘에서 봉서를 열었다고 적고 있다. 현재 서울에는 남관왕묘가 남아있지 않지만 고지도에서 남대문 밖 남산 자락에 남관왕묘를 찾을 수 있다. 낮 12시 남관왕묘에서 봉서를 연 성이성은 자신의 목적지가 호남인 것을 비로소 알고 곧바로 길을 떠났다고 한다.

춘향전의 이몽룡은 어떠했을까? 남대문 밖으로 나서서 청파역에서 말을 타고 동작고을, 남태령을 넘었다는 것을 보면 이몽룡과 성이성의 이동 경로는 거의 일치한다. 이어 성이성은 여산, 정읍, 고창 등을 거쳐 하루에 백 리 정도씩을 가면서 고을 수령의 행정을 탐문하는 것으로 나타난다. 춘향전의 이몽룡 역시 서리와 중방을 데리고 다니며 호남지방 일대를 탐문한다.

그러다가 변학도의 잔치에서 어사출두를 하게 된다. 암행어사는 신분을 감추고 다니며 지방 수령들의 행적을 탐문하다가 수령들의 비리가 발견되면 반드시 어사출두를 해야 한다. 봉고파직(封庫罷職)은 실제 암행어사의 권한이었다. 봉고는 창고 문을 닫는다는 뜻으로, 지방 수령의 경제권을 박탈하는 것이었다. 파직은 지방 수령의 행정권을 박탈하는 것인데, 암행어사는 왕의 대리인이므로 자신보다 직급이 높은 고을의 수령들도 파직시킬 수 있는 권한이 있었다. 탐관오리에게 억압받는 백성에게 어사라는 존재는 자신들을 구원해주는 구세주로 여겨졌다.

그러나 성이성의 호남 암행일지에 남원에서 출두했다는 기록은

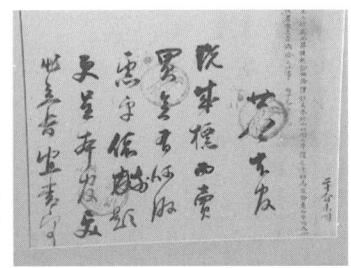

(왼쪽) '봉고' 조치가 내려진 창고
(오른쪽)암행어사 판결문(1874)의 일부. 군데군데 마패로 날인한 흔적이 보인다. 사진에 보이지 않는 윗부분 절반 가량에는 붓으로 쓴 암행어사의 서명이 있다.

보이지 않는다. 단지 10년 전 충청도 암행어사 시절, 지방 관리의 잘못을 발견하고 어떻게 처리했는가를 왕께 보고한 「서계(書啓)」를 보면 세금을 과다 징수한 진천(鎭川) 현감과 과다한 생일잔치를 벌이고 국법을 어긴 석성(石城) 현감을 파직했다는 기록이 있다. 이 기록으로 보아 이때 어사출두를 한 것으로 보인다.

그러나 호남 암행일지에 이런 기록은 없다. 성이성은 암행을 다니다가 11월 25일 순천에서 부득이 자신의 신분을 드러내고 이후에는 한양으로 돌아오게 되는데, 12월 1일 남원에 들렀다고 적고 있다.

어사출두와 시 「금준미주」

춘향전의 기록을 보면 청파역졸이 달덩이 같은 마패를 번쩍 들어 암행어사 출두를 외치자 강산이 무너지고 산천초목이 사시나무 떨듯 떨었다고 한다. 하지만 성이성의 정해년(丁亥, 1647) 암행일 지에는 어사출두 부분이 없다. 그렇다면 성이성은 남원에서는 어 사출두를 하지 않은 것일까?

암행어사 일지에 의하면 성이성은 분명 8년 전인 기묘년(己卯, 1639)에도 암행어사로 남원을 지나갔다고 한다. 8년 전 남원에서 어사출두를 했을 수도 있다. 하지만 그때의 어사일지는 전해지지 않는다. 혹시 책의 원본에는 남원에서의 어사출두를 증명해주는 내용이 있지 않을까? 그 원본을 찾을 수는 없을지 창녕 성씨 집안 을 살펴보기로 했다.

성이성의 본관은 창녕이다. 창녕 성씨들이 모여 사는 창녕으로 향했다. 창녕에 있는 한 후손이 그 복사본의 원본을 가지고 있다 는 소식을 들었기 때문이다. 성이성의 11대손 성병회씨는 한눈에 보기에도 아주 낡은 책 3권 을 꺼내놓았다.

원본의 책 이름은 『교와 문고(僑窩文庫)』였다. 책 이 름이 잘못 전해진 것이다. 그 동안 떠돌던 책은 이 책 의 일부를 누군가 발췌해서 옮겨 적은 것이었다. 이 속 에 과연 복사본에 있는 '어 사출두' 부분이 있을까? 결

『교와문고』에 보이는 암행어사 출두 부분. 방점 찍힌 곳이 시 「금준미주」에 해당하는 데, 1 · 2행은 각각 '준중미주(樽中美酒)~', '반상가효(盤上嘉肴)~'로 시작한다. 조경 남의 시는 이 부분이 각각 '淸香旨酒', '細 切珍羞'로 다르다.

국 몇 글자만 다를 뿐 복사본과 동일한 내용을 발견할 수 있었다. 좀 더 정확한 내용을 알기 위해 성이성 문집과 교와문고에 나타난 암행어사 출두 부분의 번역을 의뢰했다.

춘향전의 잔치 묘사는 『교와문고』에 나타나는 어사출두 부분 그대로다. 이몽룡이 지은 시 역시 성이성이 잔치에서 읊었다는 시와 거의 유사하다. 춘향전의 내용과 교와문집의 내용이 일치한다는 것이 고문을 번역한 성백효 교수(민족문화추진회 국역연수원)의 주장이다.

「금준미주」는 탐관오리들의 악행을 다룬 시다. 그렇다면 교와문고에서 적고 있는 대로 잔치에서 이 시를 읊었다는 성이성이 이 시의 지은이일까? 그렇다면 의심할 여지 없이 이 시를 최초로 지은 성이성이 이몽룡의 모델이 되는 것이다.

그러나 이 시는 또 다른 책 『난중잡록』에도 보인다. 『난중잡록』은 임진왜란 당시 남원의 의병장이었던 조경남의 임진란 일기를 모아서 책으로 펴낸 것이다. 조경남은 광해 2년 2월 3일의 일기에서 우리나라에 온 명나라 장수 조도사가 「금준미주」와 유사한 시를 읊는 것을 들었다고 적고 있다. 연도로 따지자면 조경남의 이 일기가 「금준미주」에 대한 최초의 기록이 되는 셈이다. 그런데 『난중잡록』을 지은 조경남에 대해 성이성은 자신의 암행일지에 적고 있다. "십이월 초하루 새벽에 길을 떠나 원천에 이르렀는데, 잔치자리를 조경남 진사 집에 설치했다. 조진사는 소년 시절에 글을 가르쳐준 스승이다. 기묘년에 암행어사로 광한루를 방문했는데, 그 때는 조진사가 생존해 있어 광한루에서 함께 잠을 잤으나 지금은 별세했다."

조경남은 바로 어린 시절의 성이성에게 글을 가르쳐준 스승이다. 그것도 남원에 들를 때마다 찾아뵙고 함께 잠을 잘 정도로 각별한 관계였다. 성이성이 남원에 있던 것이 광해군 3년까지이고 조경남이 「금준미주」를 자신의 일기에 적은 것이 광해 2년이고 보면, 성이성은 이 시를 스승 조경남에게서 글을 배울 때 배웠음을 짐작할 수 있다.

금동이에 좋은 술은 천 사람의 피요(金樽美酒千人血) 옥반의 맛있는 안주는 만백성의 기름이라(玉盤佳肴萬姓膏), 촛농 떨어질 때 백성의 눈물 떨어지고(燭淚落時民淚落) 노래 소리 높은 곳에 원망소리 높다(歌聲高處怨聲高).

이것은 춘향전에 나오는 이몽룡의 시다.

성이성의 시도 몇 글자만 다를 뿐 전체적인 내용은 같다. 성이성의 스승 조경남이 적은 시 역시 같은 내용이다. 말하자면 성이성의 스승 조경남이 중국의 시를 우리나라에 최초로 소개했고, 성이성은 스승에게서 이 시를 배운 것이다. 뿐만 아니라 실제 어사출두를 한 어느 날 자신이 직접 읊은 것으로 보인다.

왜 성몽룡이 아닌 이몽룡인가?

성이성의 행적과 관련된 모든 것은 『교와문고』에 기록되어 있다.

뿐만 아니라 여기엔 춘향전에 없는 내용까지 실려있다. 이날 암행
어사는 모두 여섯 명을 파직했는데 이들 모두가 세도가의 자제들
이었다. 호남 사람들은 이를 두고 미담이라고 했다. 춘향전보다 자
세한 내용이다. 이 정도의 기록이라면 성이성을 이몽룡의 모델이
라고 볼 수 있지 않을까?

그렇다면 당연히 성몽룡이어야 하는데 왜 이몽룡이 됐을까?

춘향전에서는 성씨 성을 몽룡이 아니라 춘향에게 붙여주었다.
성몽룡이 아니라 성춘향이라는 것이다. 그렇다면 춘향은 어떤 인
물이었을까? 그 역시 실존인물이었을까?

실제 남원 지역에는 춘향이라는 이름을 소재로 한 설화들이 많
이 전해오는데, 행복한 결말을 이야기하는 것은 거의 없다. 결국
춘향이 자결을 했는데, 그 후 큰 재앙이 있었으며, 이를 두고 남원
사람들은 춘향의 한(恨) 때문이라고 했다. 그래서 백지 석 장에
춘향제를 짓고 살풀이굿을 해서 춘향의 원혼을 달랬다고 한다. 그

광한루 춘향 사당 안에 있는 춘향의 전신
상(일부)

러나 천민의 신분이었던 만
큼 춘향의 이야기가 기록으
로 전하는 것은 없다. 다만
춘향전에만 전해올 뿐이다.

지금과 같은 내용의 춘향
전이 최초의 기록으로 나타
나는 것은 1754년, 만화(晩
華) 유진한(柳振漢, 1711~
1791)의 문집 『만화집(晩華

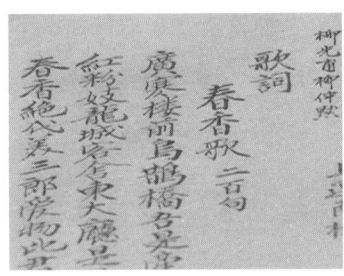

(왼쪽)『만화집』에 실린 한시 형태의 「춘향가」 맨 앞부분
(오른쪽)「무극선생 행록(行錄)」(권1, 연보3)의 일부. '병자(丙子) 三十五歲' 이하 부분
의 글자들이 칼로 긁혀 있다.

集)』에서다. 이 책에서 춘향전은 한시의 형태로 처음 나타난다. 그
러나 유진한은 자신이 이 이야기의 저자가 아니라 전라도 지방을
여행하다가 들은 일을 적었다고 한다. 때문에 춘향전의 저자 찾기
는 아직까지 국문학계의 풀지 못한 숙제로 남아있다.

춘향전의 이본(異本) 가운데 하나인 「춘몽연」을 지은 양주익(梁
周翊, 1722~1802)의 문집 『무극집(无極集)』에는 이상한 자국이 있
다. '저춘몽연'이라는 글귀를 칼로 긁어낸 흔적이다. 양주익의 후
손에 따르면 문중에서도 양주익의 유언에 따라 춘몽연의 작자를
비밀로 해왔다는 것이다. 왜 유언으로까지 춘몽연에 대한 부분을
공개하지 못하게 한 것일까?

그러나 이것은 비단 양씨 집안만의 일은 아니다. 성씨 집안에서
도 마찬가지였다. 실제 몇십 년 전부터 성이성에 관심을 가졌던
이가원 박사도 성씨 집안을 찾았지만 후손들이 책을 내놓지 않아
볼 수가 없었다.

그러나 밖으로는 드러나지 않았지만 성씨 문중에서는 대대로 이몽룡의 모델이 성이성이라는 얘기가 전해오고 있다고 한다. 성씨 문중인 성이성을 모델로 했음을 공개적으로 인정한 것도 최근의 일이다.

당시의 시대 분위기를 감안하면 기생과의 사랑 놀음에 양반 자제의 이름이 오르내리는 것을 부끄럽게 여긴 것은 충분히 이해가 된다. 성도령이 이도령이 된 까닭이 바로 이것이다.

성이성이 두 번째로 광한루를 찾은 까닭

양반의 권세라면 못할 게 없던 시절, 춘향전에서처럼 신분을 뛰어넘는 두 사람의 애틋한 사랑은 실제로 있었을까? 이몽룡이 성춘향을 처음 만나 사랑이 싹튼 곳이 광한루다. 성이성도 암행어사를 하며 두 번이나 이곳에 왔다. 두 번째 이곳을 방문했을 때 성이성은 53세였다. 그때 성이성은 이미 순천에서 자신의 신분을 드러내고 암행을 끝낸 상태였다. 그러니 공무상으로 남원에 들를 일이 있는

성이성의 문집 중 「호남 암행록」의 앞부분. '정해(丁亥)년 11월 초5일'이란 연대를 알 수 있다.

것은 아니었다. 그런데도 굳이 남원에 들렀고 유독 광한루에 들렀다는 기록이 어사일지에 남아있다. 성이성은 왜 광한루를 찾았으며 이곳에서 무엇을 했을까?

호남지방을 돌던 성이성은 11월 22일 순천에서 부득이 자신의 신분을 드러내고 암행을 끝낸다. 그리고 12월 1일 남원으로 간다. 이날은 눈보라가 크게 일어 앞도 분간하기 어려울 정도로 날씨가 나빴다고 한다. 그런데 성이성은 굳이 광한루로 향한다. 그리고 무슨 연유에선지 늙은 기생 여진이 그를 찾아와 함께 얘기를 나눴다고 적고 있다. 광한루를 찾아가 늙은 기생과 얘기를 나누었다는 것은 과거의 자신과 기생과의 사실을 아는 사람이기 때문에 그에 대한 이야기를 나눈 것으로 짐작된다. 암행어사로 왔지만 과거의 자신의 얘기, 특히 자기가 떠난 다음의 일에 대한 궁금증 때문으로 해석할 수 있다.

기생이 돌아가고 난 뒤 성이성은 그때의 일을 일기에 이렇게 적고 있다. "해가 저물었으므로 모든 기생들을 물러나게 하고 작은 종자(從者)와 서리와 함께 난간에 앉았으니 눈빛이 뜰에 하얗게 깔려있고 대나무 숲이 희었다. …그리고 소년 시절의 일을 생각하여 밤늦도록 잠들지 못했다." 그가 적은 소년 시절의 일은 과연 무엇이었을까? 무슨 일이었기에 밤늦도록 잠을 설친 것일까?

남원에는 전통적으로 억울하게 죽은 춘향 얘기가 전해온다. 여러 얘기를 종합해보면 춘향이 이도령을 위해 수절했다는 얘기가 분명한 근원이 있다는 것이다. 성이성이 떠난 뒤에 일어난 사건을 남원에서는 춘향에 대한 갖가지 얘기들로 표현한 것이다.

성이성과 춘향과의 사랑을 구체적으로 묘사한 기록은 어디에도 없다. 다만, 어사일지에는 도무지 어울리지 않는 12월 1일 광한루의 기록에서 그 가능성을 짐작해볼 수 있을 뿐이다.

안타깝게도 춘향과의 사랑을 추측해볼 증거는 더 이상 남아있지 않다. '사소년사 야심불능매(思少年事 夜深不能寐, 소년 시절의 일을 생각하느라 밤새 잠을 이루지 못했다.)' 이 아홉 글자만이 여러 가지 뜻을 함축한 채 남아있을 뿐이다. 그러나 분명한 것은 성이성은 분명 이몽룡의 모델이라는 것이다. 한 사람의 일생이 춘향전의 이몽룡과 우연히 일치한다고 보기에는 둘 사이에 공통점이 너무나 많다. 그리고 성이성이 어떤 사람이었는가를 살펴보면 그 이유는 더욱 명백해진다. 성이성은 암행어사를 네 번이나 할 정도로 강직하면서 청렴한 선비였다. 뿐만 아니라 여러 차례 부사를 지내기도 했는데, 강계 지역에서 부사를 지낼 때는 백성들에게 '관서활불(活佛)', 즉 관서지방에 살아있는 부처로까지 칭송받았고, 죽고 나서는 청백리로 선정되기도 했다. 즉 당대 백성들이 기다리고 바라던 관리자의 상이었던 것이다. 강직한 성이성의 이야기는 남원 지역을 비롯하여 다른 지역 백성들의 입에 오르내렸고, 누군가에 의해 '백성들의 편에 서서 악덕 수령을 혼내주고 신분의 벽까지 뛰어넘는' 춘향전의 이몽룡으로 되살아난 것이다. 우리 민족의 고전으로 자리잡은 춘향전의 내용이 단순히 지어낸 얘기가 아닌 실존 인물의 이야기라는 사실은 춘향전이 오랫동안 사랑받으며 시대마다 생명력을 가지고 살아날 수 있었던 이유의 하나다.

신윤복은 왜 여인을 그렸나

1990년대 중반, 외국의 화단은 200년 전 동양의 작은 나라 조선의 한 화가를 주목했다. 조선 최초의 에로티스트 화가 신윤복이다. 우리는 혜원(蕙園) 신윤복(申潤福, 1758~?)을 조선 후기 풍속화가로 기억한다. 풍속화란 조선시대 사람들, 특히 서민들의 다양한 삶의 형태를 기록한 그림을 말한다. 신윤복은 단원 김홍도와 함께 풍속화를 단순한 기록화가 아닌 예술성을 지닌 작품으로까지 발전시킨 화가로 평가받았다. 신윤복은 화첩이 국보로 지정될 정도로 조선의 대표적인 풍속화가지만 불행히도 그의 그림 가운데 일부는 금기시돼 왔다.

1990년대 중반 프랑스에서 펴낸 신윤복 화집의 표지

1990년대 중반 프랑스에서는 한국에서 금기시 돼 온 혜원의 그림을 발굴해서 작가인 혜원과 그의 작품에 대해 감탄해마지 않으며 연구에 들어갔다. 예술성을 지닌 에로티시즘. 이것이 그들의 평가였다.

신윤복의 그림

신윤복이 남긴 그림은 풍속화첩의 30여 점 외 몇 점으로 극히 적다. 그의 그림이 무려 200년이라는 시차를 뛰어넘어 찬사와 논란이라는 극단을 오가며 주목받는 까닭은 무엇일까?

그 이유 가운데 하나는 다른 풍속화에서 볼 수 없는 독특한 소
재 때문이다. 대표적인 것이 남녀간의 유흥을 그린 행락도다. 「연
소답청(年少踏靑)」에는 말 탄 여인이 담배를 찾자 남자가 두 손으
로 담배를 대령하는 모습이 보인다(1). 맨 앞에 말 고삐를 잡은 양

1,2 「연소답청」 3 「과부」(전도)
※이 글에서 신윤복의 그림은 편집 관계상 거의 부분도로 실었다.

반은 여인의 마부가 되기를 청한다(2).

신윤복은 나아가 남녀의 성이라는 금기의 소재까지 끌어내고 있다. 흰옷 입은 과부와 댕기머리 소녀. 「과부」에서는 두 여인이 개가 교미하는 장면을 바라보고 있다. 과부는 무릎을 세우고 진지한 표정으로 교미하는 개들을 바라보고, 댕기머리 소녀는 망측스럽다며 과부의 허벅지를 꼬집는다(3).

신윤복이 담아낸 것은 200년 전 조선의 도시 풍경이다. 「월하정인」, 「월하밀회」 등의 그림에는 도시 곳곳에서 벌어지는 당시 사람들의 은밀한 삶을 포착해냈다. 도시의 으슥한 골목에서 이뤄지는 만남, 그들의 과감한 애정행위는 엄격한 유교적 윤리관이 지배

4 「월하정인」 5 「월하밀회」 6 「기방무사」 7 「삼추가연」

한 조선시대의 또 다른 모습을 보여준다(4, 5). 「기방무사(妓房無事)」에 그려진 인물 간에는 기묘한 감정이 흐른다(6). 신윤복은 이처럼 남녀 간에 벌어지는 자유연애의 다양한 모습을 담았다.

양반 유생의 매춘 현장에 이르기까지(7), 신윤복의 그림은 조선의 성 풍속사로 일컬을 만하다. 신윤복이 그려낸 조선과 조선사람은 분명 기존의 역사서에서는 접할 수 없는 낯선 것이었다. 그는 엄격한 사회구조의 틀에서 벗어나는 주제를 바탕으로 인간의 감정을 솔직히 표현했다. 에로티시즘이 상징하는 것은 당시 현실에서 본 사회상에 대한 느낌 그대로의 표현이다. 이것은 곧 사회가 그만큼 변화했기 때문에 가능한 일이기도 했다.

조선에도 성은 엄연히 존재하는 개인의 본능이었지만, 예술의 소재로 표현되지는 않았다. 마을 뒷산에 세운 남근석, 여근석 등의 조형물들은 성이 아닌 그저 다산을 기원하는 상징일 뿐이었다. 음양의 조화 또한 성이 아닌 성리학의 국가이념을 표현한 것이었다. 신윤복이 최초의 에로티스트 화가라고 불리는 까닭이 여기 있다. 그가 그린 목욕하는 여인들을 보면 우리나라 최초의 누드화로서 손색이 없다.

8 「단오풍정」

신윤복의 그림에서 성은 단순한 소재에 그치지 않는다. 여체의 선, 고양이 세수, 때미는 모습에서 드러나는 섬세한 묘사는 사실성을 더한다(8). 고도의 계산 속에 숨겨진 상징들은 은근함을 만들어낸다. 또한 신윤복의 그림은 색감이 뛰어나다. 특히 화장한 여인의 얼굴을 보면 색감에서 오는 감미로움을 한껏 느끼게 된다. 인물의 표현은 섬세한 선으로 동작과 심리까지 담아내 마치 그 자리에서 직접 눈으로 보는 듯한 착각에 빠지게 한다. 신윤복이 조선의 대표적인 풍속화가로 오늘날에도 감흥을 불러일으키는 것은 바로 이런 예술성에 있다.

신윤복은 누구인가?

풍속화가 신윤복의 새로운 면모는 그 동안 우리가 주목하지 않았던 성과 본능에 대한 긍정이다. 이는 또한 이전의 조선 화가들에게서는 발견할 수 없던 새로운 화풍이기도 하다. 신윤복이 활동하던 때는 무려 200년 전으로, 유교적 윤리관이 지배적이었다. 그런 시대에 어떻게 그는 이런 과감한 소재를 선택해 거침없이 표현할 수 있었을까?

하지만 그의 그림만큼이나 화가 신윤복은 의문에 싸여있다. 신윤복에 대한 기록은 전혀 존재하지 않는다. 유일한 기록은 조선 화가들의 계보를 밝히는 『근역서화징』의 단 두 줄뿐이다. 이 또한 반 세기가 뒤쳐진 후대의 기록일 뿐이다.

신윤복이 구체적으로 거론된 것은 사후 100년이 지나서다. '도화서 화원으로 신윤복은 너무나 비속한 것을 묘사하여 필경 도화서로부터 구축(驅逐)까지 당했다 하거니와…' 20세기 초 미술평론가 문일평은 신윤복이 도화서에서 축출된 사건을 전한다. 그러나 이는 단지 구전된 내용일 뿐, 사실을 확인할 수 있는 근거는 더 이상 발견되지 않는다.

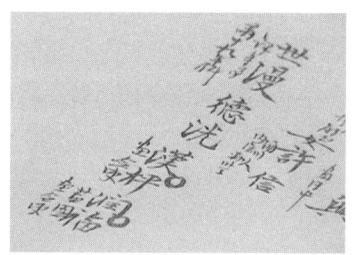

『화사양가보록』에 보이는 신한평과 신윤복의 이름

　베일에 싸인 화가 신윤복은 과연 누구인가? 단 두 줄의 기록밖에 남아 있지 않아 일부에서는 과연 신윤복이 실존한 인물이었는지 의문을 갖는다. 5대조에 이르는 신윤복의 가계와 그의 이름이 발견된 것은『화사양가보록(畵寫兩家譜錄)』에서다.

　신윤복이 고령(高靈) 신씨라는 단서를 가지고 고령 신씨 종친회를 찾았다. 수년간 신윤복을 추적해온 재야사학자 이양재씨가 고령 신씨 족보에서 발견한 것은 신윤복의 8대조라는 신공섭(申公涉)의 이름뿐이었다. 실제로 족보 어디서도 신윤복과 그의 직계 5대손의 이름은 발견할 수 없었다. 신윤복은 서얼 출신의 후손이다. 그가 고령 신씨 족보에 실리지 않은 것은 집안에 적서(嫡庶)의 구분이 엄격했기 때문이다. 현재 종친회는 신윤복의 복권을 위해 노력하고 있다. 그러나 명성과 달리 역사 속에 남겨진 그의 자취는 너무나도 초라하다고 한다.

　가계에서 밝혀진 신윤복의 아버지 신한평(申漢枰, 1726~?)의 이름이 놀랍게도 화원의 기록에서 발견됐다. 신한평은 당대 최고의

9, 10 신한평, 「젖먹이기」

화원들만이 그릴 수 있는 어진(御眞), 즉 임금의 얼굴을 3차례나 그린 국가 소속의 화원이었던 것이다. 국립중앙박물관에는 신윤복의 어린 시절의 모습을 추측할 수 있는 아버지 신한평의 그림 한 점이 남아있다. 열심히 젖을 빠는 남동생 신윤수가 있고 그 옆에 누이가 보인다. 나이가 있어 혼자 놀고 있는 모습이다. 그리고 오른쪽에 있는 왠지 못마땅한 표정의 아이가 신윤복으로 보인다(9, 10).

한편 1200권의 『내각일력(內閣日曆, 1779년 1월~1883년 2월까지의 규장각 일지)』에선 뜻밖의 기록이 발견됐다. 신윤복의 아버지 신한평의 불운한 말년에 대한 기록인데, 정조의 비판으로 두 번에 걸쳐 귀양길에 올랐다는 것이다. 정조는 화원 가운데 십여 명을 뽑아 임금 직속으로 관리했다. 이른바 자비대령화원이라 하여 출세가 보장되는 선골 집단이다. 선대왕인 영조부터 수십 년 간 어진을 그린 대화원 신한평 또한 시험을 치른다. 그러나 장식성이 강한 신한평의 풍속화는 정조의 눈에 들지 못한다. 정조는 사대부의 그림인 이인문(李寅文)의 문인화풍을 우대했다.

신윤복에 대한 유일한 기록인 『근역서화징』은 당시 신윤복이 아버지와 같은 도화서 화원이었을 가능성을 전해준다. 당시 도화서는 지금의 중구 수하동(水下洞, 외환은행 본점 건너편 뒤쪽)에 있었다. 기록이 사실이라면 신윤복 또한 이곳에서 도화서 화원의 길을 걸었을 것이다. 도화서 화원직은 10년 이상의 혹독한 견습을 거쳐

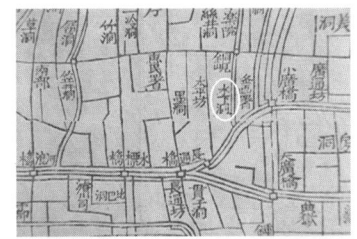

(위)옛지도에 나타난 도화서의 위치
(아래)옛 도화서터 부근에 해당하는 지금의 동국제강 자리

야 시험 자격이 주어진다. 도화서의 일은 예술이 아닌 단순 기술에 가까웠다. 궁궐의 행사와 지도 제작을 주로 담당했는데, 선 하나에도 엄격한 규칙이 있었다.

젊은 시절 신윤복은 어떤 화가였을까? 신윤복이 남긴 그림은 우선 화가로서의 그의 성장과정을 엿보게 한다. 그의 초기 그림에는 아버지 신한평의 영향이 배어있다. 신한평은 묘사보다 채색에 능했다(11, 12). 혜원에게 나타나는 원색적인 색채의 원숙함은 아버지의 영향이다. 아버지로부터 섬세한 선과 채색법을 터득한 신윤복은 이후 당대 최고의 화원인 김홍도를 탐구한다. 배경을 생략

11 신한평, 「이광사의 초상」(일부) 12 신한평, 「화조도」(일부)

한 과감한 구도는 그림에 힘을 주는 기법이었다.

해부 미술학의 틀을 이용해서 화원 신윤복의 개인적인 풍모를 분석해봤다. 사실적으로 눈에 보이는 대로 그리는 사람은 대개 오른쪽 뇌가 활성화된 감성적인 사람이다. 의지가 굳거나 사고력이 뛰어나기보다는 느낌을 중시하는 사람인 경우가 많다. 그런 사람들의 그림은 주된 인물보다 배경을 넓게 그리는 특징이 있다. 실제로 최근 발견된 『청구화사(靑丘畵史)』의 기록은 감성적이고 예민했던 신윤복의 젊은 시절을 묘사한다. 동가식 서가숙(東家食 西家宿)하며 지내는 신윤복은 방황하는 젊은 예술인이었다.

대를 이은 화원 가문 출신인 그의 뛰어난 솜씨는 도화서 화원으로 활동했을 가능성을 충분히 보여준다. 또, 젊은 시절을 방황하며 보낸 그의 예술가적 기질은 자유분방한 그림과 일맥 상통한다. 하지만 이후 화가 신윤복은 기록에서 완전히 사라진다. 단지 그림들만이 남아서 그의 존재를 확인시켜준다.

신윤복의 이후 행적과 생각을 읽을 수 있는 유일한 근거는 남녀 간의 자유연애와 풍속을 적나라하게 묘사한 그림뿐이다. 후대의 미술가들은 그의 그림에서 하나의 특징을 발견하게 된다. 여성을 그리지 않은 그림이 단 한 장도 없는 것이다. 뿐만 아니라 그들은 그림의 주인공으로 등장하고 있다.

신윤복이 여성으로 표현하려 한 것은 무엇인가?

이는 신윤복 이전의 그림을 살펴보면 놀라운 일이 아닐 수 없다. 여성을 그린 그림, 이른바 여속화(女俗畵)가 등장한 것은 18세기 진경산수화와 더불어서다. 양반 출신 화가들이 '대상을 보고 직접 그린, 살아있는 그림'이 중요하다는 것을 인식, 서민의 삶을 그려내기 시작하면서 여성들이 그려지기 시작한다. 하지만 그림의 배경을 이루는 부분일 뿐이거나 억척스럽게 일하는 여성 혹은 자애롭고 후덕한 성숙미가 느껴지는 어머니상이 위주였다.

그러나 신윤복의 그림 속 여성은 저고리의 고름을 푸는 관능미 넘치는 모습, 자유연애를 하며 세상을 즐기는 모습이다. 그림은 세상에 대한 화가 자신의 시각을 보여준다고 한다. 신윤복이 여성을 통해 표현하려 한 것은 무엇이었을까?

우선 신윤복의 그림에 등장하는 여성들이 누구인가를 밝혀야 한다. 복식 연구가에게 자문했다. 길거리에서 만난 유생에게 농염한 웃음을 건네는가 하면(13) 담뱃대를 문 도도한 태도(14), 옷고름을 풀며 관능미를 표현하는 여성(15) 등 분명 조선시대에 대한

13「춘의만원(春意滿園)」 14「휴기답풍(携妓踏楓)」 15「미인도」

기존의 상식으로는 납득되지 않는 여성의 모습이다.

　인물의 옷과 장신구까지 세세하게 표현한 신윤복의 그림에 등장하는 복식을 근거로 등장인물의 계층을 분석했다. 서민층에서 양반가의 여성, 그리고 직업 여성인 기생까지, 신윤복의 그림에 등장한 여인들은 놀랍게도 당시 조선의 가장 일반적인 여성들이다. 그 가운데 가장 눈에 띈 것은 기생 복식으로, 짧은 저고리, 가슴가리개, 속옷이 보이는 거들치마 등 이전에 비해 더욱 과감해졌다.

　신윤복의 그림에서 보이듯 과연 19세기 여성들은 자유분방한 삶을 누렸을까? 전문가에 따르면 실제로는 오히려 내외법이 강화됐다고 한다. 조선을 건국한 사대부들은 고려 멸망의 원인을 여성

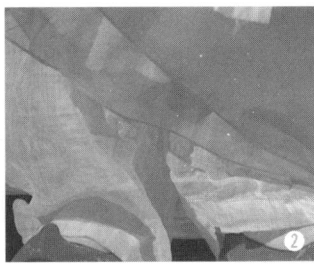

조선시대 기생의 복식 ①짧은 저고리와 가슴가리개 ②거들치마

들의 '타락' 내지 자유분방함 때문으로 보기까지 했다. 부부관계
가 모든 인륜의 시작이라는 성리학적 국가이념 하에 조선전기에
만들어진 내외법은 점차 여성의 행동을 규제하는 쪽으로 강화됐
다. 『경국대전』에 나타나는 내외법의 내용은 여성들의 물놀이와
무속행사등 외출 규정에 관한 것이 중심이었다. 왕은 풍속을 단속
하라는 명령을 내려 광화문에 붙이게 했다.

규제의 내용 가운데는 특히 부녀자의 절 출입과 거리 행사 관
람 금지가 눈에 띈다. 내외법에 묶인 여성들이 친척 외에 만나게
되는 남성들과 있을 수 있는 불미스러운 일을 막기 위한 조치인
것이다.

여성에 대한 내외법이 엄격했던 19세기지만 신윤복의 그림은
상반된 사회상을 보여준다. 자유롭게 절에 출입하며 야제(野祭),
즉 무속행사에 참여하는 모습이 그 예다. 왕성한 경제활동을 벌여
가는 서민과 중인 여성들의 변화 속에서 내외법이 더 이상 이들
을 막을 수 없었던 것이다.

뿐만 아니라 신윤복의 그림에는 연인과 밀회를 즐기는 또 다른 계층의 여성들이 등장한다. 기녀 복장을 했지만 쓰개치마를 쓰거나(14) 가마를 탄 여인의 경우는 양반의 첩으로 보인다. 첩으로 시집가는 여성들도 반가의 여성과 똑같이 내외법의 규제를 받았다. 신윤복이 활동했던 순조 때의 규정을 보면 유부녀의 화간죄(和姦罪)는 장(杖) 90대로 엄하게 다뤘다.

준양반계층인 양반의 첩들에게도 변화의 바람이 불고 있었던 것일까? 실마리가 발견된 것은 김문원의 글에서였다. 양반가의 서얼 출신인 김문원은 14세 때 주변의 눈을 피해 남장을 하고 금강산에 올라 자신의 한을 토로한다. 글재주가 있었지만 김문원은 신분과 내외법에 묶여 양반의 첩으로 시집갔다. 하지만 이후 그녀는 왕성한 사회활동을 벌인다. 비슷한 처지의 여성들과 함께 문학동호회 삼호정을 결성한 것이다.

신윤복의 그림은 오직 양반가의 여성들만이 사회 변화와 무관하게 갇혀 있음을 상징적으로 표현한다. 담이 높은 후원에 과부가 기거한다. 완연한 봄빛이 담장을 넘어오고, 아무도 찾지 않는 곳에 개 두 마리가 들어와 교미를 하고 있다. 그 광경을 지켜보는 여인의 표정이 과부의 심리를 그대로 표현한다(325쪽의 3). 재가가 금지돼 있어서 혼자 지내지만 춘정은 사람의 본능이요 막을 수가 없다. 그런데 사회라는 높은 담이 그것을 막고 있는 것이다.

신윤복의 그림에서 읽을 수 있는 당시 여성들의 욕구는 이후 변화를 만들어낸다. 양반가의 여성은 글을 배울 수 없었지만 일부 실학 가문의 여성들이 금기를 깨고 몰래 글을 익히고 문집을 남겄다. 이후 마침내 차별을 비판·극복하며 평등적 인간관을 피력한 대문장가 임윤지당(林允摯堂)까지 등장하게 된다. 또한 기녀들은 대체로 행동이나 복식에 제약이 적어 자신들의 개성을 마음껏 표출했다. 신윤복은 기생부터 양반가의 여성까지 19세기 여성의 변화를 그대로 그려냈다. 여성의 성은 늘 억압받고 감춰져 있는 반면 정숙함만을 강조했다. 그런데 신윤복은 변화하는 사회 속에서 여성의 성의 본성적인 면을 있는 그대로 표현했다. 이것은 어찌 보면 양반들이 하고 싶지만 할 수 없었던 것을 대신 꼬집어 나타낸 것일 수도 있다.

유흥 현장의 이모저모

조선의 여성들에겐 여성이기 이전에 한 인간으로서 살고자 하는 욕구가 있었다. 변화하는 여성을 그려낸 신윤복은 동시대 남성들

16 「청금상련」

의 모습에도 주목한다. 「청금상련(聽琴賞蓮)」(16)에는 거나하게 술
이 취한 세 남자가 연못가에서 기생들과 유흥을 즐기고 있다. 가
운데 서서 물끄러미 바라보는 남자는 옥으로 된 귀한 갓끈과 치
자색 도포를 입고 있다. 나머지 사람들도 사방관(四方冠)과 흑립
등을 옆에 두고 있다. 사방관은 당시 당상관 이상이 쓰던 머리장
식으로, 지체 높은 양반관료임을 나타내는 것이다. 그러나 이 남자
는 상투가 흐트러진 채 체면 불구하고 기생의 몸을 더듬고 있다.
가야금 연주를 듣고 있는 남자는 아예 속옷 차림이다.

　너른 뜰과 연못, 격조 있게 쌓아올린 축대와 담장 등 신윤복은
그림의 배경을 상세히 그려놓음으로써 양반들이 유흥을 즐기고
있는 이곳이 범상한 장소가 아님을 보여준다. 신윤복은 양반들의
모습을 그리면서 무엇을 말하려 한 것일까?

　양반들의 유흥이 펼쳐진 「청금상련」의 장소는 그림에 표현된
독특한 건축 기법으로 추적할 수 있다. 먼저 육조 관아일 가능성
이 있다. 전해 내려오는 도면으로 본 관리들의 휴식 장소의 공통
점은 울타리가 쳐진 행각이다. 헌데 이것은 「청금상련」과는 다르
다. 그렇다면 남은 가능성은 한 가지다. 권세 높은 사대부 집의 후
원(後苑)인 것이다.

　사대부의 후원을 볼 수 있는 것은 창덕궁의 연경당(延慶堂)이
다. 세워진 연대 또한 신윤복의 시대와 일치한다. 이곳에서 신윤복
이 묘사한 연못의 마감기법이 발견됐다. 장대석으로 도랑을 마감
하고 다듬은 돌로 연못 주변을 정연하게 쌓아간 기법이 그림과
일치했다. 계단식으로 이어진 단 위에 위치한 담장의 모습 또한

「청금상련」의 장소를 추적해 보았다.
(위)「호조본아전도」(왼쪽)및 「형조본아전도」(오른쪽)에 나타난 관리들의 휴식장소 (CG) (아래)창덕궁 연경당의 연못. 오른쪽은 연못 가장자리의 일부인데, 다듬은 돌 바른층 쌓기 기법으로 마감한 흔적을 보여준다.

그림과 유사하다.

99칸 저택의 높은 담 안에서 벌어진 유흥, 실제로 이는 당시 심각한 사회문제였다. 심지어 전직 관료의 상(喪)중에 기생과 풍악을 즐긴 관료도 있었다. 신윤복 또한 그림 「뱃놀이」를 통해 무너져가는 양반들의 윤리관을 꼬집고 있다(17).

신윤복은 고위층 양반들이 유흥을 즐기는 상대인 기생들이 누구였는지 은밀하게 드러내고 있다. 가리마를 쓴 여인은 의녀로 궁중의 여인이다. 당시 실록은 이른바 기생수검사건을 전하고 있다.

「뱃놀이」. 한사람은 상(喪)중임을 알리는 흰띠를 매고 있다.(표시부분)

양반들이 연회 때 부른 의녀를 숨기자 왕은 모두 잡아들이도록 명한다. 이후 대신들의 상소가 잇따른다. 그들 모두 기생을 데리고 살았던 것이다. 마침내 자수하는 선에서 사태가 수습된다.

이후에도 양반 관료들과 기생의 유흥은 줄어들지 않았고, 기방 출입이 유행처럼 번져갔다. "광화문 남쪽 가장 넓은 곳, 젊은이가 많으니 기생집이 육조 앞에 있는 것을 알겠도다." 「세시풍요」의 한 대목은 관아 앞에 기생집이 즐비했음을 알려준다. 당시 협사, 즉 기방이 있었던 곳은 육조거리와 다다골로 모두 지금의 중구 다동(茶洞) 일대다. 협사는 길이 구불구불한 골목이라는 뜻으로, 기생들

서울시 중구 다동 일대. 과거 기생집들이 있던 자리

18 「야금모행」 19, 20 「쌍검대무」. 무희들의 모습이 매우 역동적으로 묘사되어 있다.

이 살던 골목의 모습에서 연유한다.

폐가가 있는 인적이 드문 언덕, 기생과 노닐다가 통행금지에 걸린 양반의 모습을 그린 「야금모행(夜禁冒行)」(18)은 바로 기방을 출입해 유흥을 즐기던 양반층의 단면을 포착한 것이다. 당시 양반들의 유흥 현장은 어땠을까? 신윤복의 「쌍검대무(雙劍對舞)」(19, 20)의 묘사를 토대로 유흥 현장을 재현했다.

궁중의 연회를 기록한 의궤에서 「쌍검대무」의 무희가 입은 복식이 발견됐다. 전립(戰笠)과 적삼으로 만든 자주색 조끼는 신윤복의 그림과 일치했다. 악사들의 모습은 흥을 돋우는 풍악이 있었

21 「쌍검대무」(19의 부분) 22 「유곽쟁웅」 23 「납량만흥(納凉漫興)」 24 「연소답청」

음을 말해준다. 양반들이 즐긴 것은 궁중의 춤인 검기무(劍技舞)
였다. 궁중의 의궤는 검기무가 특별히 훈련받은 궁궐 여인들의 귀
한 춤이었음을 알려준다. 의궤에 나타난 춤동작은 구체적인 춤동
작이 아닌 은유적인 시구와 같았다.

　사실적 묘사와 은밀한 상징을 통해 양반들의 유흥 현장을 꼬집
은 신윤복의 그림엔 또 다른 장치가 숨어있다. 「유곽쟁웅(遊廓爭
雄)」과 「쌍검대무」는 내용상 연결되는 그림으로 볼 수도 있다. 자
신의 기생이 다른 양반에게 한눈을 팔자 화가 난 젊은 선비의 모
습은(21) 기방 앞의 싸움으로 이어진다. 기생을 사이에 두고 질투

로 싸움을 벌이는 양반을 바라보는 천한 기생의 눈길이 싸늘하다
(22). 지체 높은 양반의 허위의식을 바라보는 악사(23)나 평민 마
부(24), 기생의 얼굴에 신윤복의 비판의식이 담겨있다.

당시 시대적 배경

양반사회를 비웃는 신윤복의 그림이 어떻게 당시의 상황에서 받
아들여질 수 있었을까? 의문에 대한 실마리는 『내각일력』에서 발
견된다. '왕을 깔깔 웃게 만드는 그림을 보여달라.' 정조는 공식적
인 시험장에서 화원들에게 이런 요구를 내린다. 문체반정(文體反
正)을 단행해 비속한 그림을 없앤 정조지만, 통치자의 윤리의식
위에 예술을 사랑한 개인의 감성이 있었음을 엿보게 하는 대목이
다. 심지어 신윤복이 본격적으로 활동했을 당시의 순조는 '유곽의
유희', 즉 기방의 유희를 그리라는 명령까지 내린다.

　분명 당시 조선에서는 이전에는 볼 수 없던 변화의 움직임이
일고 있었다. 예술은 시대를 반영하는 사회의 거울일 수밖에 없다.
신윤복의 그림 또한 이러한 사회의 변화를 담고 있었던 것이다.
그렇다면 도대체 어떤 변화가 일고 있었을까?

　도화서는 당시 한양의 중심가인 운종가와 광통교 인근에 위치
해 있었다. 도화서 화원으로 활동한 신윤복이 200년 전 광교(지금
의 광통교)를 오가며 본 것은 무엇이었을까?

　'운종가를 북으로 광통교를 서편으로 부호들의 밤놀이와 풍악

(위)정월 대보름 광통교 답교놀이 풍속도
(가운데)중인 신씨의 집(1920년대 광통방)
(아래)늘 젊은이들로 붐비는 관철동 골목
(옛 중인마을 지역)

이 달빛 아래 펼쳐진다. 중촌 (中村)에 야회를 촉유한다.' 당시 대표적인 서울 풍속은 중촌의 유흥문화였다. 중촌은 당시 부유한 기술직 중인과 양반들의 거주지로, 보신각이 중촌으로 들어가는 길목이었다. 새롭게 등장한 중인 계층은 99칸 저택에서 살 정도로 부유했다. 그들은 매일 풍악을 울리며 유흥을 일삼았다.

관철동의 중인들은 주로 역관과 의관들이었다. 역관은 당시 급증하던 대외무역을, 의관들은 지방의 약재들이 유일하게 거래되는 이곳의 약방을 장악하면서 엄청난 부를 축적하게 된다. 부유한 중인들의 유흥문화는 양면성을 띤다. 일부 중인들은 향락에 빠져 기방을 장악해나갔다. 신윤복이 그린 한양의 시대상 속엔 그들 중인들의 모습이 담겨 있다. 반면 고급취향의 중인들은 예술에 관심을 쏟았다. 그들을 중심으로 시

서화와 골동 취향의 문화가 생겨났다.

중인들의 문화활동은 서민층까지 확산되고 있었다. 사람들은 그림을 즐겨 집안을 장식하기 시작했고, 마침내 그림을 판매하는 사람들이 나타나 작은 미술시장을 형성한다. 광통교 자리다. 아이를 많이 낳게 한다는 백자도(百子圖)에서 귀신을 내쫓는 벽사화(辟邪畵)까지 도화서 화원 또한 그림을 그려 팔았다. 사람들은 자신들의 얘기를 담은 쉽고 장식성이 강한 신윤복의 그림을 원했다. 서민부터 왕족에 이르기까지 그의 그림이 폭넓게 확산된 것이다.

새롭게 발견된 이맹휴의 글은 신윤복이 당시의 사회상에 주목했던 또 다른 이유를 추측하게 한다. 여항(閭巷)문인이었다는 신윤복의 새로운 면모는 짧은 시구로 그림의 흥취를 돋우는 그의 시에서 엿보인다(25). 여항은 중인들이 사는 좁은 거리라는 뜻으로, 가난한 중인들의 모여 살던 지금의 인왕산은 여항문학의 산지였다. 여항문인 이인문과 김홍도 등의 그림에서 발견되는 가난한 여항문인들은 신분제의 벽과 서민들의 생활을 사실적으로 토해냈다. 광통교 중촌의 부유한 중인들은 풍악을 울리지만 그들의 고달픈 생활은

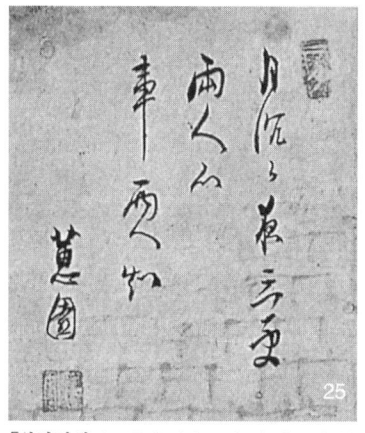

「월하정인」(326쪽에 실린 그림4의 다른 부분). '달빛 아래 두 사람의 마음은 두 사람만이 안다'는 뜻의 구절이 적혀있다.

평민과 친근한 것이었기 때문이다. 이후 여항문학운동은 점점 확산돼 근대 시민사회의 싹으로 자라났다. 어린아이부터 노인까지 각계각층의 조선인들을 차별 없이 사실적으로 그려낸 신윤복의 그림 또한 자신의 삶에 기반한 것이었다. 신윤복의 그림은 시대가 급격히 변화하는 과정에서 드러난 여러 가지 사회상과 인간의 심리상태를 정밀하고도 사실적으로 나타낸 것에 큰 의미를 찾을 수 있다.

그러나 도시의 유흥문화는 점점 퇴폐적으로 흐르고 있었다. 남녀의 성행위를 그린 춘화가 중국에서 수입돼 기방을 통해 확산됐다. 중국풍의 춘화가 조선인의 취향에 맞게 그려지기 시작했고 비속화된 저질의 그림들도 나타났다. 결국 찰나적이고 감각적으로 흐르는 퇴폐문화를 막기 위한 문화개혁운동이 일어나게 된다. 그것은 19세기 퇴폐 향락의 풍토 속에서 풍속을 어지럽히는 저속한 춘화와 수준 낮은 민화들을 퇴치해 전통을 세워 일신하겠다는 일종의 문화개혁운동이자, 어느 사회에나 존재하는 전통과 현대의 갈등이기도 했다. 이로써 신윤복으로 상징되는 사실주의적인 풍속화의 맥 또한 끊겨버리게 된다.

신윤복 열풍

신윤복이 역사 속에서 사라진 지 백 년 뒤, 놀라운 일이 일어난다. 일제 식민 통치의 비운을 맞은 조선 땅에 찾아온 일본인 한 사람. 조선의 미술에 유독 관심이 많았던 일본인 미술사학자 세키노 타다시(關野貞, 1867~1935)에 의해 신윤복이 다시 부활한 것이다.

전통의 거리 인사동에는 우리가 잊고 있는 한 세기의 역사가 있다. 100년 전, 그리고 식민지 시대, 조선 총독부를 중심으로 들어선 일본인 잡화점들은 조선의 골동품과 그림을 싼값으로 긁어모으고 있었다. 조선의 미술품에 관심이 깊었던 세키노 타다시가 들고 온 한 권의 책 속에는 잊혀진 조선 화가의 그림이 있었다. 신윤복의 그림이었다. 한국화단의 한 거장의 고백처럼 일본 골동품 상인의 요구로 수많은 춘화들이 그려지고 있을 때였다. 100년 만에 되살아난 신윤복의 그림은 모사를 위한 춘화의 밑그림으로 쓰이는 오욕을 겪는다.

일본인 잡화점들이 인사동 거리를 뒤덮고 있던 당시, 조선인이 운영하던 고서적상 한남서림이 등장한다. 그리고 수년에 걸친 노력 끝에 일본인 거상으로부터 조선의 그림을 되찾는다. 혜원 신윤복의 풍속화첩이다. 한남서림을 운영하던 방년 28세의 조선 청년 간송 전형필에 의해서였다.

'민족문화재의 보존은 또 다른 독립운동이다.' 전형필은 일본인에게 빼앗긴 조선의 문화재를 되찾는 데 모든 재산을 쏟아 부었다.

혜원의 그림은 당시 화가

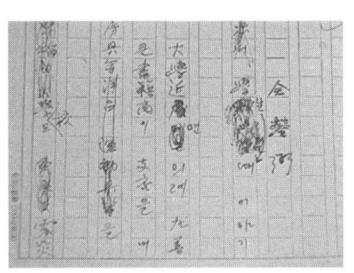

전형필의 친필원고

들에게 신선한 자극제였다. 밀려드는 왜색 풍토로 전통의 맥이 끊겨가는 한국화의 흐름 속에서 조선의 화가들은 혜원의 그림을 보며 발전을 위한 모사를 해나갔다. 조선의 화가들은 100년 전 혜원의 그림에서 한국화의 자부심을, 근대화의 암울했던 시기를 헤쳐나갈 수 있는 힘을 찾고자 했다.

또 다시 100년이 지난 지금, 신윤복의 작품은 조선시대 대표적인 풍속화라는 평가와 금기시 돼 온 그림이라는 극단의 평가가 엇갈리고 있다. 과연 신윤복과 그가 남긴 작품을 어떻게 볼 것인가?

신윤복이 활동한 19세기 초 조선은 기존의 체제를 확고히 하려는 움직임과 억눌린 개인의 다양한 이해와 욕구가 분출되던 세기말의 시대였다. 신윤복은 양반가의 서얼, 중인이라는 신분적 한계 속에서도 자신이 살던 혼란스러운 시대의 사회상을 사실적으로 그려냈다. 또한 '인간의 육체와 감정이 가장 아름답고 소중하다'는 자신의 철학을 예술적으로 표현했다.

이것이 바로 200년이라는 시간의 간극을 뛰어넘어 끊임없이 되살아난 신윤복의 생명력이다. 조선 최초의 에로티스트 화가 신윤복의 에로티시즘은 시대를 앞선 근대적 작가정신의 씨앗이었다.

역사스페셜 5
미스터리 인물들의 숨겨진 이야기

원작 KBS 역사스페셜

2003년 1월 20일 초판 1쇄 발행
2011년 8월 5일 초판 14쇄 발행

펴낸곳 효형출판
펴낸이 송영만

등록 제406-2003-031호 | 1994년 9월 16일
주소 (우)413-756 경기도 파주시 교하읍 문발리 파주출판도시 532-2
전화 031·955·7600
팩스 031·955·7610
웹사이트 www.hyohyung.co.kr
이메일 info@hyohyung.co.kr

© Hyohyung Publishing Co.
ISBN 89-86361-74-4 04910

값 7,500원